現代中国語における「領属」の諸相

勝川裕子 著

白帝社

序　文

名古屋大学名誉教授

平井　勝利

　人間の才能は多彩であり，研究者の能力も多様である。

　小生は幸いにも多くの後進に研究を指導する機会に恵まれたが，研究指導は指導する側の教員と院生との全人的対決であり，そうであるが故に，院生一人ひとりに懐かしい思い出が刻まれている。

　これらの後進には，大別して二つのタイプが見られる。

　中国語がどのような言語であるかを常に念頭に置いて，他の言語と比較しながら中国語の個別の言語事象を究明しようとしていることが記述の端々から窺えるタイプと，職人が精魂を込めて一つの技術を磨き，より精巧でより美しい作品に仕上げていこうとするようなタイプである。この二つのタイプのどちらであるかは，その人の力量や性格に負うところもあろうが，やはり生来の資質の違いに依るところが大きいように思われる。

　勝川裕子さんは前者のタイプである。

　前者のタイプの人には，往々にして記述が荒っぽく，確たる根拠を提示することなく断定する嫌いがあるが，小生はこのタイプの人と議論するのが好きである。それは夢があって楽しいからである。しかし，彼女とは，指導の過程で一つ一つの論文をチェックしたことはあっても，議論を交わした記憶がはとんどない。それは小生が大学行政で多忙を極めていた時期の指導生であったことや，彼女が厳しい議論や正面から人に反論することをあまり好まない性格であることもあるが，伸びようとする芽を好きに伸ばすことも大切な指導だとの認識が小生の胸中にあったことは確かである。

　ただ，名古屋大学を定年後，数年を経て，博士学位論文の最終稿に接

し，そこで取り上げられている多数の表現例の成立／不成立の判定に場面や状況設定のない単独の表現が挙げられているのを見て，もう少し議論しておけば良かったと感じた。

　中国語は如何なる場面や状況を設定しても成立し得ない表現は極めて少ない言語である。しかも，この場面や状況設定と成立／不成立は，中国語話者がコトガラ（事象，現象，心象）をどのように捉え，認識するかと深く関わっている。この点において，中国語は印欧諸語や日本語とは対極にある言語である。論文中でも唯一，陸倹明が場面設定をして成立するとしている表現例を援用しているが，他の表現例についても，やはり場面や状況設定をした検証が必要であろう。

　さて，本研究において，その根幹のタームである「領属」は所謂「所有」の外延的な範疇としているが，この「所有」，「所有の外延」，「所有の周縁」は，その言語を使用している民族集団の「所有」に対する捉え方，認識と密接不可分であり，そのことが言語の表現形式に反映されている。中国語話者が，所謂「所有」にかかわるコトガラをどのように捉えているのかについて，今後いま一歩掘り下げた考察がなされることが期待される。

　本論文は，可譲渡／不可譲渡を理論的な枠組みとして援用し，その枠組みの下で，名詞二項連接表現や名詞述語文，授与構文，"領主属宾句"及び領属性"被"構文，〈N_1＋V得＋N_2＋VP〉構文のいずれにおいても，豊富な表現例を基に緻密で説得力のある分析，記述が展開されている。しかし，この枠組みを，例えば，中国語話者の認識の特徴であるウチ／ソトとするならば，分析や記述の基調は大きく異なるであろうし，所謂「領属範疇」も新しい捉え方が可能となるであろう。

　生来の資質と育ちの良さから培われた性格を武器として，勝川裕子さんが今後更にスケールの大きな研究成果を上げていくことを心から期待してやまない。

2012年　初秋

目　次

序　文 ……………………………………………………………… i

凡例 ……………………………………………………………… ix

序　章　本研究の目的と構成 …………………………………… 1
　0.1.　研究の目的 ……………………………………………… 1
　0.2.　本研究の構成 …………………………………………… 2

第1章　所有（possession）の概念 …………………………… 9
　1.0.　はじめに ………………………………………………… 9
　1.1.　所有（possession）とは ……………………………… 9
　1.2.　所有の譲渡可能性（alienability）…………………… 14
　　1.2.1.　形態的指標 ………………………………………… 15
　　1.2.2.　統語的指標 ………………………………………… 19
　1.3.　本研究の視点と問題提起 ……………………………… 24
　注 …………………………………………………………………… 25

第2章　現代中国語における領属の定義とその分類 ………… 29
　2.0.　はじめに ………………………………………………… 29
　2.1.　現代中国語における領属範疇 ………………………… 29
　　2.1.1.　先行研究及びその問題点 ………………………… 29
　　2.1.2.　名詞二項連接表現〈NP_1＋（的）＋NP_2〉における
　　　　　　NP_1とNP_2の意味関係 ………………………… 33
　　2.1.3.　領属関係の定義 …………………………………… 35
　2.2.　領属関係の下位分類 …………………………………… 40
　　2.2.1.　全体−部分関係 …………………………………… 42

2.2.2.	本体－属性関係	46
2.2.3.	相互依存関係	49
2.2.4.	任意的領属関係	51
2.3.	第2章のまとめ	53
注		54

第3章　フレーズレベルにおける領属構造 … 59

3.0.	はじめに	59
3.1.	ProN 構造と不可譲渡性	60
3.1.1.	本節の視点	60
3.1.2.	ProN 構造と不可譲渡性	61
3.1.3.	"我的妈妈"と"我妈妈"	65
3.1.4.	ProN 構造における Pro の意味役割	69
3.1.5.	まとめ	74
3.2.	〈NP$_1$＋的＋NP$_2$〉と数量詞の現れる位置	74
3.2.1.	本節の視点	74
3.2.2.	〈NP$_1$＋的＋NP$_2$〉の多義性	75
3.2.3.	〈NP$_1$＋的＋NP$_2$〉と数量詞	77
3.2.4.	領属／属性表現における NP$_1$ の意味素性	80
3.2.5.	属性の限定機能化	84
3.2.6.	まとめ	90
3.3.	主語・賓語間の領属関係と照応形式	90
3.3.1.	本節の視点	90
3.3.2.	主語・賓語間の領属関係と照応形式	92
3.3.2.1.	照応のタイプ	92
3.3.2.2.	明示的形式と非明示的形式	94
3.3.3.	領属関係の予測可能性と照応形式の選択	96
3.3.3.1.	領属関係の予測可能性	96
3.3.3.2.	領属物の譲渡可能性	98

3.3.4. 人称代名詞と再帰代名詞 …………………………… 99
　　3.3.4.1. 人称代名詞と再帰代名詞の選択 ……………… 99
　　3.3.4.2. 視点と照応 …………………………………… 102
3.3.5. 領属的意味を含意する構文 ………………………… 105
3.3.6. まとめ ………………………………………………… 107
3.4. 第 3 章のまとめ …………………………………………… 107
注 ………………………………………………………………… 109

第 4 章　構文レベルにおける領属構造 …………………… 117
4.0. はじめに …………………………………………………… 117
4.1. 名詞述語文が成立する背景 ……………………………… 118
　4.1.1. 本節の視点 …………………………………………… 118
　4.1.2. "是" 字句と名詞述語文 ……………………………… 120
　　4.1.2.1. "是" 字句における「属性規定」と「対象指定」………… 120
　　4.1.2.2. 名詞述語文の統語的・意味的特徴 ……………… 121
　4.1.3. 名詞述語文の意味論的・表現論的特質 …………… 124
　　4.1.3.1. 述語名詞のタイプ …………………………… 124
　　4.1.3.2. 名詞述語文における「分類」と「存在描写」………… 125
　4.1.4. 名詞述語文における領属関係 ……………………… 129
　　4.1.4.1. 名詞述語文における主語・述語間の意味関係 ………… 129
　　4.1.4.2. 全体−部分 …………………………………… 131
　　4.1.4.3. 本体−属性 …………………………………… 133
　　4.1.4.4. 人間関係 ……………………………………… 134
　　4.1.4.5. その他の領属関係 …………………………… 135
　4.1.5. まとめ ………………………………………………… 136
4.2. 授与構文と事物の領属領域 ……………………………… 137
　4.2.1. 本節の視点 …………………………………………… 137
　4.2.2. 譲渡動詞 "給" の意味機能と〈A＋給＋R＋P〉構文の意味特徴 ……………………………………………… 138

4.2.3.　〈A＋给＋R＋P〉構文と領属領域 …………………… 141
　4.2.4.　〈A＋V 给＋R＋P〉構文における"给"の統語的・意味
　　　　　的役割 ……………………………………………………… 145
　4.2.5.　まとめ ……………………………………………………… 150
4.3.　"領主属賓句"における領属の認知的解釈 ……………………… 151
　4.3.1.　本節の視点 ………………………………………………… 151
　4.3.2.　存在と領属 ………………………………………………… 152
　　4.3.2.1.　「存在」を表す表現と「領属」を表す表現 …………… 152
　　4.3.2.2.　現象文と"領主属賓句" ………………………………… 153
　4.3.3.　"領主属賓句"における〈出現〉と〈消失〉 …………… 155
　　4.3.3.1.　"領主属賓句"の非自主性 ……………………………… 155
　　4.3.3.2.　非自主的な〈出現〉,〈消失〉と領属に対する認知 … 157
　4.3.4.　まとめ ……………………………………………………… 160
4.4.　第 4 章のまとめ ……………………………………………………… 161
注 ……………………………………………………………………………… 163

第 5 章　領属タイプと構文成立の容認度 …………………… 169

5.0.　はじめに ……………………………………………………………… 169
5.1.　領属性"被"構文における主語・賓語間の意味関係 ……………… 170
　5.1.1.　本節の視点 ………………………………………………… 170
　5.1.2.　領属性"被"構文における主語と賓語の意味関係 ……… 171
　5.1.3.　領属性"被"構文における領属関係 ……………………… 179
　　5.1.3.1.　全体－部分 ……………………………………………… 180
　　5.1.3.2.　本体－属性 ……………………………………………… 181
　　5.1.3.3.　人間関係 ………………………………………………… 182
　　5.1.3.4.　その他の領属関係 ……………………………………… 183
　5.1.4.　まとめ ……………………………………………………… 185
5.2.　"領主属賓句"における主語・賓語間の意味関係 ………………… 187
　5.2.1.　本節の視点 ………………………………………………… 187

- 5.2.2. "領主属賓句"における主語と賓語の意味関係 …… 188
- 5.2.3. "領主属賓句"における領属関係 …………………… 189
  - 5.2.3.1. 全体−部分 ……………………………………… 190
  - 5.2.3.2. 本体−属性 ……………………………………… 191
  - 5.2.3.3. 人間関係 ………………………………………… 192
  - 5.2.3.4. その他の領属関係 ……………………………… 193
- 5.2.4. まとめ …………………………………………………… 195
- 5.3. 〈N₁＋V 得＋N₂＋VP〉構文における N₁・N₂ 間の意味関係 …………………………………………………………… 197
  - 5.3.1. 本節の視点 ……………………………………………… 197
  - 5.3.2. 〈N₁＋V 得＋N₂＋VP〉構文における N₁ と N₂ の意味関係 …………………………………………………… 198
    - 5.3.2.1. 非同一体／直接的影響関係（A 類） ………… 201
    - 5.3.2.2. 非同一体／間接的影響関係（B 類） ………… 202
    - 5.3.2.3. 同一体／直接的影響関係（領属関係）（C 類） …… 204
  - 5.3.3. 〈N₁＋V 得＋N₂＋VP〉構文における N₁ と N₂ の領属関係 …………………………………………………… 205
    - 5.3.3.1. 全体−部分 ……………………………………… 206
    - 5.3.3.2. 本体−属性 ……………………………………… 207
    - 5.3.3.3. その他の領属関係（装着類） ………………… 208
    - 5.3.3.4. その他の領属関係 ……………………………… 209
  - 5.3.4. まとめ …………………………………………………… 210
- 5.4. 第 5 章のまとめ ……………………………………………… 211
- 注 ……………………………………………………………………… 213

第 6 章 現代中国語の領属モデル …………………… 217
- 6.0. はじめに ……………………………………………………… 217
- 6.1. 構文レベルにおける領属タイプ別特徴 …………………… 218
  - 6.1.1. 全体−部分関係 ………………………………………… 218

6.1.2. 本体－属性関係 …………………………………… 221
　　6.1.3. 相互依存関係 ……………………………………… 223
　　6.1.4. 任意的領属関係 …………………………………… 226
　6.2. 領属関係の階層性とその連続的位置付け ……………… 229
　6.3. 現代中国語における譲渡可能性 ………………………… 233
　6.4. 第6章のまとめ …………………………………………… 236
　注 …………………………………………………………………… 237

終 章　結語 …………………………………………………………… 239
　7.0. 本研究のまとめ …………………………………………… 239
　7.1. 今後の課題と展望 ………………………………………… 240
　注 …………………………………………………………………… 243

　用例出典 …………………………………………………………… 245
　主要参考文献 ……………………………………………………… 247
　あとがき …………………………………………………………… 255
　索引 ………………………………………………………………… 257

凡　例

文成立の容認度判定について

1. 例文の文頭に記した［*］はその表現が成立しないことを示す。また，［?］はその表現が不自然であることを，［??］はさらに著しく容認度の低い表現であることを示す。［#］はその文自体は非文ではないが，当該文脈では不適切であることを示す。
2. 本書中に挙げる作例の成立容認度については，全てネイティブチェックを受けている。尚，第5章，第6章において例文末尾に記す数字 (e.g.【1.00】) は例文の成立容認度を平均値化したものである。
3. 文成立の容認度に関する判断は，以下の基準に拠った。

　　　適格文　……【0.75 以上】
　　　［?］　　……【0.50 以上 0.75 未満】
　　　［??］　……【0.25 以上 0.50 未満】
　　　［*］　　……【0.25 未満】

文法用語と略号について

1. 本書では，中国語統語研究において常用される術語を一部用いる。主な術語と日本語との対応は以下の通り。

　　　定語［連体修飾語］　　　状語［連用修飾語］
　　　中心語［被修飾語］　　　賓語［目的語］
　　　施事［動作の仕手，動作主］　受事［動作の受け手，受動者］
　　　量詞［助数詞］　　　　　（指）数量詞［（指示詞）＋数詞＋助数詞］
　　　偏正構造［修飾構造（修飾〔限定〕するもの＋修飾〔限定〕されるもの）］

2. 本書では，記述の便宜上，以下の通り略号を用いる。

　　　A = Agent　　　　　　　　O = Object
　　　AC = Active　　　　　　　P = Patient
　　　AN = Alienable Noun　　　Pro = Personal Pronoun
　　　Adj = Adjective　　　　　ProN = Personal Pronoun + Noun
　　　FUT = Future　　　　　　ProdeN = Personal Pronoun + de ("的") + Noun
　　　IAN = Inalienable Noun　 R = Recipient
　　　IN = Inactive　　　　　　S = Subject
　　　N(P) = Noun (Phrase)　　 V(P) = Verb (Phrase)

序章
本研究の目的と構成

0.1. 研究の目的

　言語事実として，領属関係は領属物を示す語と領属先を示す語が文中で共起する場合，一定の統語的制約のもとで，各種表現形式において様々な様相を呈している。例えば，身体部位を表す名詞は，それが原則として人間全てに等しく，且つ不可分に領有されているという言語外的事実に起因して，言語現象においても他の名詞とは異なった統語的振る舞いをすることが世界の多くの言語で知られている。これは現代中国語においても例外ではなく，様々な構文において，身体部位を中心とするある特定の名詞群は他の名詞とは異なる統語的振る舞いをする。

　領属に対するこのような表現の相違は，何に起因しているのであろうか。これは同じ領属を表す関係において，中国語話者が身体部位を中心とする名詞群をその他の領属物とは異質であると認識しているからに他ならない。このような表現の相違は，領属関係に対する認識の相違が言語表現において表層化された結果であり，換言すれば，領属を表す表現形式の相違は発話者の領属に対する認識の相違を反映していると言うことができる。

　本研究は，可譲渡所有（alienable possession）と不可譲渡所有（inalienable possession）の概念を援用し，現代中国語において如何なる領属関係が可譲渡，あるいは不可譲渡であると認識されるか，また言語表現上，それがどのように反映されているかについて，統語的・意味的側面から分析を試みるものである。また，従来，個別的に取り上げられてきた言語

現象を領属範疇の観点から捉え直し，それらが「領属」という概念を根幹として密接に関連していることを明らかにすることを通じて，現代中国語におけるより合理的，包括的な領属体系を構築していく。

　本研究では先ず，所有（possession）のプロトタイプ規定を試みたSeiler1983, Taylor1989 を参考に，現代中国語における領属の定義・分類を行い，これに基づき，フレーズレベル，構文レベルにおける領属構造をそれぞれ考察していく。さらに構文レベルでは，分析の足がかりとして，領属性"被"構文や"領主属賓句"，〈N₁＋V 得＋N₂＋VP〉構文などにおける構文成立容認度と領属関係との関連について考察を進め，その分析結果をもとに「領属モデル」を提示し，その妥当性を検証する。

　ツングース諸語の一つであるウイルタ語（Uilta）では，シラミを人間にとって不可譲渡な領属物であるとみなすなど，何を以て不可譲渡とするかは各言語によって異なる。その一方で，譲渡可能性（alienability）の観点から領属関係を捉えるとき，body parts ＞ kinsmen ＞ artefacts の順に不可譲渡性が高く，これはあらゆる言語に適応できる普遍的なもの（領属に対する普遍的な認知）であるとも指摘されている（Haiman1985: 135）。本研究では，現代中国語という個別言語における実証データを通じてその独自性を指摘しながら，同時に人間の領属に対する認知的普遍性についても言及していく。

0.2.　本研究の構成

　以下，本研究の構成を各章の要旨と共に示す。

　第1章　所有の概念
　第1章では，「所有」（possession）と呼ばれる文法範疇の概念とその意味属性について考察していく。
　先ず，日本語の所有構文〈NP₁＋の＋NP₂〉を取り上げ，NP₁ と NP₂ の意味関係を中心に，所有のプロトタイプ的意味属性とその拡張について

考察する。所有のプロトタイプ規定を試みた代表的な研究には Taylor1989 が挙げられるが，第 1 章ではこれを理論的枠組みとして援用する。そして，Taylor1989 が最もプロトタイプであると指摘する所有関係（e.g. 太郎の鉛筆）を中心に，全体と部分の関係（e.g. 猫の尻尾）や，所有者とその属性との関係（e.g. 彼女の性格），互いが互いの存在なくしては存在し得ない依存関係（e.g. 彼の妻）なども周縁的な所有関係として，所有の意味範疇に含まれることを指摘する。

また，可譲渡／不可譲渡所有の概念を導入し，形態レベル，統語レベルにおいて，所有範疇がそれぞれどのように反映され，言語化されているかについて，世界の諸言語を例に挙げながら概観していく。

第 2 章　現代中国語における領属の定義とその分類

第 2 章では，現代中国語の所有構文である名詞二項連接表現〈NP_1＋(的)＋NP_2〉を中心に，NP_1 と NP_2 の意味関係とその統語的振る舞いの相違を考察し，現代中国語における領属関係の概念を定義し，さらに下位分類を行う。

〈NP_1＋(的)＋NP_2〉における NP_1 と NP_2 の間には様々な意味関係が設定できるが，基本的には〈属性関係〉と〈領属関係〉の 2 つの意味範疇に大別することができ，両者は同時に，定語のもつ基本的な文法的意味である〈描写〉，〈限定〉とパラレルに存在している。本研究では次頁に挙げる 3 つの条件項を満たす関係を領属関係とみなすと定義する。

次に，領属の譲渡可能性（alienability）の観点から，次頁の条件項を満たす NP_1 と NP_2 の意味関係を〈Ⅰ類〉「恒常的／不分離な領属関係」と〈Ⅱ類〉「任意的／偶有的な領属関係」に大別する。そして，更に〈Ⅰ類〉を，「全体－部分関係」，「本体－属性関係」，「相互依存関係」の 3 タイプに分類し，NP_1 と NP_2 の意味関係の相違が統語面においても反映されていることを指摘することによって，本研究における領属関係の定義とその分類の妥当性を検証していく。

〈条件項〉　現代中国語における領属関係：
　　ⅰ）　ヒト（動物を含む有情物）／モノ／コトを表す名詞，及び人称代名詞からなる2つの語（NP_1, NP_2）の関係において
　　ⅱ）　NP_1 が NP_2 の帰属先，領属先を限定し，類分けする意味関係にあり
　　ⅲ）　ⅱ）の意味関係を裏付ける統語的根拠として，以下の文型を満たす
　　　　　〈NP_1 ＋有（擁有／占有／具有）＋（Adj）＋NP_2〉

第3章　フレーズレベルにおける領属構造
　第3章では，フレーズレベルにおいて現れる領属関係とその統語構造について，主に名詞二項連接表現〈NP_1＋（的）＋NP_2〉とその周辺に存在する表現形式を対象に考察していく。
　現代中国語では，"他的手"［彼の手］，"你的书"［あなたの本］のような名詞二項連接表現（ProdeN）において，構造助詞"的"が省略できないのに対し，"我妈妈"［私の母］のような親族関係を表す名詞二項連接表現（ProN）は成立する。3.1. では先ず，このような ProN 構造が成立する根拠を，Pro と N の間に認められる不可譲渡所有関係に求めようとする従来の解釈に対して再検討を試みる。"我妈妈"（ProN）と"我的妈妈"（ProdeN）の比較考察を通じて，ProN 構造が ProdeN 構造から de を省略した形式ではなく，また意味的にも等価でないことを統語的・意味的側面から論証し，ProN 構造における Pro が領属関係を主張するものではなく，人間関係の混同を防ぐために加えられる指別マーカーであることを指摘する。
　また，〈NP_1＋的＋NP_2〉の多義性（ambiguity）については現代中国語でも従来から指摘されてはいるが，コンテクストとの関連から語用論レベルで分析されるのみに留まり，統語的なアプローチはあまりなされて

いない。しかし，定語（N₁）と数量詞が共に中心語（N₂）を修飾する場合，数量詞の現れる位置により読みが異なり，そこには〈領属関係〉と〈属性描写〉の対立が見られる。3.2. では，〈NP₁＋的＋NP₂〉におけるNP₁とNP₂の意味関係が数量詞の現れる位置によってどのように変化し，フレーズ全体がどのような意味特徴を有するかについて明らかにしていく。

　現代中国語において，主語・賓語間に領属関係が存在するとき，領属先である主語に照応する賓語の定語には，ⅰ）人称代名詞，ⅱ）再帰代名詞，ⅲ）ゼロ形式の3タイプが生起すると考えられるが，この3タイプがいずれも常に成立し，任意に選択されるわけではない。3.3. では，主語・賓語間に領属関係が存在するとき，どのような照応形式が用いられるのか，そしてその照応形式が選択される背景にはどのような要素が関係しているのかについて考察する。

第4章　構文レベルにおける領属構造
　第4章では，名詞述語文，授与構文，"領主属宾句"を取り上げ，構文レベルにおいて現れる領属関係とその統語構造について考察する。
　4.1. では，名詞述語文が成立する背景にどのような統語的メカニズムが存在し，当該構文がどのような表現意図を有しているかについて考察する。所謂「名詞述語文」が成立する要因については，従来様々な角度から分析されているが，名詞述語文が有する根本的な表現意図や，当該構文が成立する統語的・意味的制約についての包括的な考察はそれほどなされていない。ここでは，名詞述語文の主語・述語間に存在する領属関係に着目し，領属物の不可譲渡性が構文成立に関与していることを示す。
　また，授与構文の意味とは，従来，〈事物（Patient）の授与者（Agent）から受領者（Recipient）への移動〉であるとされてきたが，これを事物の領属領域との関連から捉えた場合，〈授与者（A）の領属下・コントロール下にある事物（P）が受領者（R）の領属下・コントロール下に

移動する〉という意味を見出すことができる。4.2. では、これまで論じられることの少なかった授与構文と領属領域の関係について、特に譲渡動詞"给"を用いた授与構文を取り上げ、当該構文の統語的制約が事物（P）の領属領域とどのように関連し、文全体がどのような意味特徴を有するのかについて明らかにしていく。

4.3. では、"猎人死了一条狗"［猟師は犬に死なれた］のような"領主属賓句"を考察対象とし、〈消失〉を表す当該構文が「不如意な状態変化」という付加的意味を有する傾向にある理由を、領属に対する発話者認知の観点から説明する。また、"??张三来了两条狗"のような表現が、主語・賓語間に領属関係が存在するものの不自然な表現であると判断される原因について、領属の依存性という観点から考察を試みる。

第5章　領属タイプと構文成立の容認度

第5章では、領属性"被"構文、"領主属賓句"、〈N_1＋V得＋N_2＋VP〉構文を取り上げ、第2章で下位分類した領属タイプ（「全体－部分関係」、「本体－属性関係」、「相互依存関係」、「任意的領属関係」）を基準にそれぞれの構文の成立容認度を検証する。そしていずれの構文においても、領属関係の不可譲渡性と構文の成立容認度との間に密接な相関関係が存在し、且つ可譲渡と不可譲渡の間に連続的な階層が存在することを指摘する。

5.1. では、"他被小偷儿偷走了钱包"［彼は泥棒に財布を盗まれた］のような領属性"被"構文を考察の対象とし、当該構文中における主語と賓語との間に領属関係が存在することを指摘する。また、領属性"被"構文は、領属主が自らの領属物を通じてデキゴトに直接関与し、その影響を直接経験する場合に成立するため、主語・賓語間の領属関係には高い不可譲渡性が要求されることを論証する。

また、"領主属賓句"は領属先（主語）の意志やコントロールを離れたところで、領属物（賓語）が自発的に、〈出現〉、〈消失〉することを表す構文であるため、主語・賓語間の領属関係はやはり不可譲渡性の高

いものが要求される。5.2. では，〈身体部位〉，〈属性〉，〈人間関係〉のような領属先の存在を前提とする依存性の高い領属物が当該構文の成立に大きく関与していることを検証する。

5.3. では，"李四急得脸都红了"［李四は焦って顔が赤くなった］のような，補語成分が主述構造をなす〈N_1＋V 得＋N_2＋VP〉構文を考察対象とし，ⅰ）N_1 と N_2 が同一体であるか否か，ⅱ）N_1 と N_2 が直接的に影響を及ぼしあう関係か否かを基準に 3 タイプに分類する。また，N_1 と N_2 の間に領属関係が存在する表現形式に着目し，特に〈身体部位〉，〈属性〉，〈装着類〉が当該構文の成立に関与していることを論証する。

第 6 章　現代中国語の領属モデル

そして第 6 章では，これまでの考察で明らかとなった結論を総括し，現代中国語における領属範疇を体系化していく。また，領属の譲渡可能性（alienability）の観点から，領属タイプを連続的に位置付け，これを「領属モデル」として提示すると同時に，これが中国語話者の領属に対する普遍的な認知能力に依拠するものであることを述べる。

最後に，現代中国語における譲渡可能性の階層は，世界の大多数の言語のそれとは異なると従来指摘されてきたが，本研究で提示した「領属モデル」は Haiman1985 が示すモデルと似通った階層を示しており，決して特異な様相を呈しているわけではないことを指摘する。

第1章
所有 (possession) の概念

1.0. はじめに

　第1章では，現代中国語における所有関係（領属関係）について考察する前に，先ず「所有」(possession) と呼ばれる文法範疇の概念とその意味属性について考察する。
　1.1. では，所有のプロトタイプ規定を試みた Seiler1983, Taylor1989 を参考に，NP₁ と NP₂ が多様な意味関係にあるとされる日本語の所有構文〈NP₁＋の＋NP₂〉を取り上げ，所有のプロトタイプ的意味属性とその拡張について考察していく。
　そして 1.2. では，形態レベル，統語レベルにおいて，所有範疇がそれぞれどのように反映され，言語化されているかについて，先行研究における世界の諸言語を例に挙げながら概観する。また，可譲渡所有 (alienable possession) と不可譲渡所有 (inalienable possession) といった概念の導入が所有範疇の研究に有効であることを論証する。

1.1. 所有 (possession) とは

　ある特定の表現の概念構造を構築するためには，その構造に含まれる部分構造にアクセスすることが必要となる。その中で，認知的な際だちのあまり大きくない構造にアクセスしようとする場合，人間は先ず認知的際だちの大きい関連構造にアクセスし，その関連構造を糸口に最終的に目的とする構造にたどり着くという。Langacker1993:6 はこのような

「ある事物の概念を想起して，それを手がかりにして別の事物との心的接触を果たし概念化する」人間の基本的な認知能力を「参照点」(reference point) 能力と呼んでいる。

　この参照点能力は言語活動においても普遍的に用いられるとされており，参照点構文の例としては所有構文が挙げられる。例えば，所有構文に関わる名詞句表現としては，日本語では「太郎の鉛筆」，「花子の彼氏」，「私の髪」，「電車のドア」，「リンカーンの暗殺」，「イラクの侵攻」といった〈NP_1＋の＋NP_2〉で構成される構文スキーマが該当する。英語では，"John's pencil"，"Mary's boyfriend"，"the car's door"，"Lincoln's assassination"，"Iraq's invasion" のような〈NP_1's NP_2〉形式や，"my hair"，"his mother"，"her anxiety" のような〈Pro NP〉形式，"this book of mine" のような〈NP_2 of NP_1〉形式に代表される。このように，日本語では〈NP_1＋の＋NP_2〉形式が，英語では〈{NP_1's／Pro} NP_2〉や〈NP_2 of NP_1〉といった形式が「所有」(possession) という意味と結びつき，所有者 (NP_1) に言及することで，所有物 (NP_2) を指定することが可能となる。

　例えば，「鉛筆」といえば，単に鉛筆のプロトタイプを思い浮かべるだけであるが，「太郎の鉛筆」といえば，状況次第で「トンボ印の鉛筆／ちびた鉛筆／母親に買ってもらった鉛筆…」のように，特定の背景知識と結びつけることが可能となる。つまり，「太郎」（所有者）は「鉛筆」（所有物）を指定する上での参照点となっているのである。

〈図1〉　日本語における所有の構文スキーマと参照点：

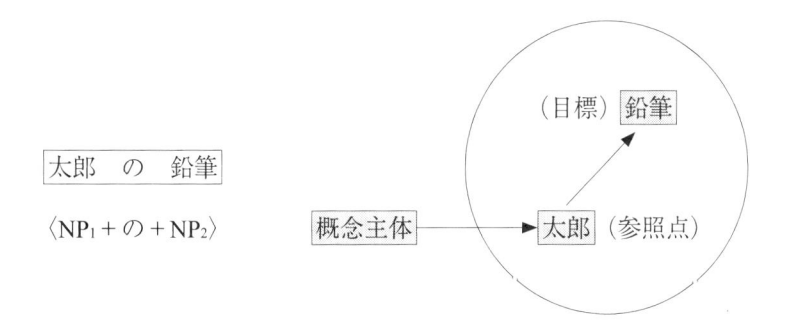

太郎　の　鉛筆

〈NP₁＋の＋NP₂〉　　概念主体　　→　太郎（参照点）　　（目標）鉛筆

　このような名詞（もしくは人称代名詞）NP₁ と名詞 NP₂ との間に成り立つ構文的意味は，言うまでもなく「所有」である。ここで言う「所有」とは，2つの事物の関係を表し，一方が一方を所有・所属する関係を指すが，その具体的な意味関係は一般に考えられるような狭義の所有，所属関係だけではなく，様々な意味の所有が含まれる。

　先ず，最も典型的な「所有」とはどのようなものを指すのであろうか。Seiler1983 は「所有」のプロトタイプについて，以下のように指摘している（破線，括弧内注釈は引用者による）。

　　…linguistic possession consists of the relationship between a substance and another substance in which the PSR (possessor) is prototypically +animate, +human and +EGO or close to speaker and the PSM (possessum) is + or -animate.

（Seiler1983:90）

　Taylor1989:202-206 は，さらに厳密に，以下に挙げる (a)〜(h) の8項目を満たすものを「所有」の意味属性のプロトタイプ (prototype) であ

ると定義している。

〈表1〉 Some of the Properties of Typical Possession：
(a) the possessor is a specific human being. Non-human animates, and even less, inanimates, cannot possess things;
(b) the possessed is a specific concrete thing (usually inanimate) or collection of specific concrete things, not an abstract;
(c) the relation is an exclusive one, i.e. for each thing possessed there is only one possessor;
(d) the possessor has the right to make use of the possessed; other people can make use of the possessed only with the permission of the possessor;
(e) the possessor's rights over the possessed are invested in him in virtue of a transaction, i.e. through purchase, donation, or inheritance. The rights remain with him until a further transaction (sale, gift, bequest) transfers them to another person;
(f) the possessor is responsible for the possessed; he is expected to care for it, and to maintain it in good condition;
(g) in order that the possessor can exercise his rights and duties with respect to the possessed, possessor and possessed need to be in close spatial proximity;
(h) the relation of possession is a long-term one, measured in months and years rather than minutes and seconds.

(Taylor1989:202)

つまり，Taylor1989 は所有者（NP_1）と所有物（NP_2）の間の関係において，(a) 所有者は特定の人間，(b) 所有物は特定の非生物的具体物，(c) 所有関係は排他的，(d) 所有者の所有物に対する独占的所有権，(e)

所有権は取引で発生する，(f) 所有者は所有物に対して責任をもつ，(g) 所有者と所有物は空間的に近い関係にある，(h) 所有期間は長期間に及ぶ，などの条件を満たす関係を「所有」のプロトタイプと規定している。

　Taylor1989 の定義する「所有」の意味属性を援用し，日本語を例に「所有」の意味を考えてみよう。以下に挙げる例(1)～例(6)は全て〈NP_1＋の＋NP_2〉から構成される所有構文であるが，NP_1 と NP_2 の意味関係は，例(1)のような典型的な「所有」関係から，例(5)，例(6)のような一見「所有」とは解釈し難い周辺事例まで，程度と種類において構文的意味が拡張していることが分かる[1]。

(1)　太郎の鉛筆／彼女の辞書／私の林檎／父親の財産
(2)　花子の髪／犬の脚／猫の尻尾／車のドア／薬缶の蓋
(3)　祖母の病状／彼の性格／妹の体重／服の値段／曲の旋律
(4)　私の妹／彼の妻／次郎の彼女／李先生の学生
(5)　体育館の裏／机の下／明日の新聞／昨日の台風
(6)　イラクの侵攻／関西のお笑い／小三女児の殺害

　例(1)のような表現が所謂「所有」のプロトタイプとして認識されるのは，上記の (a)～(h)の条件を全て満たすためである。例えば「彼女の辞書」といった場合，(a)(b)は言うまでもなく満たされているが，加えて，その辞書は通常，彼女が独占的に使う権利のあるもの(c)(d)と理解されるであろう。また，何らかの取引によって獲得したもの(e)であり，彼女が管理し(f)，通常使う(g)，安定した所有関係にある(h)辞書であると考えられる。

　これに対し，例(2)は「全体（参照点）－部分（目標）」の関係を所有構文で表したものであるが，例えば「猫の尻尾」といった場合，明らかに上記属性を満たすのは(c)(d)(g)(h)である。同様に，例(3)は所有者とその属性との関係を表したものであるが，例えば「彼の性格」といった場合，(a)(c)(d)(g)(h)のみが明らかに上記属性を満たす。例(2)や

例(3)における所有物（NP₂）は所有者（NP₁）から切り離して認識することができず，恒久的な不分離関係にある．例(4)は親族関係に代表されるが，所有者（NP₁）と所有物（NP₂）は互いが互いの存在なくしては存在し得ない依存関係にある．例えば「私の妹」といった場合，(a)(c)(d)(h)が上記属性を満たす．このように見てくると，例(2)〜例(4)は，所有のプロトタイプから少し離れたところに位置する周縁的な事例であることが分かる．

さらに，例(5)「昨日の台風」や例(6)「イラクの侵攻」などは，満たされる属性は(g)を拡大解釈して場所や時間とデキゴトとの関係だけに注目した表現であり，所有構文の中では極めて周縁的な事例である[2]．

このように，NP₁とNP₂の間に成り立つ関係は，一般に「所有するもの」（possessor）と「所有されるもの」（possessed entity）の関係に代表されるが，その具体的な意味関係は「太郎の鉛筆」のような狭義の所有だけではなく，上に述べたような恒久的な不分離（一体）関係や，互いが互いの存在なくしてはあり得ない2つの事物の間に成り立つ依存関係，全体と部分の関係なども広義の所有関係に含まれる．

1.2. 所有の譲渡可能性（alienability）

以下では，世界の諸言語において「所有」と呼ばれる文法範疇が，言語表現上，どのように反映され表層化されているかについて，可譲渡所有/不可譲渡所有の概念を援用しながら考察を進めていく．

1.1. では，日本語の所有構文〈NP₁＋の＋NP₂〉におけるNP₁とNP₂の意味関係について考察してきたが，世界の諸言語には，全体－部分関係を表す所有関係［例(2)］や，本体－属性関係を表す所有関係［例(3)］，親族関係に代表される相互依存関係［例(4)］を，これ以外の所有関係［例(1)］と形態レベル，統語レベルにおいて異なる形式を用い，区別をする言語が存在することが知られている．

Fillmore1968以降，所有範疇では例(2)〜例(4)のような所有関係を，

他人に譲渡できるか否かという観点から，所有者から切り離して認識することができない所有を不可譲渡所有（inalienable possession）と称し，他人に譲渡可能な所有——即ち可譲渡所有（alienable possession）とは異なる範疇として区別している。具体的な例としては，Gamkrelidze 1995:252 によると，フィジー語（Fijian）では「私の頭」という所有関係を，「私（の身体部分として）の頭」（ulu-qu）と「私（に食物として与えられた）の頭」（kequ ulu）の 2 つに区別して表現するという。前者では「頭」（ulu）に「私の」（-qu）という接辞的要素が付加されているのに対し，後者では「頭」には接辞的要素を付けずに代名詞的な「私の」（kequ）がこれを修飾している。このような 2 つの形式を有する所有に対し，前者のような他人に譲渡することのできない所有を不可譲渡所有，後者のような譲渡可能な所有を可譲渡所有と呼び，それぞれ区別しているのである[3]。

また，このような言語表現上における可譲渡所有と不可譲渡所有の対立は，形態レベルに限定されるものではなく，統語レベルにおいても確認されている。

以下では，所有範疇における可譲渡所有と不可譲渡所有を形態的指標によって区別する言語と統語的指標によって区別する言語との 2 タイプに大別し，世界の諸言語において，どのような語彙群が如何に他の語彙群とその所有構造を異にしているか，具体的な例を挙げながら概観していく。

1.2.1. 形態的指標

先ず，可譲渡所有と不可譲渡所有を形態的指標によって区別する言語において，どのような語彙群がその他の語彙群と所有構造を異にしているか，言語表現上，それがどのように反映され，言語化されているかについて，具体的に北米インディアンにおけるマスコギ語族のコアサティ語（Koasati）を例に挙げて考察してみる。

所有関係を形態的方法によって表現する言語において，その可譲渡所

有と不可譲渡所有を表す方法には様々な形態的指標があるが，コアサティ語ではそれを接辞によって表現し，区別している。Kimbll1991: 432-445 の指摘によると，例えば，1 人称の所有接頭辞には am- 系列と ca- 系列があるが，例(7)のように，am- 系列を付加する語彙群は可譲渡所有として扱われ，一方，例(8)のように，ca- 系列を付加する語彙群は不可譲渡所有として扱われるという。

	Possessed Noun	Gloss
(7)	am-ifá	my dog / dogs
(8)	ca-halkí	my wife
	ca-ttiłí	my eye / eyes

（Kimbll1991:433, 434 より一部抜粋）

コアサティ語において，ca- 系列の接頭辞を付加する語彙群──即ち不可譲渡所有物は身体部位〈表 2〉と親族名称〈表 3〉が挙げられる（表の体裁は引用者による）。

〈表 2〉　Terms for Body Parts：
arm / skin / brain / back / head / leg / eye / knee / nose / heel / face / foot / beard / liver /cheek / tongue / mouth / penis / thigh / stomach [belly] / shoulder / chest ; breast / fingernail / nipple / hand / teeth / ……

（Kimbll1991:436-437, TABLE15.2 より抜粋）

〈表3〉 Kin Terms[4]：
great uncle / maternal uncle / younger daughter / offspring [son] / nephew / male first cousin once removed / grandchild of either sex / parent-in-law of either sex / wife / daughter-in-law /……

(Kimbll1991:438-441, TABLE15.3 より抜粋)

〈表4〉 その他：surname / a photograph of oneself

　また，Kimbll1991によると，コアサティ語では同じ名詞に対し，ca-系列の接頭辞が付く場合と，am-系列の接頭辞が付く場合とがあるが，これはコアサティ語における所有範疇の意味特徴を見事に反映している。「角」(horn) を例に挙げると，人間が (動物の)「角」を所有する場合には am-系列の "allapí"（my horn）が用いられ，可譲渡所有名詞として扱われるが，一方，物語において海の巨獣などが「角」を身体の一部として言及する場合には，ca 系列の "calapí"（my horn）が用いられ，不可譲渡所有名詞として扱われるという。また〈表4〉に挙げるように，「写真」は「私が所有している写真」と言う場合，am-系列の "st-am-ahó:ba" を用い，「私が写っている写真」と言う場合，ca-系列の "st-ca-ahó:ba" を用いるというように，形態レベルにおいて，可譲渡所有と不可譲渡所有とを区別している (Kimbll1991:433)。

　接尾辞を付けるか付けないかによって，可譲渡所有と不可譲渡所有を区別する言語もある。津曲 1992 は，広く北東アジアの諸言語において，譲渡可能性に関わる区別をどのように表すかについて調査し，そこに見られる一般的傾向と相互影響について考察しているが[5]，その中でも接尾辞の有無によって可譲渡所有と不可譲渡所有を区別する言語に，ツン

グース諸語を例に挙げている。津曲 1992 の指摘によれば，満州語，シベ語，ソロン語を除くツングース諸語では，所有構造において譲渡可能とみなされる関係を表現する際，主要部名詞の語幹に必ず専用の標識を付けるという。以下の例を見てみよう。

(9) min-i suŋdatta-ŋu-bi［私の魚］：
min-［私］，-i 属格，suŋdatta［魚］，-ŋu 譲渡可能，-bi 1 単
(10) ulukiksə-ŋi-l-duu-s［君のリス皮（複）に］：
ulukiksə［リス皮］，-ŋi 譲渡可能，-l 複数，-duu 与格，-s 2 単
(11) nuŋan sama-ŋ-nin［彼のシャーマン］：
nuŋan［彼］，sama［シャーマン］，-ŋ 譲渡可能，-nin 3 単

(津曲 1992:266)

例(9)はウイルタ語（Uilta），例(10)はエウィンキー語（Evenki），例(11)はネギダル語（Negidal）の例であるが，それぞれの言語において，接尾辞"-ŋu／-ŋi／-ŋ"が付加されることにより譲渡可能な所有関係にあることを表している。つまり，これら当該言語において，接尾辞"-ŋu／-ŋi／-ŋ"が付加されることにより，「私」と「魚」，「君」と「リス皮」，「彼」と「シャーマン」との関係が譲渡可能な所有関係であると認識されていることが分かるのである。一般に譲渡可能な範疇として，自然物，野生動物，飲食物，親族以外の人間などが含まれる。

一方，身体部位，親族，家畜，位置や方向，身につける物，日常の道具などに対してはこのような接尾辞を付けない。即ち，ツングース諸語では，接尾辞の欠如が譲渡不可能な所有関係を表すのである[6]。例(12)はウイルタ語，例(13)，例(14)はエウィンキー語，例(15)はナーナイ語（Nanai）の例である。

(12) asi-bi［私の妻］：asi［妻］，-bi 1 単
(13) awun-mi［私の帽子］：awun［帽子］，-mi 1 単

(14)　asi-w　［私の妻］：asi［女］, -w 1 単
(15)　naj　dili-ni　［人の頭］：naj［人］, dili［頭］, -ni 3 単

(津曲 1992:266-267)

例(14), 例(15)に関しては, 接尾辞を付ける場合もあるが, 付けることによってその表す意味が変化するという。例(14′), 例(15′)と比較してみよう。

(14′)　asi-ŋi-w［私の女］：asi［女］, -ŋi 譲渡可能, -w 1 単
(15′)　dili-ŋo-si［君の持っている（獣の）頭］：
　　　dili［頭］, -ŋo 譲渡可能, -si 2 単

(津曲 1992:267)

例(14), 例(14′)では, 親族と親族以外の人間とを接尾辞"-ŋi"の有無によって区別しており, 同様に例(15), 例(15′)では, ヒトの体についている「頭」と, 手に持っている獣などの「頭」とが, 接尾辞"-ŋo"の有無によって区別されているのである。

　以上では, 可譲渡所有と不可譲渡所有を, 接辞などの形態的指標によって区別する言語を例に挙げて考察してきたが, 可譲渡所有と不可譲渡所有の範疇を形態的なレベルに限定せず, これをより内容的な所有構造として検討すれば, この範疇をもつ言語は世界の更に多くの地域に分布していると考えられる[7]。

　以下では, 統語レベルにおいて, 可譲渡／不可譲渡所有の範疇が如何に反映され, 言語化されているかについて考察していく。

1.2.2.　統語的指標

　可譲渡所有と不可譲渡所有の区別を統語的な所有構造によって行う言語に, 南アメリカのグアラニ語（Guaraní）が挙げられる。Velazquez-Castillo1996 の指摘によると, グアラニ語は, 名詞レベルでは可譲渡／

不可譲渡を区別する指標を持たないが，以下に挙げるような所有構文によって可譲渡所有と不可譲渡所有を区別することが可能であるという。

(16) (Che) *che- memby- ta*.
　　【I　1/IN-offspring-FUT】　(I will have a child.)
(17) (Che) *a-reko*　petei　mitã.
　　【I　1/AC-have　one　child】　(I have a child.)

(Velazquez-Castillo1996:66, 75)

例(16)では，名詞成分である"memby"［子供］が不活格の人称接辞"che"と時制接辞"ta"の内部に抱合されており，この場合「親族関係にある子供を持っている」こと——即ち不可譲渡所有の関係を表している。一方，例(17)では，名詞成分である"mitã"［子供］は動詞内には抱合されておらず，また動詞"reko"には活格の接頭辞が付加されている。そしてこの場合，「親族関係にはない子供（例えば，預かっている子供）を持っている」——即ち可譲渡所有の関係を意味する。従って，グアラニ語では不可譲渡所有を表す場合，例(17)のような所有構文を用いることはできず，次の例(18)は非文となる。

(18) *(Che)　*a-reko*　*petei*　*memby*.
　　【I　1/AC-have　one　offspring】　(I have a son.)

(Velazquez-Castillo 1996:80)

また印欧諸語においても，統語的な所有構造によって可譲渡／不可譲渡を区別する現象が見られる。例えば，フランス語では以下のような例がある。

(19)　Les yeux de Sylvie sont jolis.
　　　［シルビアの目はきれいだ］

(20) Sylvie est jolie des yeux.
　　　［シルビアは目がきれいだ］

(奥津 1983:1)

例(19)，例(20)が表す知的意味は同一であるが，その統語構造は異なる。例(19)では，述語 "jolis"［きれいだ］の主語は直接的には "yeux"［目］であり，"Sylvie"［シルビア］はその所有者である。これに対し，例(20)では "Sylvie" が「分離」して主語となり，"yeux" は "des" をとって述語の一部となっている。奥津 1983 の指摘によれば，フランス語では，例(20)タイプの構文を用いるには，構文内における所有者と被所有物が不可譲渡所有の関係にあることが条件であるという。このことを考慮すると，次の例(22)は非文となる。なぜなら主語 "Elle"［彼女］と "etoffe"［布地］は不可譲渡の関係にないからである。

(21)　Son etoffe est fine.
　　　［彼女の布地は上等だ］
(22)　*Elle est fine d'etoffe.
　　　［*彼女は布地が上等だ］

(奥津 1983:1)

例(20)のような例は，日本語では一般に二重主語構文と呼ばれるが，例(22)との対立において，日本語でも同様の統語的制約が働いていることが確認される。日本語において「X は Y が Z だ」と言う場合，X と Z との間に直接の主述関係はなく，また，「文全体の主語 X に対する説明部分は（たとえさらに主述に分かれる場合でも）X と全く別の主語を持つことは許されない」（尾上・木村・西村 1998:93-94）ことが指摘されているが，これは X と Y との間に「全体－部分」やそれに準ずる関係——即ち不可譲渡性の高い所有関係が存在しなければならないことを示唆している。

さらに、統語レベルにおける可譲渡所有と不可譲渡所有の対立は、英語でも見うけられる。例えば例(23)、例(24)では、身体部位 "nose / face" はそれぞれ前置詞 "on / in" を取り、場所化されているが、このような形式をとることができるのは、所有者と被所有物が不可譲渡所有の関係にある場合に限られる[8]。

(23) Mary pinched John on the <u>nose</u>.　［メアリーはジョンの鼻をつまんだ］
　　　(= Mary pinched John's nose.)　［同上］
(24) He became very red in the <u>face</u>.　［彼は顔が真っ赤になった］
　　　(= His face became very red.)　［彼の顔は真っ赤になった］

(奥津 1983:2)

従って、以下に挙げる例(25)は、所有者 "John" と被所有物 "leg" が「ヒトとその身体部位」という譲渡不可能な関係にあるため成立するが、一方、例(26)における、所有者 "John" と被所有物 "ball" は譲渡可能な関係にあるため、非文となる。

(25) Mary kicked John on the <u>leg</u>.　［メアリーはジョンの足を蹴った］
　　　(= Mary kicked John's leg.)　［同上］
(26) *Mary kicked John on the <u>ball</u>.
　　　(= Mary kicked John's ball.)　［メアリーはジョンのボールを蹴った］

(奥津 1983:2)

同様に日本語でも統語レベルにおいて可譲渡所有と不可譲渡所有の対立が見られる。影山1990、角田1992は日本語の「XはYをしている」構文において、Yが不可譲渡性の高い場合のみ修飾成分を伴って成立することを指摘している[9]。例えば、以下に挙げる例(27a)の「白い肌」(身体部位)、例(27b)の「いい度胸」(属性)は主語Xとの不可譲渡性が高く、「肌」や「度胸」がどのようであるかを描写することによって、「彼女」

や「彼」自体の特徴をも描写し得るため成立するが，例(28)の「いい机」はX「彼」とY「机」の間にたとえ所有関係が存在したとしても，その関係は例(27)よりずっと可譲渡性が高く，主語X自体の特徴を描写し得えないため非文となる。

(27) a. 彼女は白い肌をしている。　（*彼女は肌をしている。）
　　　b. 彼はいい度胸をしている。　（*彼は度胸をしている。）
(28)　*彼はいい机をしている。　（*彼は机をしている。）

また，角田1992:151は，例(29)に挙げるような，目／鼻／頭／脚／体重／身長など誰にでもある所有物を「普通所有物」とし，例(30)のような，あざ／白髪／ニキビ／風格など誰にでもあるとは限らない所有物を「非普通所有物」と分類し，「XはYがある」と「XはYをしている」が相補分布をなしていることを指摘している。

(29)　普通所有物：
　　　a. *彼女は目がある[10]。　　*彼女は青い目がある。
　　　b. *彼女は目をしている。　　彼女は青い目をしている。
(30)　非普通所有物：
　　　a. 彼女はあざがある。　　　彼女は大きなあざがある。
　　　b. *彼女はあざをしている。　*彼女は大きなあざをしている。

さらに角田1992は，以下に挙げる例(31)，例(32)のような「所有者敬語」表現を取り上げ，所有物によってその表現としての自然さが異なることに着目し，通常，所有者の身体部位や属性は成立するが，その他の所有物は容認度が低い，もしくは非文となることを指摘している。

(31)　最近，陛下の髪がすっかり白くなられました。　　〈身体部分〉
(32)　天皇陛下のご体温はもとの状態に戻られました。　　〈属性〉

(33) ?天皇陛下のお帽子が少し古くなられました。　〈衣類〉
(34) *天皇陛下の愛犬が病気になられました。　〈愛玩動物〉
(35) *天皇陛下のご著書が店頭に出ていらっしゃいます。〈作品〉
(36) *天皇陛下のお車が故障なさいました。　〈その他の所有物〉

(角田 1992:122-126 より抜粋)

　このように，可譲渡所有と不可譲渡所有の対立は，英語や日本語においても様々な構文で確認される。
　以上では，統語レベルにおいて可譲渡／不可譲渡所有が如何に反映され，言語化されているかについて，グアラニ語，フランス語，英語，日本語を例に挙げながら概観してきた。可譲渡／不可譲渡所有の概念対立は，構文成立の意味的制約として機能しており，このように所有構造をより内容的なものとして捉えると，可譲渡／不可譲渡所有は普遍的な概念範疇であり，世界の多くの言語がこのような所有範疇を有すると考えられる。

1.3.　本研究の視点と問題提起

　現代中国語では，可譲渡所有と不可譲渡所有を統語的に区別するのであろうか。区別するのであれば，如何なる「所有」を可譲渡所有と認識し，如何なる「所有」を不可譲渡所有と認識するのであろうか。
　Bally 1995 は不可譲渡所有に含まれる所有物について以下のように指摘している。

> (The personal domain) includes generally the body, its parts, sometimes its dimensions, the soul of the individuals, and in certain cases the voice, the name. It may also include to a differing degree, everything which holds an habitual relationship to it, clothing, familiar objects, utensils etc, associated persons, family, servants, friends and in each of these

sub-categories. There is further opportunity for delicate distinctions.
〔Bally 1995:26〕

　Bally1995が指摘するように，言語により不可譲渡所有に含まれる所有物が異なるならば，現代中国語では，どのような所有物／所有関係が不可譲渡に相当するのであろうか。

　また，中国語研究では従来，"我妹妹"［私の妹］や"我们学校"［私達の学校］のような名詞連接表現において構造助詞"的"が「省略」され得るのは，定語と中心語が不可譲渡所有の関係にあるからであるとされてきた（相原1976，中川1976，Li & Thompson1981等）が，これは真に不可譲渡性の表れであろうか。

　次章では，本章で述べた可譲渡／不可譲渡所有の概念を援用しながら，現代中国語における所有構造の特徴を意味と形式の側面から考察していく。

注
1) このように，2つの名詞項の関係を表すためには，「所有」という用語自身が大きな誤解の基であるとして，Seiler1983はこの二つの項をpossessor（PSR）とpossessum（PSM）と名付け，この関係を「言語的所有」（linguistic possession）と称している。
2) 例(6)は特に，「イラクへの侵攻」「関西でのお笑い」のように，「ヘ」や「デ」といった場所を表す格助詞を挿入したり，「小三女児を殺害」のように「ヲ」格に変換できることからも，所有のプロトタイプから隔たった位置にある所有構文であることが分かる。このような例に所有の属性意味を認めるか否かは議論が分かれるところであり，研究者によって所有範疇の定義が大きく異なる。
3) このような所有範疇における可譲渡所有と不可譲渡所有の対立は，フィジー語だけに認められる現象ではなく，北アメリカのトリンギット語，ハイダ語，ツムシアン語，チヌーク語，チマリコ語，マイドゥ語，ユキ語，ポモ語，マスコギ語，スー語等や，メラネシア諸語等においても，形態的にこれらの所有を区別することがUhlenbeck, Lévy-Bruhlらにより報告され

ている（Sapir1917/1990:78。柳沢 2000:267 より引用）。

原文：Sapir, E. Review of C.C. Uhlenbeck : Het identificeerend karakter der possessieve flexie in talen van Noord-Amerika. — International Journal of American Linguistics 1. pp.86-90. — *In: The Collected Works of Edward Sapir*. V.(ed.) W. Bright. 1990. Mouton.

4) Kimball1991 は身体部分と比べて，親族名称は既にその多くが am- 系列に移行していることを指摘している。例えば，"father / mother / elder sister / elder brother" などは am- 系列で表現されるという。

5) 津曲 1992 は北東アジアの諸言語における所有構造を分析する際，従属部（Dependent：D）の名詞（もしくは代名詞）と主要部（Head：H）の名詞からなる名詞句構造を分析の対象とし，D と H のどちらが標示を受けるかという観点から，所有構造を以下の 4 つのタイプに分類している。

　　Ⅰ．D　　　H　　　　無標型（標示なし）
　　Ⅱ．D-gen　H　　　　属格型（従属部標示）
　　Ⅲ．D　　　H-pers　　人称型（主要部標示）
　　Ⅳ．D-gen　H-pers　　二重型（二重標示）

（津曲 1992:263）

また，津曲 1992 は中国語において，以下に挙げるような無標型（Ⅰ）と属格型（Ⅱ）の対立を，不可譲渡と可譲渡の対立として指摘している。

　　Ⅰ．法国菜　［フランス料理］　Ⅱ．象的鼻子　［象の鼻］
　　　　女演員　［女優］　　　　　　屋子的門　［部屋の扉］
　　　　牛肉　　［牛肉］　　　　　　我的書　　［私の本］
　　　　他弟弟　［彼の弟］　　　　　他们的东西　［彼らの物］

（津曲 1992:270-271 より抜粋）

無標型（Ⅰ）では国名，性別，種別などが表される他，特に所有者が人称代名詞の場合，不可譲渡な関係が表されるとし，一方，属格型（Ⅱ）では所有者が人称代名詞の場合，可譲渡な関係が表されると指摘している。このような指摘は，Chao1968, Lyons1968 にも見られる。本研究は，現代中国語において名詞と名詞を連結する属格マーカー"的"の有無を譲渡可能性（alienability）の言語的表層化とするこのような指摘に反論するものであるが，この問題に関しては第 3 章 3.1. で詳述する。

6) 但し，このような区別は所有者が人間である場合のみ関与する。津曲 1992:266 参照。

7) 柳沢 2000:267 による指摘。柳沢 2000 は，印欧諸語（主にロシア語）における所有与格構文を取り上げ，この構文と不可譲渡所有との関連について

詳述している。
8) 奥津1983は「不可譲渡所有の場合だけに所有者とその所有物が分離する」という特殊な統辞的現象を「所有者移動」(possessor float, 以下P-Float) と呼び,「視点」の立場からこれを分析している。奥津1983の言うP-Floatは,「所有者昇格」(possessor ascension／possessor promotion／possessor raising) とも呼ばれている。

　大塚1970:788は,P-Floatする場合は「被行為者に重点を置いた言い方で(したがって被行為者に対する親愛の情)を含む表現に適し)」,P-Floatしない場合は「被行為者の身体の一部に重点を置いた表現である(したがって被行為者に対する感情の交わらない表現に適する)」と指摘しているが,これはまさに視点の問題であり,現代中国語の領属性"被"構文や"領主属宾句"における所有者分離現象も視点と深い関わりがある。詳細は第5章5.1., 第5章5.2.を参照。

9) 一般にYには,ヒト／モノならば等しく有していると考えられる(身体)部分や属性が用いられる。先天的(a priori)に所有するものを取り上げ描写するには,所有物が具体的に「どのようであるか」を述べなければ文としての情報価値を持ち得ない。従って,修飾成分を必要とするのである。

10)「彼女は目がある。」は,「鑑識眼がある」といった比喩的な意味で用いられる場合,成立する。また,「あの選手は脚がある。」,「あの女は爪がある。」のように,ある種の武器として働いているような解釈がなされる場合も成立する(角田1992:152)。

第 2 章
現代中国語における領属の定義とその分類

2.0. はじめに

　第1章では，日本語の所有構文〈NP₁＋の＋NP₂〉におけるNP₁とNP₂の意味関係について，Taylor1989が指摘する最もプロトタイプ的な所有関係（e.g. 太郎の鉛筆）を中心に，全体と部分の関係（e.g. 猫の尻尾）や，所有者とその属性との関係（e.g. 彼女の性格），また，互いが互いの存在なくしては存在し得ない相互依存関係（e.g. 彼の妻）なども周縁的な所有関係として，所有の意味範疇に含まれることを指摘した。
　第2章では，現代中国語の所有構文である名詞二項連接表現〈NP₁＋（的）＋NP₂〉を取り上げ，先ず，先行研究とその問題点を踏まえた上で，NP₁とNP₂の意味関係とその統語的振る舞いの相違を考察し，現代中国語における所有の定義とその下位分類を行う。
　尚，本章以降，中国語統語研究において常用される術語に従い，特に断りのない限り，「所有」(possession)を「領属」と称し，「所有するもの」(possessor)を「領属主／領属先」，「所有されるもの」(possessed entity)を「領属物」と呼ぶこととする。

2.1. 現代中国語における領属範疇

2.1.1. 先行研究及びその問題点

　現代中国語における領属範疇に関する研究は，1990年代以降，特に

注目されるようになり，既に数多くの先行研究が中国語の領属構造について言及している（朱德熙 1982，张伯江 1994，张敏 1998，沈阳 1998/2002，黄锦章 2000，沈阳・何元建・顾阳 2001，陆俭明・沈阳 2003，陆俭明 2003/2004 等を参照）。

第1章で述べた「所有」と同様，現代中国語における「領属関係」も概念的には事物と事物の間に成り立つ領有（所有），隷属（所属）関係を指す総称とされ，名詞二項連接表現〈NP_1＋（的）＋NP_2〉における NP_1 と NP_2 の意味関係を中心に，その定義と分類がなされている。しかし，NP_1 と NP_2 の具体的な意味関係を見てみると，"小王的书包"［王さんのかばん］や"马的尾巴"［馬の尻尾］のような例は例外なく領属性偏正構造であるとされるのに対し，"工厂的围墙"［工場の壁］や"李老师的病"［李先生の病気］，"浙江的茶叶"［浙江省のお茶］のような例は領属性偏正構造であるか否か意見が分かれる（陆俭明 2004:97）など，先行研究の数だけ領属の定義が存在しているというのが現状である[1]。

例えば，次の例(1)は沈阳 2002 からの引用であるが，NP_1 と NP_2 の意味関係に拠ってのみ領属関係を定義するのであれば，以下の例(1a)～例(1n)における名詞二項連接表現〈NP_1＋（的）＋NP_2〉を全て領属関係とみなすことも可能となる。

(1)a. 表称谓：他的父亲／我的学生／经理的秘书／百万富翁的女儿
　　　　　　［彼の父親／私の学生／社長の秘書／百万長者の娘］
　　b. 表占有：人家的报纸／图书馆的书／弟弟的汽车／岳父的存款
　　　　　　［人の新聞／図書館の本／弟の車／岳父の預金］
　　c. 表器官：姑娘的眼睛／狐狸的尾巴／商人的脑袋／松树的叶子
　　　　　　［娘の目／狐の尻尾／商人の頭脳／松の葉］
　　d. 表构件：这本书的封面／衣服的领子／自行车的链条／橘子皮
　　　　　　［この本の表紙／服の襟／自転車のチェーン／蜜柑の皮］
　　e. 表材料：车身的钢板／衣服的布料／桌子的木头／窗户的玻璃
　　　　　　［車体の鋼板／服の生地／机の木材／窓のガラス］

f. 表属性：菜的味道／孩子的性格／会议的影响／导弹的破坏力
   ［料理の味／子供の性格／会議の影響／ミサイルの破壊力］
g. 表特征：姑娘的穿着／模特的身材／衣服的颜色／青年的形象
   ［娘の服装／モデルの体型／服の色／青年のイメージ］
h. 表观念：百姓的心态／读者的意见／群众的牢骚／大家的顾虑
   ［庶民の意識／読者の意見／民衆の不満／皆の心配］
i. 表成员：大学的教授／公司的高层／支部的委员／部队的官兵
   ［大学の教授／会社の上層部／支部の委員／部隊の官兵］
j. 表变形：土豆丝／萝卜块／羊肉片／大米粥／苹果酱／红薯干
   ［ジャガイモの千切り／大根の角切り／羊肉の薄切り／米の粥／林檎のジャム／芋切干］
k. 表成果：王朔的小说／黎明的专辑／学生的作品／爱情的结果
   ［王朔の小説／レオン・ライのアルバム／学生の作品／愛の結晶］
l. 表产品：四川的榨菜／青岛的啤酒／中国的卫星／东芝的电脑
   ［四川のザーサイ／青島のビール／中国の衛星／東芝のパソコン］
m. 表状况：老王的病／个人的前途／农民的命运／股市的行情
   ［王さんの病気／個人の前途／農民の運命／株式市場の相場］
n. 表事业：公司的计划／小李的工作／教师的追求／专家的研究
   ［会社の計画／李さんの仕事／教師の追求／専門家の研究］

(沈阳 2002:102)

しかし，沈阳 2002 自身も指摘するように，このような分類はその分類基準が明確でないばかりか，何を以て領属関係とみなすか――即ち領属関係の概念すら曖昧であり，客観性に欠けるものである。

また，陆俭明 2004 は，①〈NP_2＋VP＋的＋是＋NP_1〉を満たし，②〈NP_2＋VP〉が主述関係にあり，③ NP_1 が V の支配項でない場合，名詞 NP_1 と名詞 NP_2 の間に領属関係が成り立つとし，上の沈阳 2002 の分類に加え，以下に挙げる 3 タイプも領属関係であると指摘している（詳細は陆俭明

2004:104-106 を参照）。

(2) 创伤领属：张三的伤口／他的口子／老张的胃炎／小李的包
[張三の傷口／彼の傷口／張三の胃炎／李さんのコブ]

(3) 景观领属：苏州园林／九寨沟风光／桂林山水／西湖景色
[蘇州の園林／九寨溝の風光／桂林の風景／西湖の景色]

(4) 处所领属：张三的面前／小王的身后／王大爷家的房后／北京大学的隔壁
[張三の前／王さんの後ろ／王伯父の家の後ろ／北京大学の隣]

（陆俭明 2004:105-106，体裁は引用者による）

このように，領属関係を NP_1 と NP_2 との意味関係に拠ってのみ分類する場合，そこには様々な類分けの可能性が存在する。例えば，例(1c)〈表器官〉，例(1d)〈表构件〉における NP_1 と NP_2 は全体－部分の関係にあり，NP_1 の有情／無情を問わなければ一括りにすることも可能である。同様に，例(1f)〈表属性〉，例(1g)〈表特征〉，例(1h)〈表观念〉，例(1m)〈表状況〉における NP_2 は NP_1 の属性（特徴，性質，状況）を表しており，これも一つの類にまとめることが可能である。反対に，例(1a)〈表称谓〉の代表としては親族名称が挙げられるが，NP_1 の存在が NP_2 の存在を前提とするか否かにより，"女儿的爸爸"[娘の父] と "爸爸的女儿"[父の娘] を細分類することも可能である。

陆俭明 1988 は，"一定的语法范畴，对句法都会起一定的制约作用。关于这个问题，我们过去还很少注意。"(p.181)[文法範疇は統語に対してある一定の制約を与える。この問題に関して我々はこれまであまり注意を払ってこなかった] と文法範疇における統語的制約の存在を指摘しているが，これはある言語現象を分析し分類する際，統語的指標をその基準とすることが可能であることを示唆している。従って，より客観的に言語実態を分析し，類分けするには，意味関係だけではなく，意味と形式の両側面か

らアプローチすることが重要であり，意味的，統語的に相関関係をもたせた類分けでなければ，分類する意味がないと言っても過言ではない。

以下では，先ず本研究の考察対象である現代中国語における領属関係の概念を定義し，次にその領属関係を，統語的・意味的特徴に基づき下位分類していく。

2.1.2. 名詞二項連接表現〈NP_1＋(的)＋NP_2〉における NP_1 と NP_2 の意味関係

名詞二項連接表現〈NP_1＋(的)＋NP_2〉における NP_1 と NP_2 の間には様々な意味関係が存在するが，朱徳熙1982は以下の3タイプを挙げている[2]。

(5) 我们的学校／公社的牲口　　〈NP_1 が領属先を表す〉
　　［私たちの学校／人民公社の家畜］

(6) 木头房子／塑料口袋　　　　〈NP_1 が材質を表す〉
　　［木造の家屋／ビニールの袋］

(7) 昨天的报／北京的天气　　　〈NP_1 が時間や場所を表す〉
　　［昨日の新聞／北京の天候］

(朱徳熙1982:140より抜粋)

また，例(6)に類似する例として，NP_1 が NP_2 の特徴や性質を表す例(8)のようなタイプもあり，共に属性関係を表す。

(8) 珂罗版的书／电子管的收音机／黄头发的孩子　〈NP_1 が性質を表す〉
　　［コロタイプの本／真空管のラジオ／金髪の子供］

意味的な観点から見れば，〈属性関係〉と〈領属関係〉は比較的明確に区別することが可能であり，この二つの意味範疇は，定語のもつ基本的な文法的意味である〈描写〉，〈限定〉とパラレルに存在している。例

えば，以下は属性関係と領属関係の対立としてよく取り上げられる例であるが，これは即ち〈描写〉と〈限定〉の対立でもある。

(9) 他有很多中国朋友。　　〈属性関係〉
　　［彼には中国人の友人がたくさんいる］
(10) 巴基斯坦是中国的朋友。　〈領属関係〉
　　［パキスタンは中国の友人である］

（朱德熙 1982:143）

例(9)における"中国朋友"の"中国"は，"朋友"が中国人であることを示しており，"朋友"の属性を描写し説明しているのに対し，例(10)における"中国的朋友"の"中国的"は，"朋友"が"中国"にとってのものであること——即ち"中国"と"朋友"が領属関係にあることに言及し，"朋友"を限定，分類している[3]。

〈属性関係〉と〈領属関係〉の対立は，以下の例においても反映されている[4]。

　　　　　〈属性関係〉　　　　　　　　〈領属関係〉
(11) 　孩子脾气［子供っぽい性格］⇔　孩子的脾气［子供の気性］
(12) 　金鱼眼睛［出目］　　　　　⇔　金鱼的眼睛［金魚の目］

例(11)，例(12)からも分かるように，名詞性定語の後に"的"を伴うか否かによって NP_1 と NP_2 の統語関係は異なり，その意味関係も異なる[5]。以下の例を比較してみよう。

(13) a. 他是班主任老师。　　　　〈属性関係〉
　　　　　［彼は担任教師です］
　　　b. 他是班主任的老师。　　　〈領属関係〉
　　　　　［彼は担任の先生の先生です］

(14) a. 敵人的狐狸尾巴露出来了。　　〈属性関係〉
　　　［敵の化けの皮がはがれた］
　　b. 狐狸的尾巴很大。　　　　　　〈領属関係〉
　　　［狐のしっぽは大きい］

　名詞二項連接表現〈NP₁＋(的)＋NP₂〉における属性関係とは，NP₂の内包する属性が「どのようであるか」をNP₁が描写し説明する関係概念である。例えば，例(11)"孩子脾气"では，"脾气"［性格］が内包する属性は様々であるが，その中から"孩子"［子供っぽい］を取り出し，"脾气"を描写している。そして，このように"的"を介さず直接名詞を修飾する場合，名詞句全体で一つの充足した意味を表し，往々にして名詞句が表す文字通りの意味（NP₁とNP₂の意味の和）以上の意味——隠喩的意味（metaphorical meaning）を表すことがある。例(12)"金鱼眼睛"［金魚の目→出目］や例(14a)"狐狸尾巴"［狐のしっぽ→化けの皮］などがその例である[6]。

　一方，名詞二項連接表現〈NP₁＋(的)＋NP₂〉における領属関係とは，NP₁が領属の側面からNP₂を限定し，その外延を縮小させる関係概念である。つまり，例(14b)"狐狸的尾巴"におけるNP₁"狐狸"［狐］はNP₂"尾巴"［しっぽ］が内包する属性ではなく，狸でもない，リスでもない，狐のしっぽであること——即ち"尾巴"の帰属先を限定しているのである。

2.1.3. 領属関係の定義

　このような属性関係と領属関係の意味的特徴は，統語上においても異なる振る舞いを呈している。ここで，Taylor1989が定義する最もプロトタイプ的な領属に基づき，以下に挙げる〈文型1〉を満たすNP₁とNP₂の意味関係を領属関係とする[7]と仮定してみよう。

〈文型 1〉　NP₁ + 有（擁有 / 占有 / 具有）+ NP₂
　　　　　[NP₁ は NP₂ を持っている（擁する / 保有する / 備え持つ）]

これに従えば，例(1b)〈表称謂〉"人家的报纸 / 图书馆的书 / 弟弟的汽车 / 岳父的存款"はそれぞれ，"人家有报纸。"[人は新聞を持っている]，"图书馆有书。"[図書館は本を保有している]，"弟弟有汽车。"[弟は車を持っている]，"岳父有存款。"[妻の父は預金がある]のように〈文型 1〉を満たすため，"人家－报纸"，"图书馆－书"，"弟弟－汽车"，"岳父－存款"は領属関係にあると言える。ここで注意しなければならないのが例(1c)〈表器官〉，例(1d)〈表构件〉，例(1f)〈表属性〉，例(1g)〈表特征〉のようなタイプである。例えば，"姑娘的眼睛"に挙げるようなある種の NP₂ は "??姑娘有眼睛。"のように裸のままでは賓語になりにくいものの，"姑娘有大大的眼睛。"[娘はパッチリした目をしている]のように修飾成分（Adj）を付加すれば問題なく成立する。従って，本研究では以下に挙げる〈文型 2〉を満たす NP₁ と NP₂ の意味関係を領属関係と定義する[8]。

〈文型 2〉　NP₁ + 有（擁有 / 占有 / 具有）+（Adj）+ NP₂
　　　　　[NP₁ は(A という)NP₂ を持っている(擁する / 保有する / 備え持つ)]

このように領属関係を定義すると，例(1j)〈表变形〉で挙げた "土豆丝 / 萝卜块 / 羊肉片 / 大米粥 / 苹果酱 / 红薯干" などは，この形式に当てはめることはできない。

(15)　*土豆有丝。
　　　*萝卜有块。
　　　*羊肉有片。
　　　*大米有粥。

＊苹果有酱。
＊红薯有干。

従って，例(1j)〈表変形〉におけるNP₁とNP₂の関係は，領属関係というよりはむしろ，属性関係と捉えたほうが妥当である。"土豆丝"[ジャガイモの千切り]を"土豆"[ジャガイモ]による"丝"[細い糸状のもの]の属性描写と解釈するのである。

この他，例(1k)〈表成果〉も〈文型2〉に当てはめることはできない。"王朔的小说"における"王朔"は"小说"の領属主ではなく，「誰によって書かれたものであるか」という小説の属性を表している。したがって，例(1k)〈表成果〉は本研究では領属関係とはみなさない。

(16) #王朔有小说。　　[#王朔は小説を持っている]
　　　#黎明有专辑。　　[#レオン・ライはアルバムを持っている]

また，例(17)～例(19)における〈NP₁＋的＋NP₂〉を領属関係とみなす先行研究（张伯江・方梅1996を参照）も存在するが，これらは〈文型2〉を満たさず，統語的振る舞いも異なるため，本研究では領属関係とはみなさず，考察対象から除外する[0)]。

(17) 张三的原告，李四的被告。　　[张三の原告，李四の被告]
(18) 他的篮球打得好。　　　　　　[彼のバスケットボールがうまい]
(19) 我来帮你的忙。　　　　　　　[君の多忙を手伝おう]

（朱德熙1982:146）

沈阳1998のように，"今天的报纸／院子的外边"[今日の新聞／庭の外]のような時間・空間関係や，"墙上的画／房间里的摆设／二楼的老王"[壁の絵／部屋の装飾品／2階の王さん]のような存在関係なども領属関係に組み込む先行研究も存在する。しかし，第1章でも考察したように，

時間詞や場所詞は Seiler1983 や Taylor1989 が領属のプロトタイプ的意味属性に挙げている〈有情性〉や〈具象性〉に欠ける[10]。従って，本研究では時間詞や，"－上／－里"[－の上／－の中]といった方位詞を含む語句との意味関係は考察の対象外とし，ヒト（動物を含む有情物）やモノを表す名詞及び人称代名詞からなる2つの語の意味関係のみを考察の対象とする。従って，次の例(20)，例(21)は領属関係とはみなさない。

(20)a. 心中的她／墙上的画／教室里的桌子
　　　　［心の中の彼女／壁の絵／教室の中の机］
　　b. 她的心中／小王的身后／银行的旁边
　　　　［彼女の心中／王さんの後ろ／銀行の隣］
(21)a. 现在的我／将来的梦／5年前的电脑
　　　　［現在の私／将来の夢／5年前のパソコン］
　　b. 我的现在／儿子的未来／过去的工作
　　　　［私の現在／息子の未来／今までの仕事］

以上，現代中国語における領属関係を意味と形式の両側面から考察してきたが，これまでの考察を踏まえ，本研究では以下に挙げる3つの条件項を満たす関係を領属関係とみなすものと定義する。

〈条件項〉　現代中国語における領属関係：
- ⅰ）ヒト（動物を含む有情物）／モノ／コトを表す名詞，及び人称代名詞からなる2つの語（NP_1，NP_2）の関係において
- ⅱ）NP_1がNP_2の帰属先，領属先を限定し，類分けする意味関係にあり
- ⅲ）ⅱ）の意味関係を裏付ける統語的根拠として，以下の文型を満たす

  〈NP_1＋有（擁有／占有／具有）｜（Adj）＋NP_2〉

従って，以下の例(22)～例(25)における名詞二項連接表現〈NP_1＋(的)＋NP_2〉は，NP_1とNP_2の関係が上の条件項を満たしているため，全て領属関係を表す表現であるとみなすことができる。

(22) 他的耳朵／她的嘴唇／张三的鼻子／小王的眼睛／孩子的手／
　　　[彼の耳／彼女の唇／張三の鼻／王さんの目／子供の手／

　　　狼的牙齿／狗熊的爪子／松树的根／柳树的叶子／花生(的)壳／
　　　狼の牙／クマの爪／松の根／柳の葉／落花生の殻／

　　　橘子(的)皮／衣服(的)领子／自行车(的)链条／笔记本的封面[11]
　　　蜜柑の皮／服の襟／自転車のチェーン／ノートの表紙]

(23) 他的体重／她的个子／宝玉的性格／李四的长相／人物的形象／
　　　[彼の体重／彼女の背丈／宝玉の性格／李四の容姿／人のイメージ／

　　　他的职业／树叶的颜色／衣服的价格／靴的尺码／音乐的旋律／
　　　彼の職業／葉の色／服の値段／靴のサイズ／音楽の旋律／

　　　作品的风格／故事的情节
　　　作品のスタイル／物語の筋]

(24) 我(的)妈妈／你(的)妹妹／他(的)老师／她(的)朋友／
　　　[私の母／あなたの妹／彼の先生／彼女の友人／

王五的哥哥／赵七的爱人／张三的太太／朋友的爷爷／爸爸的同事／
王五の兄／趙七の配偶者／張三の奥さん／友人の祖父／父の同僚／
姐姐的同学
姉の同級生]

(25) 我的帽子／你的钱包／她的衣服／他们的房子／老刘的手表／
[私の帽子／あなたの財布／彼女の服／彼らの家／劉さんの腕時計／
小李的书／爸爸的钥匙／弟弟的摩托车／朋友的秘密／老师的爱好
李さんの本／父の鍵／弟のオートバイ／友人の秘密／先生の趣味]

次節では，例(22)〜例(25)の分類基準について統語的根拠を示しながら考察していく。

2.2. 領属関係の下位分類

例(22)〜例(25)における〈NP_1＋(的)＋NP_2〉は，NP_1 と NP_2 の関係が上の条件項を満たしており，全て領属関係を表す表現である。しかしながら，上の例において，領属先（NP_1）と領属物（NP_2）の関係を更に綿密に考察すると，その意味関係は一様ではなく，それぞれ「領属の仕方／され方」が異なっていることが分かる。

本節では，この「領属の仕方／され方」の相違を明確にするため，第1章で考察した可譲渡所有と不可譲渡所有の概念を援用し，先ず，NP_1 と NP_2 が恒常的／不分離的な領属関係にあるか否かという基準をもとに，〈図1〉のように大別することにする。

〈図1〉 領属関係の分類基準：

$$\text{NP}_1 \text{と} \text{NP}_2 \text{の意味関係} \begin{cases} \text{I類：恒常的／不分離な領属関係} \\ \text{II類：任意的／遇有的な領属関係} \end{cases}$$

　この基準に拠ると，例(22)はNP₁の有情／無情を問わず，NP₁とNP₂は「全体－部分」という密接不可分の関係にあり，この意味から〈I類〉に分類される。また同様に，例(23)もNP₂がNP₁のもつ恒常的な性質（属性）の類概念を表しており，NP₁（本体）とNP₂（本体属性の類概念）の関係は密接不可分であることから〈I類〉に分類される。また，例(24)はNP₁とNP₂がお互いの存在なくしては存在し得ないという依存的／他律的な関係にあり，これも〈I類〉に類分けされる。一方，例(25)は，NP₁とNP₂の関係が遇有的——即ち任意的な領属関係にあることから〈II類〉に類分けされる。

　以上，例(22)～例(25)を，NP₁とNP₂が恒常的／不分離的な領属関係にあるか否かという基準に照らして領属関係の中に位置付けると，〈図2〉のように図示することができる。

〈図2〉 領属関係を表すNP₁とNP₂の意味関係：

$$\text{領属関係} \begin{cases} \text{I類：恒常的／} \\ \phantom{\text{I類：}}\text{不分離な領属関係} \begin{cases} \text{・全体－部分関係　例(22)} \\ \text{・本体－属性関係　例(23)} \\ \text{・相互依存関係　　例(24)} \end{cases} \\ \text{II類：任意的／} \\ \phantom{\text{II類：}}\text{遇有的な領属関係} \text{───・任意的領属関係　例(25)} \end{cases}$$

　以下では，この基準の設定と領属関係の下位分類の妥当性について，

統語的・意味的特徴を根拠にそれぞれ検証していく。

2.2.1. 全体－部分関係

先ず，領属先（NP₁）と領属物（NP₂）の意味関係が「全体－部分」の関係にある場合を考察していく。以下に，例(22)を再掲する（記述の便宜上，一部体裁の変更あり）。

(22) a. NP₁ が有情物：
　　　他的耳朵／她的嘴唇／张三的鼻子／小王的眼睛／孩子的手／
　　　狼的牙齿／狗熊的爪子／……
　　b. NP₁ が無情物：
　　　松树的根／柳树的叶子／花生(的)壳／橘子(的)皮／
　　　衣服(的)领子／自行车(的)链条／笔记本的封面／……

全体－部分関係において，領属先（NP₁）が有情物（主にヒトや動物）である場合，その領属物（NP₂）には身体部位を表す部分名詞が挙げられる。人間や動物とその身体部位が先天的（a priori）に不可分な関係であることは言うまでもない。例えば，人間に「頭」があるという状態は必然的なことであり，「頭がある」状態と「頭がない」状態は二項対立をなさない。身体部位が人間や動物に先天的に所有されていることは，以下に挙げる例文が不自然なことからも窺い知れる。先天的に所有しているものに対して，その所有をわざわざ言及することは何ら情報価値を有さないからである。

(26) ??他有双耳朵。
　　　??张三有个鼻子。
　　　??小王有双眼睛[12]。

これらの例において，特に領属関係に言及するには，その先天的に所

有されているもの（ここでは身体部位）が「どのようであるか」について述べなくてはならない。これが〈文型2〉で提示した〈NP_1＋有（拥有／占有／具有）＋(Adj)＋NP_2〉において，NP_2が修飾成分（Adj）を必要とする理由である。従って，以下のような例は問題なく成立する。

(27)　他有双<u>大</u>耳朵。　　　　［彼は福耳をしている］
　　　张三有个<u>蒜头</u>鼻子。　　［张三は団子鼻だ］
　　　小王有双<u>圆圆的</u>眼睛。　［王さんはまん丸な目をしている］

　このような部分名詞の特異性は，世界の多くの言語においても普遍的な現象であり，不可譲渡名詞（IAN）として扱われることが多い。Ivič1962は被限定語が不可譲渡名詞である場合，その限定語は省略不可能であることを指摘しているが，これは現代中国語において，部分名詞が領属性の述語となるとき，必ず修飾成分を必要とすることと極めて類似する言語現象である。

(28) a.　The girl with <u>dark</u> glasses
　　　b.　The girl with glasses
(29) a.　The girl with <u>dark</u> eyes
　　　b.　*The girl with eyes

（Ivič1962:199-204）

　例(28)における"glasses"は可譲渡名詞（AN）であり，その限定語"dark"を省略しても文として成立可能であるのに対し，例(29)における"eyes"は不可譲渡名詞であり，このとき限定語"dark"は省略不可能である。
　日本語でも「長い髪の少女」のような〈領属物＋の＋領属主〉の形式において，同様の現象がみられる。

(30) a. ＊鼻のトナカイ／＊髪の老人／＊肌の乙女
　　 b. 赤鼻のトナカイ／白髪の老人／柔肌の乙女
(31) a. 眼鏡の男／？かばんの少女／？靴下の子供
　　 b. 黒縁眼鏡の男／赤いかばんの少女／白い靴下の子供
(32) a. ＊消しゴムの太郎
　　 b. ＊大きな消しゴムの太郎

　例(30)や例(31)のような表現は，領属物が領属主の特徴を描写するものでなければ成立しない。従って，中国語や英語と同様，領属物が身体部位の場合，例(30b)のように修飾成分がなければ成立しない[13]。また，例(31)のタイプが成立するには，「眼鏡／かばん／靴下」が単なる領属物ではなく，身に着けている状態でなければならないが，日本語でも「眼鏡の男」は修飾成分の有無に拘わらず成立するのに対し，「？かばんの少女」，「？靴下の子供」は不自然であり，やはり修飾成分「赤い／白い」を必要とする。これは，領属主の特徴を描写するために，その領属物をより認知的に際立った参照点として機能させるためであると考えられる。従って，例(32)はたとえ「太郎」と「消しゴム」が領属関係にあったとしても，領属物「(大きな)消しゴム」が領属主「太郎」の特徴を描写するとは考えにくいため，修飾成分の有無に拘わらず非文となる。
　全体－部分関係が不可譲渡所有として扱われ，他の領属関係とは性質を異にすることは，以下に挙げる名詞述語文において，名詞性偏正構造が述語になるとき，中心語が表す事物が必ず主語が表すヒト或いは事物の分離不可能な一部でなければならない[14]ことからも窺い知れる。次の例を見てみよう。

(33)　这个人黄头发。　　［この人は金髪だ］
(34)　这孩子大眼睛。　　［この子は大きな目だ］
(35)　这间屋子洋灰地。　［この部屋はセメントの床だ］

(朱德熙 1982:102-103)

例(33)〜例(35)における述語"黄头发"[金髪]，"大眼睛"[大きな目]，"洋灰地"[セメント床]はそれぞれ主語が表すヒト或いは事物の一部分を表しており，且つ主語の属性を描写している。一方，例(36)〜例(38)における"黄裤子"[黄色いズボン]，"大书包"[大きなかばん]，"新沙发"[新しいソファー]はそれぞれ主語が表すヒト或いは事物の領属物にはなり得ても，全体の一部分にはなり得ず，また主語の属性を描写することもないため，非文となる。

(36) *这个人黄裤子[15]。
(37) *这孩子大书包。
(38) *这间屋子新沙发。

（朱德熙 1982:102-103）

以上，領属先（NP₁）と領属物（NP₂）の意味関係が「全体－部分」の関係にある場合について，所有構文や名詞述語文における統語的振る舞いの特異性を指摘した。部分名詞（ここではNP₂）を含む文を構成する各要素の関係を図示すると以下のようになる。

〈図3〉 全体－部分関係における各要素間の関係図：

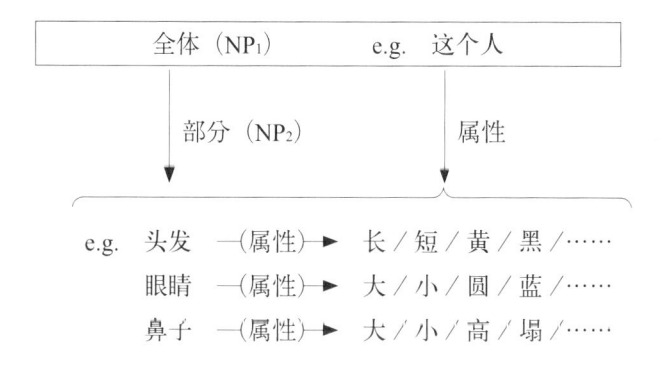

```
┌─────────────────────────────────────┐
│   全体（NP₁）      e.g.  这个人       │
└─────────────────────────────────────┘
         │                    │
      部分（NP₂）            属性
         ▼                    ▼
   ⎧  e.g.  头发  —(属性)▶  长／短／黄／黑／……
   ⎨        眼睛  —(属性)▶  大／小／圆／蓝／……
   ⎩        鼻子  —(属性)▶  大／小／高／塌／……
```

2.2.2. 本体－属性関係

次に，領属物（NP₂）が領属先（NP₁）のもつ性質（属性）の類概念を表す場合について考察していく。例(23)を整理しつつ再掲する（記述の便宜上，一部体裁の変更あり）。

(23) a. NP₁ が有情物：
他的体重／她的个子／宝玉的性格／李四的长相／人物的形象／他的职业／……
b. NP₁ が無情物：
树叶的颜色／衣服的价格／靴的尺码／音乐的旋律／作品的风格／故事的情节／……

先ず，属性の類概念とはどのようなものを指すのか，具体的な例を挙げて考察していく。

(39) 这件衬衫　a. {很贵／很便宜}。
　　　　　　　　[このシャツは {(値段が) 高い／安い}]
　　　　　　　b. {比较宽松／比较紧}。
　　　　　　　　[{わりにゆったりしている／わりにぴっちりしている}]
　　　　　　　c. {是尼龙的／是麻纱的}。
　　　　　　　　[{ナイロンだ／麻だ}]
(40) 我男朋友　a. {很好看／很丑}。
　　　　　　　　[私の彼氏は {かっこいい／不細工だ}]
　　　　　　　b. {很保守／很开放}。
　　　　　　　　[{保守的だ／開放的だ}]
　　　　　　　c. {叫李四／叫张三}。
　　　　　　　　[{李四という／張三という}]

例(39)における述語 a."很贵／很便宜"，b."比较宽松／比较紧"，c."是尼龙的／是麻纱的"は全て主語"这件衬衫"の属性（本体が具備している性質）を描写しているが，その属性描写の基準となる類概念はそれぞれ異なる。つまり，例(39a)の"很贵／很便宜"は，"这件衬衫"の「価格面」における属性描写であり，例(39b)の"比较宽松／比较紧"は，「サイズ面」における属性描写である。同様に，例(39c)の"是尼龙的／是麻纱的"は，言うまでもなく「材料（生地）面」における属性描写である。本研究では，例(39)における主語"这件衬衫"——即ち領属先（NP_1）に対して，上で挙げた「価格」，「サイズ」，「材料（生地）」などを属性の類概念——即ち領属物（NP_2）と捉えるのであるが，このとき領属物（NP_2）は領属先（NP_1）によって自動的にその存在が含意されており（「価格」のような人為的に付与される属性も含む），この点で NP_1 と NP_2 は恒常的／不分離な領属関係にあると言うことができる。つまり，本体－属性関係において，領属物（NP_2）の存在はその領属先（NP_1）に先天的に含意されているのである。これは以下に挙げる例において，偏正構造を構成する主語〈NP_1＋的＋NP_2〉から中心語——即ち NP_2 を省略しても文が成立することからも明らかである。

(41)　这双鞋的尺码太大了。　　［この靴のサイズは大きすぎる］
　　　⇒这双鞋太大了。　　　　［この靴は大きすぎる］
(42)　那首曲子的旋律很优美。　［あの曲のメロディーは美しい］
　　　⇒那首曲子很优美。　　　［あの曲は美しい］
(43)　这个作品的风格很独特。　［この作品のスタイルは独特だ］
　　　⇒这个作品很独特。　　　［この作品は独特だ］

一方，本体－属性関係同様，領属先（NP_1）と領属物（NP_2）が恒常的／不分離関係にある全体－部分関係では，以下に挙げるように，領属物（NP_2）を省略することはできない。

(44) 她(的)头发全白了。　　　［彼女の髪は全部真っ白になった］
　⇒ #她全白了。　　　　　　［#彼女は全部真っ白になった］
(45) 小王(的)眼睛很大。　　　［王さんの目は大きい］
　⇒ #小王很大。　　　　　　［#王さんは（年が）大きい］
(46) 自行车(的)链条断了。　　［自転車のチェーンが切れた］
　⇒ #自行车断了。　　　　　［#自転車が切断された］

例(41)〜例(43)では，領属物（NP₂）は領属先（NP₁）の属性類概念であり，その存在は先天的に含意されているため，領属物（NP₂）を省略しても文が成立するのに対し，例(44)〜例(46)は専ら部分名詞──即ち領属物（NP₂）を描写する表現であるため，省略することができないのである。

以上，例(40)を例に，属性の類概念を含む文を構成する各要素の関係を図示すると〈図4〉のようになる。

〈図4〉 本体－属性関係における各要素間の関係図：

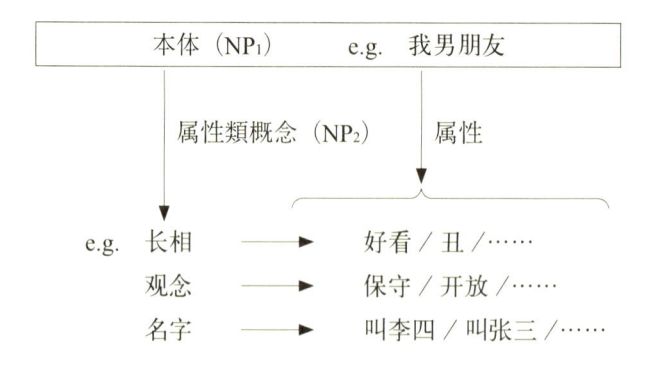

```
            ┌─────────────────────────────┐
            │   本体 (NP₁)    e.g. 我男朋友  │
            └─────────────────────────────┘
                  │                │
         属性類概念 (NP₂)         属性
                  │                │
                  ▼                ▼
      e.g.   长相  ──────▶   好看 / 丑 / ……
             观念  ──────▶   保守 / 开放 / ……
             名字  ──────▶   叫李四 / 叫张三 / ……
```

杉村1999bも指摘するように，「名前」は人間の社会的な属性であり，この他にも「血液型」なども生物学的な属性であるとみなすことができる。また，学生であれば「専攻」が，社会人であれば「職業」などが属

性の類概念として，領属先（NP₁）に含意されるであろう[16]。

2.2.3. 相互依存関係

次に，領属関係を構成する2つの語——即ち領属先（NP₁）と領属物（NP₂）との間に相互依存関係が認められる場合について考察していく。例(24)を整理しながら再掲する（記述の便宜上，一部体裁の変更あり）。

(24) a. 親族関係：
　　　我(的)妈妈／你(的)妹妹／王五的哥哥／赵七的爱人／
　　　张三的太太／朋友的爷爷／……
　　b. その他の人間関係：
　　　他(的)老师／她(的)朋友／爸爸的同事／姐姐的同学／……

相互依存関係とは，互いが互いの存在なくしてはありえない2つの事物の間に成り立つ関係であり，自らの存在が他者との関係によってのみ規定され得るような関係を指す[17]。従ってこのような意味的特徴から，相互依存関係は，全体−部分関係（2.2.1.参照），本体−属性関係（2.2.2.参照）同様，恒常的／不分離な領属関係であると言うことができる。

領属関係において，領属先（NP₁）とその領属物（NP₂）とがお互いに依存し合うような関係体系を組織するものの典型に親族関係が挙げられる。例えば，［父母］という語が表す意味概念には，その前提として［子］の存在が含意されており，また同時に［子］という語が表す意味概念には，［父母］の存在が前提とされている。つまり，［子］が存在して初めて［父母］は存在し得，同時に［父母］が存在して初めて［子］は存在し得るように，［父母］と［子］は相互に規定し合う関係体系を構成しているのである。相互依存関係におけるこのような意味的特徴は，特別な文脈が設定されない限り，"父母"，"儿子"の領属先を規定しない例(47a)，例(47b)が不自然な表現であると判断されること，また，例(48)から"她"を落とすと不自然な表現となることからも窺い知れ

る[18]。

(47) a. ?他们是父母。
　　　⇒他们是张三的父母。　[彼らは張三の両親である]
　　b. ?王五是儿子。
　　　⇒王五是我(的)儿子。　[王五は私の息子である]
(48) （拨电话声）"喂，您好，请问是谢蕾家吗？"
　　　"哦，叶医生，叶医生，是吗？　我是她妈妈呀。"
　　　(??我是妈妈呀。)
　　[（電話を掛ける音）「もしもし，こんにちは。謝蕾さんのお宅ですか？」
　　「ああ，葉先生，葉先生ですね？あの子の母です。」]

〈广播连续剧《音乐在我手上》下集〉

　また，このような相互依存関係は親族関係に限られたことではない。例えば，"老师"[先生]と"学生"[学生]，"师傅"[師匠]と"徒弟"[弟子]，"朋友"[友人]同士なども，互いに規定し合う関係にあることは明らかである。例えば，次の例(49)は張三の李四に対する領属関係を述べたものであるが，これは同時に例(50)に示すように李四の張三に対する領属関係を意味する。

(49)　李四是张三的｛老师／师傅／朋友｝。
　　　　[李四は張三の｛先生／師匠／友人｝である]
(50)　张三是李四的｛学生／徒弟／朋友｝。
　　　　[張三は李四の｛学生／弟子／友人｝である]

　このように見てくると，例(24)に挙げるような領属関係は全て，その領属先（NP_1）と領属物（NP_2）とがお互いに依存し，規定し合う関係体系を構成している。例えば，"我(的)妈妈"[私の母]と言う場合，"我"[私]は自動的に"妈妈"[母]の子であることが確定され，同様に，"王五的

哥哥"[王五の兄]と言う場合,"王五"[王五]は自動的に"哥哥"[兄]の弟(もしくは妹)であることが確定される。一方,"张三的鼻子"[張三の鼻](全体－部分関係)や"李四的长相"[李四の容姿](本体－属性関係)のような領属関係は領属主の側からしか関係を規定することができず,従ってここに相互依存関係を他の恒常的／不分離な領属関係と区別する必要性が生じてくるのである。

2.2.4. 任意的領属関係

これまで考察してきた領属関係の下位タイプ——即ち全体－部分関係,本体－属性関係,相互依存関係はそれぞれの統語的,意味的特異性により,他の領属関係とは明確に区別されるが,領属先（NP_1）と領属物（NP_2）との関係が恒常的／不分離的である点においては共通する意味的特徴を有している。従って,〈図2〉ではこれら3タイプの領属関係の上位概念に,恒常的／不分離な領属関係〈Ⅰ類〉を設定した。

一方これとは対照的に,領属先（NP_1）とその領属物（NP_2）との関係が任意的であり,臨時的に形成された領属関係が,例(25)(再掲)に挙げる任意的領属関係である。

(25) 我的帽子／你的钱包／她的衣服／他们的房子／老刘的手表／
小李的书／爸爸的钥匙／弟弟的摩托车／朋友的秘密／
老师的爱好

"他的鼻子"[彼の鼻](全体－部分関係)や"音乐的旋律"[音楽の旋律](本体－属性関係),"我的妈妈"[私の母](相互依存関係)などにおける領属物（NP_2）が,本来的にその領属先（NP_1）に備わっているのに対し,"我的帽子"[私の帽子]や"老刘的手表"[劉さんの腕時計]など任意的領属関係における領属物（NP_2）は,領属主（NP_1）が何らかの働きかけをした結果,領有することになった偶有的な領属物であり,領属主と領属物の間には如何なる必然性を見出すこともできない。任意的領属関係に

おけるこのような意味的特徴は，〈NP₁＋有（擁有／占有／具有）＋NP₂〉に"不一定"［～とは限らない］を挿入することができることからも窺い知れる。例(51)，例(52)のように〈NP₁＋不一定有＋NP₂〉が成立するということは，NP₁とNP₂が任意的な領属関係にあることの傍証となる。

(51) 她<u>不一定</u>有铅笔。　　　［彼女は鉛筆を持っているとは限らない］
(52) 弟弟<u>不一定</u>有摩托车。
　　　［弟はオートバイを持っているとは限らない］

これに対し，恒常的／不分離な領属関係は，〈NP₁＋有（擁有／占有／具有）＋NP₂〉に"不一定"を挿入すると非文になる。そればかりか，〈NP₁＋有（擁有／占有／具有）＋NP₂〉だけでは情報価値を得られず，NP₂の前に必ず修飾成分（Adj）を必要とする。これはNP₁がNP₂の存在を前提としているためであり，そのNP₂についてわざわざ言及するには，NP₂が「どのようであるか」を描写しなくてはならないからである。

(53) 全体－部分関係：
　　　＊小王<u>不一定</u>有眼睛。
　　　^{??}小王有眼睛。
　　　⇒小王有<u>圆圆的</u>眼睛。　　［王さんはまん丸な眼をしている］
(54) 本体－属性関係：
　　　＊那首曲子<u>不一定</u>有旋律。
　　　^{??}那首曲子有旋律。
　　　⇒那首曲子有<u>很优美的</u>旋律。
　　　　［あの曲は美しいメロディーがある］

(55) 相互依存関係[19]：
　　*这位丈夫<u>不一定</u>有妻子。
　　^{??}这位丈夫有妻子。
　　⇒这位丈夫有<u>很漂亮的</u>妻子。
　　［こちらのご主人には美しい奥さんがいる］

このような統語的・意味的特徴から，任意的領属関係は，その領属先と領属物との間に必然性が認められず，従って上述の恒常的／不分離な領属関係の対極にある任意的／遇有的領属関係〈Ⅱ類〉に類分けされるのである。

2.3.　第 2 章のまとめ

以上，第 2 章では，現代中国語の所有構文である名詞二項連接表現〈NP₁＋(的)＋NP₂〉を中心に，NP₁ と NP₂ の意味関係とその統語的振る舞いの相違を考察し，現代中国語における領属関係の概念を定義し，下位分類を進めてきた。

本章では先ず，〈NP₁＋有（擁有／占有／具有）＋(Adj)＋NP₂〉を満たす NP₁ と NP₂ の関係を領属関係と定義し，次に NP₁ と NP₂ が不可譲渡の関係にあるか否かを基準に，〈Ⅰ類〉「恒常的／不分離な領属関係」と〈Ⅱ類〉「任意的／遇有的な領属関係」に大別した。そして，更に〈Ⅰ類〉を，全体－部分関係（e.g. "张三的眼睛"［张三の目］），本体－属性関係（e.g. "宝玉的性格"［宝玉の性格］），相互依存関係（e.g. "他(的)女儿"［彼の娘］）の 3 タイプに分類し，NP₁ と NP₂ の意味関係の相違が統語面においても反映されていることを指摘することによって，本研究における領属関係の定義とその分類の妥当性を検証した。

現代中国語の領属研究において，その定義や分類が研究者によって大きく異なることは先に述べたが，これは領属範疇が本来，語義範疇に属すためであり，〈NP₁＋(的)＋NP₂〉における NP₁ と NP₂ の意味関係のみ

を頼りに，定義・分類がなされているためである。しかし，陆俭明 1988 も指摘するように，「文法範疇は統語に対してある一定の制約を与える」(p.181)とするならば，領属範疇も現代中国語の文法構造に何らかの影響を与えていると考えられる。換言すれば，領属に関わる様々な表現形式を取り上げ，その統語的特徴や制約を抽出することによって初めて，整合性の取れた定義と類分けが可能になるのである。

次章からは，本章で分類した領属関係の下位タイプを基盤に，現代中国語における領属範疇がどのように認識され，言語化されているかについて，フレーズレベル（第 3 章），構文レベル（第 4 章）に分けてそれぞれ考察していく。

注

1) 沈阳 1998/2002，陆俭明・沈阳 2003，陆俭明 2004 では，それぞれ領属関係の定義が異なり，修正を加えながら分類を進めているが，いまだ "暂时的"［暫時的］定義であると自らも指摘している。
2) この他にも，存在関係（"杯子里的酒"［グラスの中の酒］），包含関係（"标准体重的 25％"［標準体重の 25％］），同格関係（"司令员的李小平"［司令官の李小平］）などが存在し，領属関係と表現形式を同じくする。
3) 但し，"在所有的中国朋友中，美国是最难对付的。"［あらゆる中国の友人の中でアメリカが最も対応が難しい］のように，多項定語においては "中国朋友" も領属関係を表し得る。
4) 杉村 1990a は，修飾語が被修飾語の内容にまで立ち入っているかを基準とし，属性を説明する名詞修飾語を「内的」分類基準，属性に属さない名詞修飾語（領属関係，存在関係，包含関係，同格関係など）を「外的」分類基準としている。
5) 但し，領属性定語を伴う偏正構造が文内部に含み込まれる場合，"把孩子衣服撕破了。"［子供の服を引き裂いた］のように "的" を用いなくても成立する（朱德熙 1982）。定語と中心語がどのような意味関係によって結ばれているかが，"的" に対する要求度を左右するのであるが，一般に，定語と中心語の意味関係が想起しやすければ容易に "的" が落ちる傾向にある。一方，"你把昨天的事情讲一讲。"［昨日の出来事を話してごらん］では "的" を落とすことはできない。これは，"昨天" と "事情" の間に存在す

る意味関係が，上例に比べて「疎」であり，"的"によって両者を結びつけざるを得ないからだと考えられている。詳細は，杉村 1990 を参照。

6) このような例は〈名詞＋名詞〉に限らず，"黑孩子"[闇っ子]，"黄泉"[冥土]のような〈性質形容詞＋名詞〉においてもみられる。

7) 文貞惠 1998 も同様に，"N₁ 有（擁有，占有，具有）N₂" を満たす場合，N₁ と N₂ は領属関係にあると定義し，それ以外は属性関係とみなすべきであると指摘している。

8) 〈NP₁＋有（擁有／占有／具有）＋(Adj)＋NP₂〉において，如何なる条件下で修飾成分（Adj）を必要とするかについては，第 2 章 2.2. で詳述する。また，"他有七十五公斤."[彼は75キロだ]のような例は〈文型2〉を満たすものの，"＊他的七十五公斤"とすることはできず，後述する領属関係の条件項ⅰ）ⅱ）も満たさないため，"他"と"七十五公斤"は領属関係にあるとはみなさない。

9) 朱徳熙 1982:145-148 は，例(17)～例(19)のような〈NP₁＋的〉を統語的振る舞いの相違から，"准定語"（仮性連体修飾語）とし，領属関係を表す"真定語"（真性連体修飾語）とは区別している。また，陸倹明 2003 では，例(18)に類する例として"張三的英語／小王的象棋／姚明的籃球／王剛的昆曲／候宝林的相声"[張三の英語／王さんの将棋／姚明のバスケ／王剛の昆曲／候宝林の中国漫才]を挙げ，「能力領属」としているが，陸倹明 2004 ではこれを領属関係から除外している。

10) 例(20)，例(21)のタイプは，〈NP₂＋VP＋的＋是＋NP₁〉を満たさないことから，陸倹明 1998，沈陽 2002 は領属関係とは認めていない。しかし，沈陽 1998，陸倹明 2004 では領属関係に組み込んでいる。例(20a)は，"墻上有画."[壁に絵がある]のように〈文型2〉を満たすが，これは領属関係ではなく，存在関係を表す。「存在」を表す表現と「領属」を表す表現が，共通する語彙や似通った表現形式をとることは多くの言語で普遍的にみられる現象である。詳細は，第 4 章 4.3. を参照。

11) "花生的殻／橘子的皮／衣服的領子／自行車的鏈条" などに関しては，"的" を伴わない表現形式（"花生殻／橘子皮／衣服領子／自行車鏈条"）も存在するが，これも領属関係と属性関係の対立として捉えることができる。

12) 日本語では「彼には目がある。」，「彼は身長がある。」といった場合，その部分名詞の意味するところが延伸され情報価値を担い得ることを中川 1976 は指摘している。

13) 「ひげのおじいさん」，「ニキビの青年」のように，あざ／白髪／ニキビ／

風格など誰にでもあるとは限らない「非普通所有物」（角田 1992）であれば自然な表現として成り立つ。角田 1992 は，このような「非普通所有物」と，目／鼻／頭／脚／体重／身長など誰にでもある「普通所有物」を合わせて身体部位とみなしているが，本研究では，「普通所有物」のみを身体部位として扱う。因みに，中国語の「非普通所有物」は，"他有胡子。"［彼は髭がある］，"这孩子有痣。"［この子は痣がある］のように修飾成分（Adj）がなくても成立するが，名詞述語文では"*他胡子。"，"*这孩子痣。"のように非文となる。詳細は，第 4 章 4.1. を参照。

14) 詳細は，朱德熙 1982:103 を参照。

15) しかし，"这个人黄裤子，那个人蓝裤子。"［この人は黄色いズボンで，あの人は青いズボンだ］のように対比項を提示すると比較的成立しやすくなる。対比項を提示することにより，NP_2 が領属先にとって単なる偶有的な領属物ではなく，より本質的な属性へと転化するためであると思われる。詳細は，第 4 章 4.1. を参照。

16) 杉村 1999b は本体－属性の類概念を以下のように定義している。

「人」が代表する概念を x，その x によって含意される諸概念を y とすると，y は x によって自動的に与えられる情報であり，x の登場と同時に話しの場に存在している。つまり y は情報として既知のものである。
(杉村 1999b:59)

また，〈A－是／叫－QB?〉⇔〈A は B の Q ですか？〉の形式をとる文において，B は常に A に含意される諸概念を表すことを指摘している。

・<u>他</u>是什么<u>病</u>？　　　　　　　［彼はどういう病気ですか？］
・<u>他们</u>是什么<u>关系</u>？　　　　　　［彼らはどういう関係ですか？］
・我已经忘了<u>他</u>是什么<u>样子</u>了。
　［彼がどんな感じか私はすでに忘れてしまった］

下線で示した"他"と"病"，"他们"と"关系"，"他"と"样子"は，本研究で言うところの本体－属性関係を構成している。

17) 領属関係におけるこのような「自らの存在が他者との関係によってのみ規定され得るような関係」を张敏 1998 は"双向领属关系"［双方向性領属関係］と称し，"我妈妈"［私の母］のような〈人称代名詞（Pro）＋親族名称（N）〉構造の成立条件の一つに挙げている。

18) "父母"，"儿子"が役割としての総称名詞として用いられる場合は，例(47a′)，例(47b′)のように表現することが可能である。

　　（47a′）　他们是父母，应该好好儿教育孩子。
　　　　　　［彼らは親なのだから，しっかりと子供を教育するべきだ］

(47b′)　王五是儿子，赡养父母是理所当然的.
　　　　　［王五は息子なのだから，親を扶養するのは当然だ］
19) 但し、相互依存関係については、〈NP$_1$ + 有（拥有／占有／具有）+ NP$_2$〉が成立する例も多く存在する。例えば、湯廷池1987は、"?太太有（一位）父亲."が不自然な表現であることから、"太太"と"父亲"は不可譲渡所有の関係にあると指摘しているが、これが"妹妹"［妹］や"儿子"［息子］の場合、"太太有（一个）妹妹／儿子."［妻には妹／息子が（1人）いる］は自然な表現であり、問題なく成立する。ある人物が存在する以上、その父母、祖父母の存在は必須であり、その関係は原則的に誰もが有する必然的、且つ唯一不変の関係である。しかし、父母、祖父母同様、親族関係という範疇にありながら、"妹妹／姐姐／弟弟／哥哥／爱人／儿子／女儿……"［妹／姉／弟／兄／配偶者／息子／娘…］のような関係には上記のような絶対的必然性は認められない。詳細は、第3章3.1.を参照。

第3章
フレーズレベルにおける領属構造

3.0. はじめに

　第3章では，フレーズレベルにおいて現れる領属関係とその統語構造について，主に名詞二項連接表現〈NP₁＋的＋NP₂〉とその周辺に存在する表現形式を対象に考察していく。

　現代中国語において領属関係がフレーズレベルで表現されるとき，中心語（領属物）がその領属先を統語的に明示（overt）する場合と，明示せず（covert）ともその領属先が自明な場合とが存在する。領属先を統語的に明示する場合，その領属性定語については，しばしば構造助詞"的"の使用／不使用が問題にされるが，現代中国語における"的"の使用は，日本語の「の」に比べ任意的（optional）であり，包括的に説明するのは難しいとされている。本章では，先ず3.1.で，"我妈妈"［私の母］が構造助詞"的"を介さず成立する根拠を人称代名詞（Pro）と親族呼称（N）の間に認められる不可譲渡所有関係に求めようとする従来の解釈に対して再検討を試みる。現代中国語では，"他的手"［彼の手］，"你的书"［あなたの本］のような名詞二項連接表現（Pro*de*N）において，構造助詞"的"は省略できないのに対し，"我妈妈"のような親族関係を表す名詞二項連接表現（ProN）は成立する。3.1.では，"我妈妈"（ProN）と"我的妈妈"（Pro*de*N）の比較考察を通じて，ProN構造がPro*de*N構造から"*de*"を省略した形式ではなく，また意味的にも等価でないことを統語的・意味的側面から論証する。

　また，第2章でも述べたように，所有構文の多義性については現代中

国語でも従来から指摘されてはいるが、コンテクストとの関連から語用論レベルで分析されるのみに留まり、統語的なアプローチはあまりなされていない。"张三的照片"［張三の写真］は、あくまでもコンテクストの中でのみ意味規定される表現形式なのであろうか。中国語では「張三の（所有する）写真」と「張三の（写っている）写真」を統語的に表出し得ないのであろうか。3.2. では、〈NP₁＋的＋NP₂〉に数量詞というリトマス紙を加え、当該フレーズにおける NP₁ と NP₂ の意味関係が、数量詞の現れる位置によってどのように変化し、フレーズ全体がどのような意味特徴を有するかについて明らかにしていく。

現代中国語において、主語・賓語間に領属関係が存在するとき、領属先である主語に照応する賓語の定語には、ⅰ）人称代名詞、ⅱ）再帰代名詞、ⅲ）ゼロ形式の3タイプが生起すると考えられるが、この3タイプがいずれも常に成立し、任意に選択されるわけではない。3.3. では、主語・賓語間に領属関係が存在するとき、どのような照応形式が用いられるのか、そしてその照応形式が選択される背景にはどのような要素が関係しているのかについて考察していく。

3.1. ProN 構造と不可譲渡性

3.1.1. 本節の視点

現代中国語では、人称代名詞が領属性定語になる時、中心語が親族名称や所属機関を表す名詞であれば、"我妈妈"［私の母］や"他们学校"［彼らの学校］のように一般に構造助詞"的 (de)"は用いられない。一方、同様に人称代名詞が領属性定語になる場合でも、中心語が一般的な領属物を表す名詞であれば、"我的雨伞"［私の傘］や"你的书包"［あなたのかばん］のように、必ず"的"を介さなくてはならない[1]。

このような領属関係を表す名詞二項連接における"的"の使用／不使用に関して、なぜこのような表現上の差異が生じるのか——特に定語が

人称代名詞に限定される根拠や，中心語が親族名称や所属機関に限定される根拠について然るべき知見を提示した研究は未だ多くはない。また，"我妈妈"や"他们学校"のように構造助詞"的"を介さない表現形式が存在する一方で，"我的妈妈"［私の母］や"他们的学校"［彼らの学校］のように"的"を介する表現形式も同時に存在する。この2つの表現形式は表現上等価であろうか。仮に等価でないとするならば，どのように使い分けがなされているのであろうか。

本節では，"我妈妈"のような人称代名詞（Pro）と名詞（N）の直接結合からなる ProN 構造が成立する根拠を，Pro と N の間に認められる不可譲渡性に求めようとする従来の解釈を否定する立場から，"我妈妈"（ProN）と"我的妈妈"（ProdeN）を統語的・意味的側面から比較し，両表現形式がそれぞれ独立した表現形式であることを論証していく。

3.1.2. ProN 構造と不可譲渡性

人称代名詞が名詞を修飾するとき，人称代名詞（Pro）と名詞（N）の間には必ず領属関係が成り立つ。例えば，"我"［私］（Pro）と"铅笔"［鉛筆］（N）の間には領属主とその領属物という領属関係が存在している。現代中国語において，このような領属関係を統語レベルで表現する場合，通常，Pro と N の間に構造助詞"的（de）"の介在を必要とし，"我的铅笔"［私の鉛筆］のように ProdeN の形式をとる。

しかし，以下の例に見られるように，同じ領属関係を表しながらも，構造助詞"的"を介さず，人称代名詞と名詞が直接結合する表現形式（ProN）も存在する。

（1）　我(的)妈妈　［私の母］　　　你(的)妹妹　［あなたの妹］
　　　他(的)哥哥　［彼の兄］　　　她(的)姐姐　［彼女の姉］
　　　我(的)儿子　［私の息子］　　你(的)爷爷　［あなたの祖父］
　　　他(的)爱人　［彼の配偶者］　她(的)奶奶　［彼女の祖母］
（2）　我(的)朋友　［私の友人］　　你(的)老师　［あなたの先生］

	他(的)学生	[彼の学生]	她(的)同事	[彼女の同僚]
	我(的)邻居	[私のお隣]	你(的)徒弟	[あなたの弟子]
(3)	我们学校	[私達の学校]	你们单位	[あなた達の勤め先]
	他们公司	[彼らの会社]	她们年级	[彼女らの学年]
	我们县	[私達の県]	你们楼	[あなた達の建物]
	他们组	[彼らのグループ]	她们科	[彼女らの課]

　例(1)，例(2)タイプは共に構造助詞"的"の介在する表現形式（ProdeN）と介在しない表現形式（ProN）の2通りが存在するのに対し，例(3)タイプは通常，構造助詞"的"は介在せず，人称代名詞と名詞が直接結合する。このような言語現象については，従来，人称代名詞が領属性の定語であり，且つ中心語が例(1)，例(2)のように親族名称や人間関係を表す語である場合，或いは例(3)のように所属機関を表す語であれば，一般に構造助詞"的"は用いないと説明されてきた。しかし，何故に親族名称や所属機関を表す名詞のみが，"的"を介さず直接結合し得るのか。また，なぜProN構造とProdeN構造の2つの表現形式が存在するのか，さらに，この2つの表現形式は如何なる関係にあるのかについて論及した先行研究は意外と少ない。

　相原1976はこれらの問題に対し，不可譲渡所有の概念を導入し，統一的な説明を試みている。不可譲渡所有の概念については，第1章，第2章でも触れたが，杉村1980は不可譲渡名詞（IAN）を以下のように定義している。

　　　譲渡不可能名詞（inalienable noun，以下 IAN と記す）と呼ばれる一群の名詞がある。名詞 Y は名詞 X の IAN であるというとき，それは名詞 Y の存在が名詞 X の存在を前提としており，名詞 Y と名詞 X との間に成立する関係を通してのみ自己の在り方を規定できる，ということを意味する。名詞 X が存在してはじめて名詞 Y が存在するのである。

　　　　　　　　　　　　　　　　　　　　　　　　　（杉村1980:22）

杉村 1980 は,「子」に対する「親」(親族関係),「足」に対する「身体」(包摂関係),「横」に対する「物体(参照物)」(方位関係)を例に挙げ,「名詞 Y は名詞 X に本来的に所有されている」と結論付けている。

相原 1976 は, 例(1)～例(3)に挙げたような人称代名詞(Pro)と親族, 集団の名称(N)とが直接結合できる根拠として,「de を介在させて, de の意味機能の一つとして『所有・領属』の概念を顕在化せずとも, それは二項間の(名詞)連接によって十分表されている」(p.1)ことを指摘し, 親族, 集団名称を"书/铅笔/雨伞"[本/鉛筆/傘]のような任意的な領属関係——即ち可譲渡所有とは区別し, その対極にある必然的且つ恒久的な領属関係——即ち不可譲渡所有に組み込んでいる。つまり, ProN 構造は ProdeN 構造同様, 領属関係を表すことを前提とし, その上で Pro と N の関係が不可譲渡であるが故に "的" を介さずとも直接結合し得ると主張するのである。従って, 相原 1976 は ProN 構造を ProdeN 構造から "de" を「省略」した表現形式であるとみなしている。中川 1976 も基本的に相原 1976 の主張と同様である[2)]。

しかし, 杉村 1980 の定義に従えば, 親族関係よりも更にア・プリオリに所有されているはずの身体部分などは, 単独で "*我手/*你肚子/*他眼睛"とすることはできず, "我的手/你的肚子/他的眼睛"[私の手/あなたのお腹/彼の目]のように "的" を介在させなくてはならない。このような言語事実に対し, 相原 1976 は「inalienable possession を文法カテゴリーとして考えるべき」であり, さらに素性[±alienable]は, 各言語間において「それぞれの言語の話し手の精神構造における違いを反映するため, 奇異な現象ではない」(p.8)と主張しているが, 果たしてそうであろうか。現代中国語では, 所謂主述述語文("我胳膊疼。"[私は腕が痛い])において, 全文の主語(S)と述語部分の主語(S')の間に「所有－被所有」「全体－部分」の関係が認められる[3)]ことなどからも, 身体部位名詞が inalienable ではないと断定することはできない。

湯廷池 1987 は, 統語機能の上で次のような相違が存在することを根拠として, 親族関係を一般的な領属関係とは区別している[4)]。

(4) 太太的眼镜　　　　　　　［妻の眼鏡］
　　 太太有(一副)眼镜。　　　［妻は眼鏡を（1つ）もっている］
　　 太太有(一副)太阳眼镜。　［妻はサングラスを（1つ）もっている］
(5) 太太的父亲　　　　　　　［妻の父］
　　 ⁇太太有(一位)父亲。
　　 太太有一位很有钱的父亲。
　　 ［妻は（1人の）たいへん金持ちの父がいる］

（湯廷池 1987:208）

　例(4)における領属主"太太"［妻］とその領属物"眼镜"［眼鏡］が所有動詞"有"を用いて，領属を表す文を作ることができるのに対し，例(5)における領属主"太太"と領属物"父亲"［父親］は，直接所有動詞"有"を用いて表現することはできず，領属物の前に必ず修飾成分を必要とする。このような統語上の相違によって，湯廷池 1987 は例(4)における"太太"と"眼镜"の関係を可譲渡所有，例(5)における"太太"と"父亲"の関係を不可譲渡所有に類分けしている。

　しかし，湯廷池 1987 の見解にも問題点の残されていることは明らかである。例(5)における領属物が"妹妹"［妹］や"儿子"［息子］の場合，"太太有(一个)妹妹／儿子。"［妻には妹／息子が（1人）いる］は自然な表現であり，問題なく成立する。ある人物が存在する以上，その父母，祖父母の存在は必須であり，その関係は原則的に誰もが有する必然的，且つ唯一不変の関係である。しかし，父母，祖父母同様，親族関係という範疇にありながら，"妹妹／姐姐／弟弟／哥哥／爱人／儿子／女儿……"［妹／姉／弟／兄／配偶者／息子／娘…］のような関係には上記のような絶対的必然性は認められない。このように見てくると，例(5)"⁇太太有(一位)父亲。"が不自然なのは，"太太"にとって自分より上の世代である親族"父亲"が，客観的な外界的事実として必須の存在であり，自己の存在の前提となっているためである。一方，兄弟，子供，姻戚関係のような親族関係は，自己が存在する前提にはなり得ない。従って，

親族関係をおしなべて不可譲渡所有とみなすことには無理がある。

　Haiman1985は領属関係における可譲渡／不可譲渡性について，「直感的に考えて，身体部位は親族関係より可譲渡性が低く，親族関係はその他の人工物より可譲渡性が低く」(p.135)，これらの領属関係の間には階層（hierarchy）が存在することを指摘している。また，この階層は基本的にはあらゆる言語に適用できる普遍的なものであり，この順序が入れ替わることはないと指摘しているが，これは要するに，親族関係が不可譲渡所有として扱われる個別言語では，身体部位は必ず不可譲渡所有として扱われるという規則性が存在することを示唆している。しかし，現代中国語では"我妈妈"は成立しても，"*我手"は成立し得ず，Haiman1985の提唱するhierarchyには当てはまらない。

　Li & Thompson1981にも同様の指摘がみられるが，このような階層現象に対し「中国語では単純に可譲渡／不可譲渡の対立の概念化の仕方が（他の言語とは）異なる」(p.115, p.161)からであると主張している。彼らが指摘するように，現代中国語は世界の言語の中でも特異な言語なのであろうか。

　以下では，これらの問題点を解明すべく，先ずProN構造がProdeN構造から"de"を省略した表現形式であるかどうかについて考察し，次にProN構造がProとNの不可譲渡な領属関係を表す表現形式であるかどうか，もしそうでないとしたら，ProdeN構造とはどのように異なる表現形式であるかについて分析を試みる。

3.1.3. "我的妈妈"と"我妈妈"

　従来，"我妈妈"のようなProN構造は，ProdeN構造（"我的妈妈"）から"de"を「省略」した表現形式であるとされ，ProdeN構造が特に領属関係を強調する表現形式であることを除けば，両表現形式の知的意味は同一であり，共に領属関係を表す表現形式であるとされてきた。このように，ProN構造がProdeN構造から"de"を「省略」して産出された表現形式であるとするならば，発話環境に関わらずProN＝ProdeNが

成り立ち，相互入れ替えの可能な表現形式であることになる。

そこで先ず，「省略」の概念について考えてみる。朱德熙 1982 は現代中国語における省略現象の例として，以下のような例を挙げている。

(6) 我昨儿买一自行车。　　［私は昨日自転車を1台買った］
(7) 手里拿一瓶儿。　　　　［手に瓶を1本持っている］
(8) 打外边进来一老头儿。　［外からお年寄りが1人入ってきた］

(朱德熙 1982:220)

例(6)～例(8)は北京語の口語であるが，北京語では数詞が名詞を直接修飾できる場合がある[5]。朱德熙 1982 はこのような言語現象を省略とみなしているのだが，これは，「数詞は量詞を伴わなければ名詞を修飾できない」という統語的制約が存在するためであり，今ここで量詞が用いられていないのは，省略と認めざるを得ないからである。本研究では「省略」を朱德熙 1982 に従い，「構造上不可欠な要素が一定の文法的な条件の下で現れていない」という意味で用いることにする。この定義に従えば，"我妈妈"（ProN 構造）は"我的妈妈"（ProdeN 構造）から"de"を省略した表現形式であるとみなすことはできない。なぜなら"我的妈妈"における"的"は構造上不可欠な要素ではないからである。

また，朱德熙 1982 は「省略」について，省略された要素は，原則的に復元可能なものでなくてはならないことを指摘している。つまり，ProN 構造と ProdeN 構造は相互入れ替え可能であり，且つこの2つの表現形式は同一の意味を表すものでなければならない。しかし，以下に挙げる例からも分かるように，ProN 構造と ProdeN 構造が必ずしも相互入れ替えのできるものではないことは明らかである。

(9) 那时他的朋友都已晓得他的喜事——他住的一所房子原是公寓之类；楼上有好几个朋友们同住——哄着来看他。(→ ?他朋友)

〈别〉

［その時彼の友人は既に彼の結婚を知っており――彼の住んでいる家はもともとアパートの類で，上には数人の友人が住んでいた――ガヤガヤと彼に会いにやって来た］

（10）　那女孩子看着天上："我没说他是好人。"不过不管怎么样，她总希望有人来做她的朋友，有人来看她。（→^{??}她朋友）　〈夏夜梦〉
　　　［その女の子は空を見ながら（言った）「彼はいい人だなんて言ってないわ。」しかしいずれにせよ，彼女は誰かが彼女と友達になり，会いに来てくれるのをいつも望んでいた］

　従来の解釈によれば，例(9)における"他的朋友"は"他朋友"に置き換えることができるはずである。しかし，"[?]那时他朋友都已晓得他的喜事。"とすると些か不自然な表現になってしまう[6]。同様に例(10)においても，"她的朋友"を"她朋友"に置き換え，"^{??}她总希望有人来做她朋友。"とすると極めて不自然な表現になる。

　また，张敏1998は次の例(11)と例(12)が異なる人間関係を構成していることを指摘している。例(11)と例(12)は，それぞれProN構造とPro*de*N構造を入れ替えた表現形式であり，従来の解釈に従えば，その表す意味は等価でなければならないが，実際にはそうではない。

（11）　他爸爸实际上是他的叔叔。　　　　　　　　　（张敏1998:346）
　　　［彼の父は，実際は彼の叔父である］
（12）　他的爸爸实际上是他叔叔。　　　　　　　　　（张敏1998:346）
　　　［彼の父は，実際は彼の叔父である］

　今ここに，「張二」と「張三」の兄弟が存在し，"他"［彼］はそのどちらかの子供であるとする場合，例(11)は，「彼が"爸爸"［お父さん］と呼ぶ人物は，実は彼とは叔父と甥の関係にある」ことを表す。従って，"他"の実の父親は「張二」であり，"他"は「張三」と養子縁組をしている，という構図が設定できる。一方，例(12)は，「彼の（実の）父親は，彼が"叔叔"［叔父さん］と呼ぶ人物である」ことを表している。つまり，

"他"の実の父親は「張三」であり，"他"と「張二」とは養子縁組の関係にあることを表しており，例(11)とは異なる人間関係を構成している。

このように，言語事実として，ProN 構造と ProdeN 構造は相互入れ替え自由でもなければ，また，知的意味が同一でもない。従って，ProN 構造を ProdeN 構造から "de" を「省略」した，ProdeN 構造に付随する表現形式であるとみなすことはできない。ProN 構造と ProdeN 構造はそれぞれ独立した２つの表現形式なのである。

次に，ProN 構造と ProdeN 構造の用いられる表現形式について，その統語的・意味的特徴を考察してみよう。

先に挙げた例(9)では，"都"［すべて，皆］が用いられていることから，"他的朋友"は複数の"朋友"であることが分かる。一方，"那时他朋友都已晓得他的喜事。"が若干不自然な表現であると判断されるのは，"他朋友"と複数を表す副詞"都"が共起しにくいためであり，従って，"他朋友"は単数——即ち１人の"朋友"を表す傾向にあることが窺い知れる。

また例(10)では，"(她总希望)有人来做她的朋友，……"より，"她的朋友"は不定の存在であることが分かる。つまり，例(10)は現在既に交流のある特定の"朋友"についてではなく，将来のまだ見知らぬ不定の"朋友"について述べた文である。一方，"??她总希望有人来做她朋友。"が不自然な表現となるのは，"她朋友"が実在する特定の人物しか示し得ず，従って"有人来做……"とは共起しにくいためであると考えられる。

このように見てくると，ProdeN 構造は単数／複数，定／不定を問わない表現形式であるのに対し，ProN 構造は単数且つ特定の存在を表す人物確定度の高い表現形式であることが分かる。

また，ProN 構造と ProdeN 構造には，共に単数且つ特定の人物を表し，文中において相互入れ替え可能な場合も存在するが，それは"爸爸／妈妈／爷爷／奶奶……"［父／母／(父方の)祖父／(父方の)祖母…］等，自分を基準にしてそれよりも上の直系世代が，通常１人につき１人ずつ

しか存在しないことが前提となっているからである。従って，次の例(13)における"她的妈妈"は"她"と"妈妈"の間の領属関係を述べる不定の表現であることにより，"她妈妈"に置き換えることはできない。

（13）　橙子的妈妈在世的时候，和于虹阿姨象亲姐妹一样。她妈妈死了以后，她就把于虹阿姨当作<u>她的妈妈</u>(*她妈妈)，于虹也把她当作自己的女儿，……　　　　　　　　　　　　　　《灵魂的搏斗》
[橙子の母は生きていた頃，于虹おばさんとは実の姉妹のようだった。彼女の母が亡くなった後，彼女は于虹おばさんを母親のように思い，于虹もまた彼女を自分の娘のように思った…]

因みに，"她妈妈死了以后……"の"她妈妈"は"橙子的妈妈"を指しており，単数且つ特定の人物を示していることは言うまでもない。

3.1.4.　ProN 構造における Pro の意味役割

前述のように，Pro*de*N 構造が単数／複数，定／不定を問わない表現形式であるのに対し，ProN 構造は実在する特定の人物で且つ単数であるとみなされる傾向にある。このように，ProN 構造と Pro*de*N 構造は，統語的にも，意味的にも異なる特徴を有することから，ProN 構造はPro*de*N 構造から "*de*" を「省略」した，Pro*de*N 構造に付随する表現形式であると解釈することはできず，ProN 構造と Pro*de*N 構造は独立した表現形式であると 3.1.3. で指摘した。

　従って，構造的には，Pro*de*N 構造は Pro が "的" を伴い N を修飾する統語型偏正構造であり，一方，ProN 構造は Pro が N を修飾する粘着型偏正構造であると捉えることができる[7]。これは例(3)タイプの ProN 構造 "我们所／他们组"［私たちの機関／彼らのグループ］において，人称代名詞（Pro）とその所属機関（N）の間に "的" を用い，"*我们的所／*他们的组" とすることができないことからも，ProN 構造が粘着型偏正構造であることが裏付けられよう。また，朱德熙 1982 は "粘合式偏正

結構的功能相当于一个单个的名词，凡是单个的名词能出现的地方，它也能出現"(pp.148-149)［粘着型偏正構造の機能は1個の単独名詞に相当し，凡そ単独名詞が現れ得る場所には，常に粘着型偏正構造も現れ得る］と指摘しているが，以下に挙げるような同格偏正構造において，（固有）名詞とProN構造を置き換えることができることからも，ProN構造が粘着型偏正構造であることは明らかである。

(14)　张三这个人　　　［張三という人］
　　　老王那个人　　　［王さんという人］
　　　李四这个家伙　　［李四という奴］
(15)　我朋友这个人　　［私の友人という人］
　　　他爸爸那个人　　［彼の父親という人］
　　　你哥哥这个家伙　［お前の兄貴という奴］

例(14)における"张三／老王／李四"は，それぞれ例(15)のようなProN構造"我朋友／他爸爸／你哥哥"に置き換えることができる。これを朱德熙1982の言葉を借りて表現するならば，ProN構造は一つの単独名詞に相当することになる。一方，以下に挙げる例(16)は全て不成立であり，従ってProdeN構造はProN構造とは異なる偏正構造――即ち統語型偏正構造であることが分かる。

(16)　*我的朋友这个人
　　　*他的爸爸那个人
　　　*你的哥哥这个家伙

次に意味的には，"我的书"［私の本］や"她的雨伞"［彼女の傘］などにおける人称代名詞"我／她"と名詞"书／雨伞"の表す関係から分かるように，ProdeN構造がProとNの間の領属関係を表す表現形式であることに間違いはない。従って，"我的妈妈"［私の母］は"我"と"妈

妈"の領属関係を表す表現形式である。

然らば，ProN 構造も ProdeN 構造と同様，領属関係を表す表現形式であろうか。杉村 1999a は ProN 構造が使用される発話環境について以下のような例文を挙げている。

(17)　"笃，笃，笃"，有人敲门。我去开了门，是个同<u>弟弟</u>差不多大的姑娘：运动头，粗黑的眉毛，很有神采的一对眼睛，厚厚的嘴唇。
"我找澎晓雷。"
"他不在家。"
"我等他。"
不等我让，她就主动进来了。她很熟练地进到<u>弟弟</u>的屋里（一定是我不在家时，弟弟带她一块来过），把手里的"痰盂包"撂到曾经是我的床铺，现在是<u>弟弟</u>的杂货摊上，转身坦然地自我介绍说："我叫朱瑞芹，跟晓雷同厂。我是车工。"
"你好……"我该怎么对待她呢？"你坐吧，不过，<u>我弟弟</u>不知道什么时候才回来。" 〈醒来吧，弟弟〉

(杉村 1999a:58-60)

「「トントントン」と誰かがドアをノックした。行ってドアを開けると，弟と同じくらいの年の女の子だった。ショートカットに太くて黒い眉，溌剌とした目にぽってりとした唇だ。
「澎晓雷はいます？」「いませんが。」「じゃあ，待つわ。」
私が招き入れる前に，彼女は勝手に入ってきた。彼女は慣れたように弟の部屋に入り（きっと私がいない時に弟が連れて来たことがあるのだろう），手に持っていた「痰入れ」をかつては私のベッドであったが，今は弟の物置となっている所に放り投げると，振り返り平然と自己紹介した。「私は朱瑞芹，晓雷とは同じ工場よ。施盤工なの。」
「こんにちは…」私は彼女とどう接するべきだろうか？「座って。でも弟はいつ帰ってくるか分からないよ。」

杉村 1999a は，例(17)において，「私」と「弟」の 2 人だけの世界で話が展開するとき，「弟」は単に"弟弟"と称されているが，そこに非親

族の第三者[8]（ここでは"你(朱瑞芹)"）が介入してくると，隠れていた"我"が顕在化して"我弟弟"となると指摘している。これと同様に，次の例は，自分が使っていたシャワーを取り返す場面での台詞であるが，例(18a)では"女孩"（第三者）の存在が"我"を要求しているのに対し，例(18b)の"爸爸，快来呀，我给你占的地儿让一个阿姨给抢了！"では意識が父子2人だけの世界に切り替わっているため，"我"は必要なくなる。

(18) 有一次我带他去公共澡堂洗澡，里面人很多。儿子发现自己刚用过的喷头被一个女孩占了，就推人家，说："这是我给我爸爸占的地儿！"那个女孩逗他："你爸爸在哪里呀，怎么没见他进来？"旁人听了都笑。大家这一乐，儿子急了，大喊："爸爸，快来呀，我给你占的地儿让一个阿姨给抢了！"〈父亲，男人最温柔的名字〉
[ある時，息子を連れて公衆浴場へ行くと，中には人が沢山いた。息子は自分が使い終わったばかりのシャワーを女の子に取られたことに気づき，彼女を押しやりながら言った。「これは父さんのために取ってた場所だぞ！」その女の子が息子をからかいながら「あんたの父さんはどこにいるのよ？どうして入ってくるのが見えないのかしらね？」と言うと，周りの人は皆笑った。その様子に息子は焦り，「父さん，早く来て，取ってた場所をおばさんに取られちゃうよ！」と言った。]

そもそも，中国語において，親族間で用いられる親族呼称は絶対的なものではない。例えば，母親が自分の子供に対し，子供の父親——即ち夫を"你爸爸"[あなたのお父さん]と呼び，自分の父親を"你老爷"[あなたのおじいちゃん]と呼ぶことは極めて自然な現象であるが，これは親族呼称なるものが，発話者——ここでは母親を中心とした絶対的な関係呼称ではなく，子供を中心に据えて使用されているからである。この点において，中国語における親族呼称は日本語と同様，相対的な関係呼称であると言うことができよう。

このような親族呼称の特徴を踏まえて，再度"妈妈"，"我妈妈"，"我

的妈妈"の3つの表現形式がどのような関係にあるか考えてみる。

　先ず，領属に対して無標（unmarked）の"妈妈"は，第三者を意識しない状況で用いられるが，ここに第三者が介入してくると，"妈妈"の属性を確定する指別者としての人称代名詞"我"が要求される。つまり，発話において"妈妈"と"我妈妈"は，「第三者の介入」という条件を基準に，人称代名詞の帯／不帯が選択されるのである。張敏1998:344は，ProN構造におけるProについて，指示詞"这／那"［これ／あれ］に類似する機能を有することを指摘しているが，「言語一般において，指示詞の本来的な役割は，話し手との位置関係において相手を相対的に場の中に位置付ける或いは定位することである」[9]とすれば，ProN構造におけるProは話し手との人間関係において相手を相対的に場の中に位置付ける役割を果たしていると言うことができる。このようなProN構造におけるProの指別機能は，例(3)に挙げたような人称代名詞（Pro）と所属機関（N）が直接結合する表現形式において，更に明確に体現化されている[10]。以上の考察から，ProN構造は領属関係を明示する形式ではないことが分かる。

　一方，人称代名詞に構造助詞"的"を伴うPro*de*N構造は，先に述べたように，領属関係を明確に主張する形式であり，修辞上のレベルに属する表現形式である。従って，Pro*de*N構造は，"妈妈"，"我妈妈"の2つの表現形式と同じくパラレルに存在する表現形式であると捉えることはできない。

　このようにProN構造におけるProを，人間関係の混同を防ぐために加えられる指別マーカーとして捉えると，従来の「ProN構造不可譲渡所有説」[11]で例外とされてきた"*你手／*他肚子"などが単独で用いられない理由が自ずと明確となる。"你"と"手"，"他"と"肚子"は，「全体とその一部分」という極めて同一性，一体性の高い関係にあり，その関係が混同する可能性は低く，わざわざ指別する必要がないからである。

3.1.5. まとめ

　従来，ProN構造は，第一義的に，領属関係を表すPro*de*N構造がその母体として存在し，しかもProとNを不可譲渡な領属関係であると捉えることにより，領属関係でありながら"*de*"を用いなくともProとNを直接結合することができると解釈されてきた。所謂「ProN構造不可譲渡所有説」である。しかし，この説には問題点，矛盾点が多く，ProN構造を不可譲渡所有の言語的表層化であると捉えること自体が問い直されなければならなかった。

　そこで本節では，"我妈妈"のようなProN構造の成立根拠をProとNの間に認められる不可譲渡所有に求めようとする従来の解釈を否定する立場から，"我妈妈"（ProN）と"我的妈妈"（Pro*de*N）を統語的・意味的側面から比較し，両表現形式が相互入れ替え可能ではなく，また，意味的にも等価でないことを根拠に，両者はそれぞれ独立した表現形式であるとの見解を示した。そして，ProN構造におけるProは，領属関係を主張するものではなく，人間関係の混同を防ぐために加えられる指別マーカーであることを論証した[12]。

3.2. 〈NP₁＋的＋NP₂〉と数量詞の現れる位置

3.2.1. 本節の視点

　周知のように，以下の例(19)は「張三が所有する写真」，「張三が撮影した写真」，「張三が写っている写真」といった複数の解釈が可能な多義フレーズである。

(19)　张三的照片　［張三の写真］

　現代中国語における〈NP₁＋的＋NP₂〉は，統語的には中心語NP₂と

定語 NP₁ からなる複合名詞句であるが，NP₁ と NP₂ の間には実に様々な意味関係が存在する。それ故，このような〈NP₁＋的＋NP₂〉の多義性は，従来，コンテクストとの関連から語用論のレベルで取り上げられ，分析されてきた。「張三が所有する写真」，「張三が撮影した写真」，「張三が写っている写真」を"張三的照片"という同じ形式で表現し，統語的に区別しない以上，文脈の中で"張三"と"照片"がどのような意味関係にあるかを探ることに重点が置かれてきたのである。

一方で，世界の言語の中には，「張三が所有する写真」と「張三が写っている写真」を形態的，統語的に区別する言語も存在し[13]，これまで譲渡可能性（alienability）の観点から考察されてきた。

現代中国語では「張三の（所有する）写真」と「張三の（写っている）写真」の違いを統語的に表出し得ないのであろうか。"張三的照片"は，あくまでもコンテクストの中でのみ意味が規定される表現形式なのであろうか。本節では，〈NP₁＋的＋NP₂〉に数量詞というリトマス紙を加え，当該フレーズにおける NP₁ と NP₂ の意味関係が，数量詞の現れる位置によってどのように変化し，フレーズ全体がどのような意味特徴を有するかについて明らかにしていく。

3.2.2. 〈NP₁＋的＋NP₂〉の多義性

第2章で言及したように，〈NP₁＋的＋NP₂〉における NP₁ と NP₂ の間には実に多様な意味関係が存在するが，総じて言えば，NP₁ の主たる文法的意味は NP₂ を限定もしくは描写することにある[14]。例えば，次の例(20)の"王五"［王五］，例(21)の"人类"［人類］はそれぞれ"父亲"［父親］，"历史"［歴史］を限定しているのに対し，例(22)の"纸"［紙］，例(23)の"塑料"［プラスチック］はそれぞれ"袋子"［袋］，"杯子"［コップ］の属性を描写しており[15]，ここに多義的解釈の余地はない。

(20) 王五的父亲　　［王五の父親］
(21) 人类的历史　　［人類の歴史］

(22) 纸(的)袋子　　［紙の袋］
(23) 塑料(的)杯子　［プラスチックのコップ］

これに対し，以下の例はどうであろうか。いま，仮に NP_1 を"张三"で統一し，後続する NP_2 との意味関係を考えてみよう。

(24) 张三的书　　　［張三の本］
(25) 张三的铅笔　　［張三の鉛筆］
(26) 张三的电话　　［張三の電話］

例(24)は「張三が所有する本」，「張三が書いた本」，「張三のことが書かれている本」の3通りの解釈が可能である[16]。例(25)は，一見「張三が所有する鉛筆」という解釈しか成立しないかのようにみえるが，コンテクストによっては「張三が削った鉛筆」や，「『張三』という商品名の鉛筆」という解釈が成り立つ可能性もある。例(26)に至っては，「張三が所有する電話（機）」に加え，「張三が製造した電話（機）」，「張三からの電話」（e.g. "昨天我接了张三的电话。"［昨日張三から電話があった］），「張三への電話」（e.g.（電話を受けて）"张三的电话！"［張三にお電話です！］）など，文脈次第で多様な解釈が成り立つ。このように語用論のレベルで〈NP_1＋的＋NP_2〉の意味特徴を考えるとき，当該フレーズは"张三"と"书／铅笔／电话"のように，NP_1とNP_2が何らかの意味関係を持ってさえいれば比較的自由に成立する表現形式であると言える。換言すれば，上に挙げた〈NP_1＋的＋NP_2〉のような多義表現は，文脈の中で初めてNP_1とNP_2の意味関係が厳密に確定されるのである。例(27)～例(29)も同様に多義フレーズである。

(27) 齐白石的画　　［齐白石が所有する絵画／齐白石が描いた絵画］
(28) 法官的父亲　　［裁判官の父親／裁判官である父親］
(29) 熊猫的杯子　　［パンダが所有するコップ／パンダ柄のコップ］

例(28)，例(29)をそれぞれ例(20)，例(23)と比較すれば明らかであるように，NP_1 が領属先にも属性にもなり得る場合に〈NP_1＋的＋NP_2〉に多義の生じることがわかる[17]。

また以下の例(30)において，"青年的眼睛"［青年の目］，"警察的眼睛"［警察の目］は共に"眼睛"を NP_2 にもつ〈NP_1＋的＋NP_2〉であるが，NP_1 と NP_2 の意味関係はそれぞれ異なる。

(30) 青年的眼睛炯炯有神，简直就像警察的眼睛。
　　　［青年の目は鋭く，まるで警察の目のようであった］

"青年的眼睛"は特定の実在物が想定される「青年」とその身体の一部である「目」という領属表現であるのに対し，"警察的眼睛"は所謂「真相を暴こうとする（警察官のような）鋭い目つき」という「目」に対する属性表現である。我々は，統語上何ら相違ない2つの名詞句において，NP_1 と NP_2 の意味関係を誤解することなく規定できるのである[18]。

3.2.3. 〈NP_1＋的＋NP_2〉と数量詞

ここまでの考察をまとめる。〈NP_1＋的＋NP_2〉は NP_1 が領属先にも属性にもなり得る場合，多義的解釈が可能となるが，通常，コンテクストの中で誤解なく読み取られる。従って，特別な文脈が設定されない限り，例(31)の"你的书"は「君が所有する本」であり，例(32)の"鲁迅的书"は「魯迅が書いた本」と解釈される。

(31) 你的书，可以借给我吗？
　　　［君の本，僕に貸してくれる？］
(32) 鲁迅的书，可以借给我吗？
　　　［魯迅の本，僕に貸してくれる？］

例(31)は領属表現，例(32)は属性表現であるが，両者は NP_1 と NP_2 の

意味関係の相違が統語的に明示されるわけでもなく，あくまでも文脈の中で意味が規定されている。

次に，例(31)と例(32)の意味を重ねた例，即ち「君のこの魯迅の本，僕に貸してくれる？」を表現したものが例(33)であるが，"*<u>魯迅的这本你的书</u>，可以借给我吗？"とはならないことが注目される。

(33)　你(的)<u>这本鲁迅的书</u>，可以借给我吗？
　　　[君のこの魯迅の本，僕に貸してくれる？]

現代中国語では，数量を表す語句（数量詞，指数量詞）が多項定語フレーズにおいて特定の位置 ── 時間，空間及び領属主に代表される限定性定語の末尾，中心語の属性など描写性定語の前 ── に置かれることは既にその指摘がある[19]。これを概括すると〈図1〉のようになる。

〈図1〉　多項定語フレーズの語順：
　　　　限定性定語＋ 数量詞 ＋描写性定語＋中心語

例(33)を部分的に取り上げてみよう。指数量詞"这本"を軸に，「君の（この）本」は本の領属先を"你"で限定するため"你的这本书"となる。一方，「魯迅の（この）本」において，"鲁迅"は本の領属先ではなく，本に対する属性であるため"这本鲁迅的书"の語順になる[20]。

さらに以下の例文を語順に注意して読み比べてみる。

(34)　江华仰起头来望望<u>林道静那张热情、兴奋的脸</u>，不禁稍稍感到了惊异。　　　　　　　　　　　　　　　　　　　　　《青春之歌》
　　　[江華は顔を上げ，林道静のその熱意ある興奮した顔を見ると，いささかの驚きを感じずにはいられなかった]

(35)　她长得非常漂亮，人们说她有一张大明星的脸。
　　　［彼女はとても美しく，大スターの（ような）顔だと人々は言う］

　例(34)の"林道静"は中心語"脸"の領属先であり，"脸"の領属主として限定性定語の位置に置かれている。このとき，"*那张林道静的热情、兴奋的脸"とすることはできない。一方，例(35)の"大明星"は"脸"の領属主ではなく，所謂「大スターが備えているであろう美しく端正な顔立ち」といった"脸"の属性を描写しており，実在する特定の人物を指すものではない。同様に，次の例(36)の"儿子"は"烟"の領属主であるのに対し，例(37)の"美术家"は"作品"の領属主ではなく，「画家が描くような美しい作品」という"作品"の属性として描かれている。

(36)　马林生从兜里摸烟，掏出刚才没收的儿子的那包烟。《我是你爸爸》
　　　［馬林生はポケット中を探り，今しがた没収した息子のタバコを取り出した］
(37)　左右的深红色的大墙，在日光下射出紫的光线，和绿阴接成一片藕荷色的阴影，好像一张美术家的作品。　　　《看上去很美》
　　　［左右の深紅の大壁は，太陽の光のもと紫色の光線を放ち，木陰と繋がり赤みがかった薄紫色の陰影となり，まるで（1枚の）美術家の作品のようであった］

　例(34)と例(35)，例(36)と例(37)をそれぞれ比較すると，領属と属性の対立が語順に反映されていることが分かる。
　このように〈NP$_1$＋的＋NP$_2$〉に（指）数量詞が付加される場合，その現れる位置によって，NP$_1$とNP$_2$の意味関係——即ち領属関係か属性関係かが統語的にも表出される。例(30)を再度例に挙げて言うならば，領属表現"青年的眼睛"と属性表現"警察的眼睛"は，〈NP$_1$＋的＋NP$_2$〉の形式では何ら統語上の相違が見られなかったが，数量詞が加わることによって，以下のように統語的にも明確に区別されるようになる。

(30′)　青年的那双眼睛炯炯有神，简直就像一双警察的眼睛[21]。
　　　［青年のその目は鋭く，まるで（1対の）警察の目のようであった］

3.2.4.　領属／属性表現における NP₁ の意味素性

　前節では〈NP₁＋的＋NP₂〉に（指）数量詞が付加される場合，その現れる位置によって，NP₁ と NP₂ の意味関係が統語的にも表出されることを指摘した。ここでは，少し視点を変え，領属／属性表現における NP₁ の意味素性とフレーズ全体の意味特徴について考察を進めていく。

　先ず，次の例(38)〜例(40)の領属表現を見てみよう。NP₁ はすべて実在する特定（specific）の存在であることが分かる。

(38)　安东尼狡猾地眨了眨<u>他那双蓝眼睛</u>，提醒王起明说：……
　　　　　　　　　　　　　　　　　　　　　　　　　《北京人在纽约》
　　　［アントニーはずる賢そうに彼のその青い目を瞬かせ，王起明に指摘して言った］

(39)　<u>陈大娘那张布满皱纹并且还有几颗白麻子的脸</u>涨红了。
　　　　　　　　　　　　　　　　　　　　　　　　　《青春之歌》
　　　［陳おばさんのその皺くちゃであばたが点々とある顔が紅潮した］

(40)　"据<u>你儿子的一个女同学</u>，姓夏的小姑娘反映，这伙人平时就老欺负他，在他上学的时候截他，据说还抢过他东西和钱也打过他。"
　　　　　　　　　　　　　　　　　　　　　　　　　《我是你爸爸》
　　　［君の息子の同級生で夏という女の子が言うには，そいつはしょっちゅう彼をいじめて，登校するのを邪魔したり，金品を奪ったり，殴ったりもするんだそうだ］

　例(38)の"他"，例(39)の"陈大娘"は発話者が文脈の中で特定できる実在物であり，それぞれ"眼睛"，"脸"の領属主としてその領属先を限定しており，フレーズ全体としても定（definite）の事物として扱われている。一方，例(40)の"你儿子的一个女同学"［君の息子の同級生の女の子］は，（聞き手配慮の結果）フレーズ全体としては不定のものとして導入

されているが，NP_1 の"你儿子"に関して言えば，やはり特定の人物であり，"一个女同学"との関係を限定している。このような領属表現において NP_1 が不特定であることはなく，"*某个人的一个女同学"のように表現されることはない。そもそも，（指）数量詞に先行する位置にある限定性定語の文法的意味とは，中心語に対し，いつ／どこで／何が／誰が…というように限定し，他と区別することであるため，不特定の事物によって限定することは考えられない。従って，領属表現における NP_1 は［＋特定］の実在物でなければならないという意味素性を導くことができる。領属表現において NP_1 が特定性の高い固有名詞や人称代名詞であることが多く，且つ数量詞が"这／那"［これ／あれ］のような指示代名詞を伴う傾向にあるのもこのためである。

次に，属性表現における NP_1 は如何なる意味素性を有しているのであろうか。

次の例(41)では，発話者が NP_1 "孩子"［子供］に対し特定の実在物を想定していないことが分かる。つまり，NP_1 "孩子"は NP_2 "小椅子"［小さな椅子］の属性——即ち「子供用の小さな椅子」を表しており，特定の子供の小さな椅子ではない。

(41)　老李乐呵呵地坐在<u>一张孩子的小椅子</u>上，吹开漂在水面的茶叶末儿，痛饮一口。　　　　　　　　　　　　　　《看上去很美》
　　　　［老李は嬉しそうに（1 脚の）子供用の小さな椅子に座り，浮かんでいるお茶葉を吹くと，グイッと一口飲んだ］

同様に，例(42)の NP_1 "中年人"も NP_2 "脸"に対する属性描写であり，実在する中年男性を指すものではない。

(42)　这人似乎感到背后有人，回过头来，那是<u>一张消瘦苍白的中年人的脸</u>。
　　　　［その男は背後に人の気配を感じ，振り返った。それは（1 枚の）肉が

薄く青白い中年男の顔であった]

(杉村 1991:88)

フレーズ全体としては，例(41)，例(42)とも文脈において初めて提示された初出の事物であり，不定の存在である。ここで仮に，NP₁ "孩子／中年人" を以下のように数量詞の外側に出すと［＋特定］になり，NP₂ "小椅子／脸" に対する領属主として限定的な読みに傾く。このことは例(41)と例(41′)，例(42)と例(42′)をそれぞれ比較すれば明らかである。

(41′) 老李乐呵呵地坐在<u>孩子的一张小椅子</u>上，吹开漂在水面的茶叶末儿，痛饮一口。
　　　［老李は嬉しそうに（その）子供の小さな椅子に座り，浮かんでいるお茶葉を吹くと，グイッと一口飲んだ］

(42′) 这人似乎感到背后有人，回过头来，那是<u>中年人的一张消瘦苍白的脸</u>。
　　　［その男は背後に人の気配を感じ，振り返った。それは（その）中年男の肉が薄く青白い顔であった］

さらに NP₁ が［－特定］である例文を見てみよう。例(43)では「子供が学校から家に帰って直面する顔」がどのようなもの（属性）であるかを "数落自己的父母的"［自分を非難する両親の］と描写しており，後続する "唠叨的／训斥的／打骂的／催促作业的"［ぶつぶつ言う／叱責する／殴り罵る／宿題を（するよう）催促する］によって "脸" の属性をさらに具体的に畳み掛けるように描写している。

(43) 请设想一下，一个孩子经过一天的学校生活，回到家里，面对的是<u>一张数落自己的父母的脸</u>，一张唠叨的脸，一张训斥的脸，一张打骂的脸，一张催促作业的脸，他的心理会怎样？

《家庭教育新区》
［想像してみてください。子供は1日の学校生活を終え家に帰ると，

ぶつぶつ文句を言う両親の顔に直面するのです。くどくどと叱り，殴り罵り，宿題をやれと急かす顔です。彼の気持ちはどんなものでしょう？］

一方，以下に挙げる例(44)，例(45)のNP_1は［＋特定］である。

(44) 开始，哼哼的佳佳，哭喊妈妈的佳佳，还在她脑子里转。后来，<u>一双双病人的眼睛</u>取代了佳佳的位置，直到把所有的病人都看完了，陆文婷才急急忙忙地赶到托儿所去。　　　　《人到中年》
［プンプン怒っている佳佳，泣いて母親を呼ぶ佳佳の姿が，はじめ彼女の頭の中でぐるぐると回った。そのうち，1対1対の患者の目が佳佳に取って代わり，すべての患者を診終えると，陸文婷はやっと急いで託児所に向かった］

(45) 前几天，打扫卫生的时候发现床底下有<u>一封多年前收到的男朋友的信</u>。
［先日，掃除をしている時，ベッドの下に何年も前に受け取った（1通の）彼氏からの手紙があるのを見つけた］

例(44)は，託児所に子供を迎えに行く時間になっても仕事（診察）が終わらず，仕事と子供との間で激しく揺れ動く陸文婷の心の葛藤を描いたくだりである。NP_1 "病人"は陸文婷の目の前に次々とやって来る患者であり，コンテクストの中で特定することができる実在物であることが分かる。一見領属主のように見える"病人的"も，ここでは「どのような目」であるかを描く属性として数量詞に後置されている。また，例(45)のNP_1 "男朋友"も実在する特定の人物であり，「彼氏が（発話者に）書き送った手紙」のように"信"の属性（誰が書いた手紙であるかという側面）を描写している。

例(44)，例(45)のようにコンテクストの中で［＋特定］だと分かるNP_1もあれば，次の例(46)，例(47)のように本来特定性の高い固有名詞によってNP_2の属性を描写するNP_1もある。例(46)の"托尔斯泰"は「写真の写り主」という"照片"の属性を，例(47)の"池莉"は"新作"

に対する「作者」という属性をそれぞれ描写している。

(46) 墙壁上一边挂着一张白胡子的托尔斯泰的照片，一边是林道静和余永泽两人合照的八寸半身照像。　　　　　　《青春之歌》
[壁の一方には（1枚の）白髭のトルストイの写真が，もう一方には林道静と余永澤2人の八寸半身写真が掛けてあった]

(47) 2003年年初，中国青年出版社推出了一本池莉的新作《有了快感你就喊》。　　　　　　　　〈池莉：关注"非典"的作家〉
[2003年年初，中国青年出版社は（1冊の）池莉の新作《有了快感你就喊》を出版した]

このように，領属表現におけるNP₁は必ず［＋特定］の実在物でなければならず，もっぱらNP₂の領属先を指示限定する役割を担っているのに対し，属性表現におけるNP₁は［±特定］であり，実在物の有無を問わない。属性表現におけるNP₁の意味役割とは，文脈の中で初めて提示されたNP₂が具体的にどのようなものであるか，その属性を描写することであり，それにより，NP₂はコンテクストの中で個別化されるのである[22]。例(45)〜例(47)が初めてその存在や出現・消失を提示する存現文であることは注目に値する。

3.2.5. 属性の限定機能化

ここで本節の出発点に話しを戻す。本節の出発点は，現代中国語で「張三の（所有する）写真」と「張三の（写っている）写真」を表現するとき，NP₁"張三"とNP₂"照片"の意味関係の相違を統語的に明示するか否か，という疑問であった。これまでの考察に沿って考えると，"張三的照片"に数量詞を加えた場合，「張三が所有する写真」は「張三」が「写真」の領属先を限定しているので"張三的一张照片"となり，一方，「張三が写っている写真」では「張三が写っている」ことが「写真」の属性であると解釈され，"一张張三的照片"となるはずである。"一张小白兔的照片"[（1枚の）うさぎの写真］と同じ解釈である。

然らば，以下の例(48)はどう解釈すべきであろうか。"表哥的"［いとこの兄さんの］が数量詞より前に置かれているが，これは"信"に対する領属主ではなく，やはり属性（手紙の送り主）として読まなくてはならない。

(48) 在临放暑假的时候，她接到过<u>表哥的</u>一封信，信里说放暑假的时候他们不离开学校。　　　　　　　　　　　　《青春之歌》
　　　［夏休みに入る時，彼女はいとこの兄さんから手紙を受け取った。手紙には夏休み彼らは学校を離れないとあった］

また，NP_1 が同じ"齐白石"でありながら，例(49)と例(50)ではその現れる位置が異なる。NP_1 "齐白石"は NP_2 "画"の作者であり，属性である。

(49) 北京美术馆展出了一幅<u>齐白石的</u>画。
　　　［北京美術館は（1幅の）斉白石の絵画を展示した］

(50) 我终于找到了遗失多年的<u>齐白石的</u>这幅画。
　　　［私はついにこの幻の斉白石の絵画を見つけ出した］

例(48)の"表哥的"や例(50)の"齐白石的"は，それぞれ"信"［手紙］，"画"［絵画］の属性を描写しており，統語的には（指）数量詞の後ろに置かれるべき成分である。しかし，このような属性前置型〈NP_1 ＋数量詞＋NP_2〉の例は実際に言語実態として存在し，しかも属性後置型〈数量詞＋NP_1 ＋NP_2〉と比較してみると，この2つの表現形式は常に互換性が認められるわけではない。そこで，両表現形式がどのような表現意図のもとに使用されるのかについて見てみることにする。

　先ず，NP_1 に着目する。次の例(43)（再掲）と例(51)の NP_1 は共に"父母"であるが，それぞれ意味素性が異なる。

(43) 请设想一下，一个孩子经过一天的学校生活，回到家里，面对的是<u>一张数落自己的父母的脸</u>，一张唠叨的脸，一张训斥的脸，一张打骂的脸，一张催促作业的脸，他的心理会怎样？

《家庭教育新区》

(51) 他说，他一直在等着我给他写信。六年来，除了在第一年里还曾收到过<u>惟一父母的一封信</u>，到此以后就再也没有收到过第二封信了。

《玻璃心的日子》

[彼はずっと私からの手紙を待っていたと言う。6年来，最初の1年目に唯一両親から（1通の）手紙を受け取って以来，2通目を受け取ることはなかったと言う]

例(43)の"父母"［両親］は［－特定］であり，ただ"脸"［顔］の属性を描く成分にすぎない。従って，限定性定語の位置に引き上げ属性前置型とすることはできず，例(43′)は不自然となる。

(43′)[?] 请设想一下，一个孩子经过一天的学校生活，回到家里，面对的是<u>数落自己的父母的一张脸</u>，……

一方，例(51)の"父母"は［＋特定］の実在する「（彼の）両親」であり，これを限定性定語の位置に引き上げることにより，ただの「手紙の送り主」という属性から「唯一彼が受け取った手紙が他でもなく両親からのものであった」ことを際立たせることに一役買っている。換言すれば，［＋特定］の属性が他との相対的関係において限定的に働くときに，限定性定語の位置に引き上げられるのである。例(51)から，"惟一"［唯一］が特にその限定機能を高めていることが分かる。

次に，両表現形式がコンテクストの中でどのように使用されているかについて考察してみる。例(52)は池莉が新作《怀念声名狼籍的日子》を発表する過程について述べたパラグラフであるが，"池莉"をNP₁にもつ属性後置型のフレーズ①と属性前置型のフレーズ②が含まれている。

(52) 由《收获》文学杂志社，云南人民出版社等单位共同策划出版了一套"金收获"丛书，其中有①一本池莉的新作《怀念声名狼籍的日子》。写知青的作品已经太多，作为一个知名作家，今天开始写知青题材似乎有点风险，那么池莉自己到底是怎么想的？②池莉这部"知青小说"与她以往的风格是否不同？

〈池莉：我是一个模范知青〉

［《收穫》文学雑誌社や雲南人民出版社などが共同で企画出版した《金収穫》叢書の中に，（1冊の）池莉の新作《怀念声名狼籍的日子》がある。文革期の知識青年を描いた作品は多く，名高い作家として，今この題材を扱うのはいささか危険であるが，池莉自身はどう考えているのだろうか。池莉のこの「知青小説」と彼女のこれまでのスタイルは異なるのだろうか？］

フレーズ①を賓語とする"其中有一本池莉的新作《怀念声名狼籍的日子》。"は所謂存在文であり，池莉の新作が初めて文脈の中に提示されている。このとき，NP_1 "池莉"の意味役割は，文脈の中で初めて提示された NP_2 "新作"が具体的にどのようなものであるか，誰の新作であるのかといった属性を描写することであり，それにより，NP_2 がコンテクストの中で個別化，特定化されている。一方，フレーズ②ではフレーズ①で"新作"の属性として言及された NP_1 "池莉"を限定性定語の位置に引き上げることにより，数多ある「知青小説」の中でもそれが"池莉"による作品であることを取り立て，際立たせている。フレーズ①では NP_2 "新作"に対する属性描写であった NP_1 "池莉"が，フレーズ②ではその属性によって他と区別できる限定機能を有することとなるのである。

さらに表現例を見ていく。

(53) 可能是出于出版印刷者的疏忽马虎吧，本册《小铃儿》以外的各篇文章在目录中都可查到，唯独老舍的这篇小说，有正文而"本期目录"中却没印上。

〈老舍最早的一篇小说〉

［おそらく出版社のミスだろうが，この《小铃儿》以外の著作は全て

目次で見つかるのに,ただ老舎のこの小説だけが,本文はあるのに「本号目次」には印刷されていないのだ]

(54) 当下的中国小说在写人物对话上有一种流行的倾向，那就是不用引号。刘震云不是这样。<u>他的这部小说中的对话</u>，从形式上讲，很规范，冒号，引号一个不少。 〈一次没有收获的阅读〉
[最近の中国小説では人物対話を書く上で流行っている１つの傾向がある，それは引用符号を使わないことである。劉震雲は違う。彼のこの小説中の対話は，形式上とても規範的で，コロンもクォーテーション・マークも１つも漏れていない]

例(53)では小説《小铃儿》の作者が老舎であることは既にコンテクストの中で提示されている。その上で，NP_1 "老舎" に焦点を当て，限定性定語の位置に引き上げることにより，単に NP_2 "小说" に対する「作家」という特性を述べるのではなく，「他の著作は目次に載っているのに，ただ老舎のこの小説だけが」と他著作との対比において捉え直し，限定している。ここでも "唯独"［ただ唯一］によってさらに NP_1 "老舎" の対比限定機能が際立っていることが分かる。例(54)も同様に，"他的这部小说中的对话"［彼のこの小説中の対話］の背景には「現在の中国小説の傾向」との対比が暗示されている。NP_1 が単に NP_2 を個別化する属性描写に留まらず，その属性が他者との相対関係において限定的に働く場合に，このような属性前置型が選択されるのである。従って，「現在の中国小説」との対比において，NP_1 "他(刘震云)" の描く意味を際立たせ，前景化（foregrounding）しようとする表現意図がありながら，NP_1 を数量詞の後ろに置き，ただの属性描写に逆戻りさせるような例(54')は不自然な表現となるのである[23]。

(54') ˀ刘震云不是这样。<u>这部他的小说中的对话</u>，从形式上讲，很规范，冒号，引号一个不少。

最後に，例(55)と例(56)を比較してみよう。

絶望し自殺をほのめかす息子の手紙に対し，遠方に住む文盲の母親が何とか阻止しようと，代筆で書いてもらった葉書を切手も貼らずに投函してしまう。本来ならば切手が貼られていない葉書は無効だが，葉書の内容が緊急を要するだけに，郵便職員は便宜を図り，他の郵便物と一緒に遠方行きの列車に載せてやる。例(55)はその葉書が4日後の真夜中に息子に届けられる場面描写であり，例(56)はその後の息子の様子を描写したものである。

(55) 8点的时候，那张贺卡和一些邮件被准时送到了远去的火车上，……他是在4天之后的深夜收到<u>母亲的这张贺卡</u>的。〈母亲的贺卡〉
［8時にその葉書は他の郵便物と定刻通り遠方行きの列車に載せられた…彼が母親からのその葉書を受け取ったのは4日後の深夜だった］

(56) 没事的时候，他常常默默凝视着<u>那张母亲的贺卡</u>，那张没有邮票的贺卡，他的眼里常常会涌满泪水。〈母亲的贺卡〉
［暇な時，彼はいつも黙ってその母親からの，その切手のない葉書をじっと見つめ，目には涙があふれるのだった］

例(55)，例(56)において，NP_1 "母亲" [母親] は NP_2 "贺卡" [葉書] に対する「送り主」という属性をそれぞれ描写しているが，その現れる位置が異なる。例(55)では"母亲的"に限定性を持たせ，葉書の送り主が母親であることに際立ちが与えられているのに対し，例(56)は"那张母亲的贺卡，那张没有邮票的贺卡"［その母親からの葉書，その切手のない葉書］のように，"母亲的"と"没有邮票的"を並列し，"排比"（並列法）の手法を用いて NP_2 "贺卡"の特性を描写している。

このように見てくると，属性後置型〈数量詞＋NP_1＋NP_2〉と属性前置型〈NP_1＋数量詞＋NP_2〉では，使用段階，表現意図共に異なることが分かる。先ず，コンテクストの中で初出の事物 NP_2 に対し，それが具体的にどのようなものであるか，どのような属性を有するかを NP_1 が描写する場合，属性後置型で表現される。この場合，NP_1 は［±特定］であり実在物の有無を問わない。一方，コンテクストにおいて既に言及

されたNP$_2$に対し、[＋特定]のNP$_1$が単にNP$_2$を個別化する属性描写に留まらず、その属性が他者との相対関係において対比限定的に機能する場合に、属性前置型が選択されるのである。

3.2.6. まとめ

以上、本節では〈NP$_1$＋的＋NP$_2$〉におけるNP$_1$とNP$_2$の意味関係について、数量詞の現れる位置の相違という観点から考察した。考察の結果は以下の通りである。

〈NP$_1$＋的＋NP$_2$〉は、NP$_1$が領属先にも属性にもなり得る場合、多義的解釈が可能となるが、（指）数量詞が付加される場合、その現れる位置によってNP$_1$とNP$_2$の意味関係が統語的にも表出される。つまり、NP$_1$が数量詞に前置する場合、NP$_2$の領属先を限定し、一方、NP$_1$が数量詞に後置する場合、NP$_2$の属性を描写する。

また、領属表現と属性表現とではNP$_1$の意味素性も異なる。領属表現ではNP$_1$は必ず［＋特定］で実在物を要求するのに対し、属性表現におけるNP$_1$は［±特定］で実在物の有無を問わない。

しかし、実際の言語資料を見ていくと、NP$_1$がNP$_2$の属性を描写しているにもかかわらず、（指）数量詞に前置している例が豊富に見つかる。このような言語現象は、NP$_1$が［＋特定］の実在物である場合に限り（指）数量詞に前置する。そしてNP$_1$が（指）数量詞に前置した場合、単にNP$_2$を個別化する属性描写に留まらず、その属性が他者との相対関係において対比限定的に働くという点で、属性を限定機能化させた現象であると言うことができる。

3.3. 主語・賓語間の領属関係と照応形式

3.3.1. 本節の視点

日本語では、身体部位や親族関係を表す名詞群は、それが主語（領属

主)の領属物である場合,例(57a)に挙げるように領属先をマークしないのが原則であるとされている。一方,英語では,統語的にその領属先をマークする傾向にある。従って,例(57b)の"your"は必須成分であり,省くことはできない。中国語は日本語と同様,例(57c)のように主語の領属物としての身体部位はマークされない。

(57) a. 分かる人は手を挙げなさい。
b. If you understand, raise your hand.
c. 明白的人,举手。

このように日本語と中国語では,主語・賓語間に領属関係が存在するとき,身体部位のような領属物はその領属先を統語的に明示する必要がないという点において共通する特徴を有している。

しかし,身体部位であれば必ず領属先がマークされないわけではない。次の例(58)と例(59)を比較してみよう。

(58) 她合上{*她的／*自己的／φ}手,向神祈祷。
 ［彼女は{*彼女の／*自分の／φ}手を合わせ,神に祈った］
(59) 他拍了一下{*他的／自己的／φ}头,说了一句："啊,想起来了！"[24]
 ［彼は{*彼の／自分の／φ}頭を叩いて言った。「あぁ,思い出した！」］

例(58)の"手"は主語"她"［彼女］の身体部位であることは自明であり,人称代名詞"她"や再帰代名詞"自己"を用いてその領属先が明示されることはない。一方,例(59)の"头"［頭］は同じく身体部位でありながら,再帰代名詞"自己"による領属先のマークが可能である。例(58)と例(59)の統語的振る舞いが異なるのは何故であろうか。

また,賓語が親族名詞である場合,日本語はその領属先をマークしな

いのに対し，中国語は例(60a)のように人称代名詞でマークされることが多い。中国語では主語・賓語間がどのような領属関係のとき領属先を明示し，どのような領属関係のとき明示しないのであろうか。

(60) a. 张艺谋非常像他爸爸，脾气也像。　　　　〈母亲眼中的张艺谋〉
　　 b. 張芸謀は（*彼の）父親にとても似ており，性格もそっくりだ。

本節では，中国語において，特に主語・賓語間に領属関係が存在するとき，領属先である主語に照応する賓語の定語部分にどのような照応形式が用いられるか，そしてその照応形式が選択される背景にどのような要素が関係しているかについて考察を試みる。

3.3.2. 主語・賓語間の領属関係と照応形式

3.3.2.1. 照応のタイプ

現代中国語において，主語・賓語間に領属関係が存在するとき，領属主である主語に照応する賓語の定語部分には，以下の3タイプが生起すると考えられる。

ⅰ）人称代名詞　"我／你／他……"
ⅱ）再帰代名詞　"自己"[25]
ⅲ）ゼロ形式　φ

以下に挙げる例文は，人称代名詞を用いた例(61a)が原文であるが，例(61b)のように再帰代名詞で領属先をマークすることも可能であり，例(61c)のようにノーマークであっても賓語"女儿"が"河馬"の娘であることは読み取れる。ニュアンスは若干異なるものの，いずれも文法的には適格な表現として成立する（以下，原文には出典を示す）。

(61) a. 河馬ᵢ这种人，竟然这样疼爱他ᵢ的女儿[26]。　《一个二奶的独白》
　　　　［河馬という人は，意外にもこのように彼の娘を可愛がっていた］

b. 河马$_i$这种人，竟然这样疼爱自己$_i$的女儿。
　　　［河馬という人は，意外にもこのように自分の娘を可愛がっていた］

　　c. 河马$_i$这种人，竟然这样疼爱ϕ_i女儿。
　　　［河馬という人は，意外にもこのように娘を可愛がっていた］

しかし，この3タイプがいずれも常に成立し，任意に選択されるわけではない。例(62)～例(64)を見てみよう。

(62) a. *他$_i$吻了一下安娜・帕夫洛夫娜的手，随后眯缝起他$_i$的眼睛，向众人环顾一遭。

　　b. *他$_i$吻了一下安娜・帕夫洛夫娜的手，随后眯缝起自己$_i$的眼睛，向众人环顾一遭。

　　c. 他$_i$吻了一下安娜・帕夫洛夫娜的手，随后眯缝起ϕ_i眼睛，向众人环顾一遭。　　　　　　　　　　　　　　《战争与和平》
　　　［彼はアンナ・パブロワの手にキスをすると，目を細め，皆をぐるりと見渡した］

(63) a. ??可我$_i$控制不住我$_i$的感情鼓起勇气对你说：你是猪！

　　b. 可我$_i$控制不住自己$_i$的感情鼓起勇气对你说：你是猪！
　　　［しかし私は自分の感情を抑えきれず，勇気を奮い起こし言った。「お前はブタだ！」］

　　c. 可我$_i$控制不住ϕ_i感情鼓起勇气对你说：你是猪！〈朋友祝福〉
　　　［しかし私は感情を抑えきれず，勇気を奮い起こし言った。「お前はブタだ！」］

(64) a. 萨达姆$_i$说完这番话还笑了笑，然后就去水房洗他$_i$的衣服了。
　　　　　　　　　　　　　　　　　　〈萨达姆将接受公审〉
　　　［サダムは話終わると少し笑い，それから彼の服を洗いに洗濯場へ行った］

　　b. 萨达姆$_i$说完这番话还笑了笑，然后就去水房洗自己$_i$的衣服了。
　　　［サダムは話終わると少し笑い，それから自分の服を洗いに洗濯場へ行った］

c. #萨达姆ᵢ说完这番话还笑了笑，然后就去水房洗 φᵢ 衣服了²⁷⁾。
[#サダムは話終わると少し笑い，それから洗濯をしに洗濯場へ行った]

例(62)はⅲ型である例(62c)が原文であるが，例(61)において3タイプとも成立したのとは対照的に，ⅰ型，ⅱ型は非文となる。例(63)もⅲ型の例(63c)が原文であるが，こちらは例(63b)のⅱ型が成立するのに対し，例(63a)のⅰ型は容認度の低い表現となってしまう。一方，例(64)はⅰ型の例(64a)が原文であり，ⅱ型も自然な表現として成立するが，領属先を明示しない例(64c)は文法的には適格ではあるものの"衣服"の領属先に対して無関心であるため，「誰の服を洗った」のか不明瞭な表現となってしまう。このような成立可否の背景にはどのような要素が関連しているのであろうか。

3.3.2.2. 明示的形式と非明示的形式

これまでの考察を整理してみる。中国語では主語・賓語間に領属関係が存在するとき，領属主である主語に照応する賓語（領属物）の定語部分には，ⅰ）人称代名詞，ⅱ）再帰代名詞のように領属先をovertな形で明示するケースと，ⅲ）ゼロ形式のように領属先を明示しないcovertなケースがある。ここで主語・賓語間の領属関係に着目すると興味深い傾向を見てとることができる（文成立の容認度は，{ }内の人称代名詞，再帰代名詞がそれぞれ主語に照応するものとして判定した）。

(65) 张三刷 {*他的 / *自己的 / φ} 牙了。　　　　〈身体部位①〉
[張三は {*彼の / *自分の / φ} 歯を磨いた]

(66) 家修摇了摇 {?他的 / 自己的 / φ} 头。　　　　〈身体部位②〉
[家修は {?彼の / 自分の / φ} 頭を横に振った]

(67) 我奶奶最近又犯了 {*她的 / *自己的 / φ} 关节炎。
〈属性①〉
[祖母は最近また {*彼女の / *自分の / φ} 関節炎が再発した]

(68) 她硬是改变了 {?她的／自己的／φ} 看法。　　〈属性②〉
　　　[彼女は無理矢理 {彼女の／自分の／φ} 見解を変えた]

(69) 张三打了 {他的／自己的／φ} 儿子。　　〈親族関係〉
　　　[張三は {彼の／自分の／φ} 息子を殴った]

(70) 李四弄坏了 {他的／自己的／#φ} 照相机。　　〈一般領属物〉
　　　[李四は {彼の／自分の／#φ} カメラを壊した]

例(65)～例(70)に挙げる賓語は、主語の身体の一部［例(65)、例(66)］、属性［例(67)、例(68)］、親族関係［例(69)］、一般領属物［例(70)］を表しているが、それぞれの文成立の容認度を見てみると、身体部位や属性は ⅰ 型と共起しにくい[28]のに対し、親族関係は全タイプ共起可能であり、一般領属物は ⅰ 型、ⅱ 型のような overt な形式をとる傾向にあることが分かる。これまでの例文を含め、文成立に対する容認度を分かりやすく以下にまとめると、〈表1〉のようになる。

〈表1〉 照応形式と文成立の容認度：

	overt 形式		covert 形式	例　文
	ⅰ）人称代名詞	ⅱ）再帰代名詞	ⅲ）ゼロ形式	
身体部位①	×	×	○	(58)(62)(65)
属性①	×	×	○	(67)
身体部位②	△	○	○	(59)(66)
属性②	△	○	○	(63)(68)
親族関係	○	○	○	(61)(69)
一般領属物	○	○	#	(64)(70)

〈表1〉からは、〈身体部位〉、〈属性〉、〈親族関係〉、〈一般領属物〉の順に、文成立の容認度の傾斜（cline）が窺える。以下では、このような照

応形式の選択メカニズムと傾斜分布が，主語・賓語間に見られる領属関係の予測可能性と深く関連していることについて考察していく。

3.3.3. 領属関係の予測可能性と照応形式の選択

3.3.3.1. 領属関係の予測可能性

前節で考察した照応形式の選択傾向とその傾斜分布に対し，本節では以下のような仮説を立て，解釈を試みる。

〈仮説〉
　　主語と賓語の間に容易に領属関係を予測することができるか否かに基づき，その予測可能性が高ければ，賓語は領属先を明示することなくノーマークで現れ，予測可能性が低ければ賓語は領属先がマークされる。

主語と賓語が予測可能性の高い領属関係にあるということは，すなわち領属先とその領属物が密接不可分な関係にあることを示唆している。

第2章2.2.でも考察したように，領属先と密接不可分な領属物には，以下の3タイプが挙げられる。これら名詞群は，自らの存在が他者との関係（参照点）によってのみ規定され得る名詞であり，依存性名詞もしくは不可譲渡名詞（IAN）と呼ばれている。

〈表2〉　不可譲渡名詞（IAN）：
① 　全体－部分：（身体部位）手，足，髪，尻尾，目，頭　など
② 　本体－属性：性質，特徴，感情，意識，形状　など
③ 　相 互 依 存：（親族関係）夫，妻，父，母，子，兄弟姉妹　など

領属物が手，足，髪など身体部位の場合，その領属先は有情物である。また，［急須－取っ手］のように無情物に対する構成部分などもこのタ

イプに含まれる。領属関係が①のような「全体－部分」の関係にあるとき、領属先にとって領属物は他者に譲渡することができない密接不可分な存在である。次に属性とは、性質や特徴などある事物（本体）が普遍的に兼ね備えている側面を指す。この②のタイプも、程度や内容の差こそあれ、それが原則として全てに等しく、且つ不可分に領有されているという点で不可譲渡性の高い領属物であると言える。また、③の相互依存関係においては、父母たるには子女の存在が、兄姉たるには弟妹の存在が前提となるように、他律性の高い人間関係の典型として親族関係が挙げられる。上述の3タイプのような、領属物が領属先の存在を前提とし、互いに規定し合う密接不可分な領属物は、例えば「本」や「カバン」のような任意的な領属物とは統語的にも意味的にも区別される。

このような観点から照応形式の選択傾向と傾斜分布を見ると、上記仮説の妥当性を測ることができる（以下の例文は例(62)、例(63)、例(61)、例(64)の順に原文を再掲。｛｝内は筆者による置き換え）。

(71) 他ᵢ吻了一下安娜・帕夫洛夫娜的手，随后眯缝起｛*他ᵢ的／*自己ᵢ的｝眼睛，向众人环顾一遭。　　　　《战争与和平》

(72) 可我ᵢ控制不住｛??我ᵢ的／自己ᵢ的｝感情鼓起勇气对你说：你是猪！　　　　〈朋友祝福〉

(73) 河马ᵢ这种人，竟然这样疼爱他ᵢ的｛自己ᵢ的／φᵢ｝女儿。
　　　　　　　　　　　　　　　　　　　　　　　《一个二奶的独白》

(74) 萨达姆ᵢ说完这番话还笑了笑，然后就去水房洗他ᵢ的｛自己ᵢ的／#φᵢ｝衣服了。　　　　〈萨达姆将接受公审〉

例えば、例(71)〜例(73)における賓語"眼睛"、"感情"、"女儿"は不可譲渡名詞であり、それぞれ主語"他"、"我"、"河马"の存在を前提としているため容易に領属関係を想定することができる——即ち主語・賓語間に見られる領属関係の予測可能性が高いため領属先の明示を必要としない。一方、例(74)の賓語"衣服"は、主語"萨达姆"にとって任意

の領属物であるため，主語・賓語間の予測可能性は低く，従って"他的衣服"や"自己的衣服"のようにその領属先を明示する傾向にあることが分かる。

3.3.3.2. 領属物の譲渡可能性

この領属関係の予測可能性は，そのまま領属物の譲渡可能性（alienability）とパラレルに存在している。つまり，〈身体部位〉や〈属性〉など不可譲渡性の高い領属物ほどcovertな表現形式であるⅲ型が選択され，〈親族関係〉，〈一般領属物〉の順に可譲渡性が高くなり，overtな形式であるⅰ型，ⅱ型が選択される傾向にある。可譲渡性が高くなるということは，誰の領属物であるかを統語的に明示することが強く要求されるのである。これを図示すると以下のようになる（[形式]の＋，－は領属先を統語的に明示するか否かを表す）。

〈図2〉　領属物のタイプと照応形式：
領属物：　身体部位　＞　属性　＞　親族関係　＞　一般領属物
形　式：　　　－　　　　－（＋）　　　±　　　　＋（－）

Haiman1985:130-136は，譲渡可能性の観点から領属関係を捉えるとき，身体部位が最も不可譲渡性が高く，親族関係，その他人工物の順に可譲渡性が高くなると指摘しており，これはあらゆる言語に適応できる普遍的なもの（領属に対する普遍的な認知）であり，この順序が入れ替わることはないと述べている。現代中国語においても，〈表1〉や〈図2〉の傾斜で示したように，これと同じ傾向が確認される点で，Haiman1985の指摘は一定の妥当性を有していると考えられる。

3.3.4. 人称代名詞と再帰代名詞

3.3.4.1. 人称代名詞と再帰代名詞の選択

　以上では，照応形式の選択メカニズムと傾斜分布が主語・賓語間に見られる領属関係の予測可能性と深く関連していることを考察してきたが，ここにまだ問題が2点残っている。1つは，例(65)と例(66)，例(67)と例(68)における賓語は，それぞれ〈身体部位〉，〈属性〉と同じであるにもかかわらず，ⅱ型の成立可否において振る舞いが異なるのは何故であるかという問いであり，いま1つは，賓語が〈親族関係〉や〈一般領属物〉の場合，ⅰ型，ⅱ型とも可能であるが，この両表現形式には意味的・統語的にどのような相違が存在するのであろうかという問いである。

　先ず1つ目の問題について考えてみよう。記述の便宜上，例(65)〜例(68)を再掲する。

(65)　张三刷{*他的／*自己的／φ}牙了。　　　　　〈身体部位①〉
(66)　家修揺了揺{?他的／自己的／φ}头。　　　　　〈身体部位②〉
(67)　我奶奶最近又犯了{*她的／*自己的／φ}关节炎。
　　　　　　　　　　　　　　　　　　　　　　　〈属性①〉
(68)　她硬是改变了{?她的／自己的／φ}看法。　　〈属性②〉

例(65)，例(67)ではⅱ型の再帰代名詞"自己"を用いた表現は非文であるのに対し，例(66)，例(68)ではⅱ型は問題なく成立する。次の例(75)，例(76)のように，実際の用例においても，再帰代名詞"自己"がないと却って不自然なものもある[29]。

(75)　章鱼为了活命，吃掉自己的肢体。　　　　　　（沢田1976）
　　　［蛸は命をつなぐため，自分の肢体を食べる］
(76)　我在朝鲜前线给工人战士和干部读过两次，每次读到他死的那一

段，就读不下去，非停顿一会，控制一下<u>自己的</u>感情，才能继续读下去。　　　　　　　　　　　　　　　　　〈写作自白〉
[私は朝鮮の前線で労働者や兵士に2，3度読み聞かせた。彼が死ぬ場面にさしかかる度にその先を読むことができず，少し間をとり，自分の感情をコントロールしてようやく読み進めることができた]

本節では，このような振る舞いの差を動詞と賓語（領属物）の意味的関わりという観点から考察する。つまり，動作が自分以外の他者に及ぶ可能性がない場合ⅱ型は非文となり，動作が自分以外の他者に及ぶ可能性がある場合，自らの領属物であることを明示するために（他者の領属物である可能性を排除するために），ⅱ型が用いられると考える。

動作が他者に及ぶ可能性がないケースとしては，以下のような例が挙げられる。

(77) 他ᵢ拖拉着｛*他ᵢ的／*自己ᵢ的／φᵢ｝腿走路。　（中川 1992:14）
　　　[彼は｛*彼の／*自分の／φ｝足を引きずって歩いている]
(78) 我ᵢ每天早上起床就洗｛*我ᵢ的／*自己ᵢ的／φᵢ｝脸。
　　　[私は毎朝起きるとすぐ｛*私の／*自分の／φ｝顔を洗う]

例(77)は「誰か他人の足を引きずって歩く」という状況を想定しにくい。例(78)も同様であり，もし「子供の顔を洗ってやる」と言う場合，例(79)は不自然であり，通常例(80)のように介詞を用いて表現される。このタイプは，"洗脸"[顔を洗う]や"刷牙"[歯を磨く]，"举手"[手を挙げる]のようなイディオム化されたものが多いのが特徴である。

(79) ??孩子出汗了，我洗了他的脸。
(80) 孩子出汗了，我给他洗了脸。
　　　[子供が汗をかいたので，私は彼の顔を洗ってやった]

次に，動作が他者に及ぶ可能性があるケースとしては，以下のような

例が挙げられる。次の例(81)において人称代名詞"他"を用いた場合，指示対象は"张力"の肩ではなく，"李军"の肩を指すことになる。つまり，"弹肩膀上的灰"［肩のごみを払う］という動作は，自分はもちろん，他者にも及ぶ可能性のある動作であり，そのため自らの領属物であることを明示するために，ⅱ型が用いられると考えられる。例(82)も同様に解釈できる。

(81) "你怎么这么不利索！"张力$_i$弹了弹｛*他$_i$的／自己$_i$的／φ$_i$｝肩膀上的灰冲李军说。
　　　［「君は何でそんなにだらしないんだ！」張力は｛*彼の／自分の／φ｝肩のごみを払いながら李軍に向かって言った］
(82) 石柱$_i$指着｛*他$_i$的／自己$_i$的／φ$_i$｝耳朵说："陈超，你听他们在唱啥！" 　　　　　　　　　　　　　　　　　　　（沢田 1976）
　　　［石柱は｛*彼の／自分の／φ｝耳を指差して言った。「陳超，彼らが何を歌っているのか聞いてくれ！」］

従って，本節の冒頭で挙げた例(58)，例(59)において，賓語が共に身体部位でありながらⅱ型を許容するか否かで振る舞いが異なる理由もこの観点から説明できる。

(58) 她合上｛*她的／*自己的／φ｝手，向神祈祷。
(59) 他拍了一下｛*他的／自己的／φ｝头，说了一句："啊，想起来了！"

神に祈る際，通常「他人の手を合わせる」ことが想定されない例(58)に対し，例(59)の「頭を叩く」は他者にも及ぶ可能性のある動作であり，「自分の頭を叩いた」ことを特に明示するためにⅱ型が選択されるのである。

3.3.4.2. 視点と照応

次に，賓語が〈親族関係〉や〈一般領属物〉である場合，ⅰ型，ⅱ型には意味的・統語的にどのような相違が存在するのであろうか。

一般に，コトガラを描写する際，立場志向的な日本語と比べ，事実志向性の強い中国語は言語表現に視点が導入されることは少ないと考えられる（例(83)，例(84)は澤田 1993 より引用。体裁は引用者による）。

(83) 僕の妹iはメアリーが昨日 {自分i／彼女i} に教えてくれたソネットをいつも暗唱している。　　　　　　　　　（澤田 1993:313）

(84) 僕の妹iはメアリーが昨日 {*自分i／彼女i} に教えてやったソネットをいつも暗唱している。　　　　　　　　　（澤田 1993:314）

(85) 张三i把昨天李四教给 {a 自己i／b 他i} 的唐诗全背下来了。
　　　［張三は李四が昨日 {a 自分i／b 彼i} に教えた唐詩を全部覚えた］

例えば，例(83)，例(84)のような日本語の授受表現からは視点の置かれている位置が読み取られるため，再帰代名詞「自分」と人称代名詞「彼女」はそれに照応して選択される。一方，中国語の授受表現例(85)にはこのような視点による統語的制約はなく，"自己"，"他" 共に可能である。しかし，そこにはやはり視点の相違が読み取れる。即ち，例(85a)の場合，視点は先行詞 "张三" の側にあり，例(85b)の場合，視点は話し手自身の側にある。このように中国語においても，再帰代名詞と人称代名詞の選択は視点と深い関わりがある。

ここで言う「視点」とは，「言語行為（Speech Act）において，話し手があるできごとを描写しようとする時に話し手自身が占めている空間的（spatial），時間的（temporal），心理的（psychological）な位置を指し」（澤田 1993:303），一般に，ある表現内容に対する話し手の描写の方向が，話し手自身の側からのものであるのか，あるいは，文中の話題化された人物の側からのものであるか，ということが表現形式に重要な違いをもたらすとされている。

澤田 1993 は「表現内容に対する話し手の描写の方向」を視点の角度として捉え，〈図 3〉のような 2 つの角度を想定している。

〈図 3〉 視点の角度：

a)　　　　　　　　　　b)

　　　　E　　　　　　　　　　　E
　　　　　　　　　　　　　X
　　　　　　　　　　　　　（話題の人物）
0（話し手）　　　　0（話し手）

（澤田 1993:304-305）

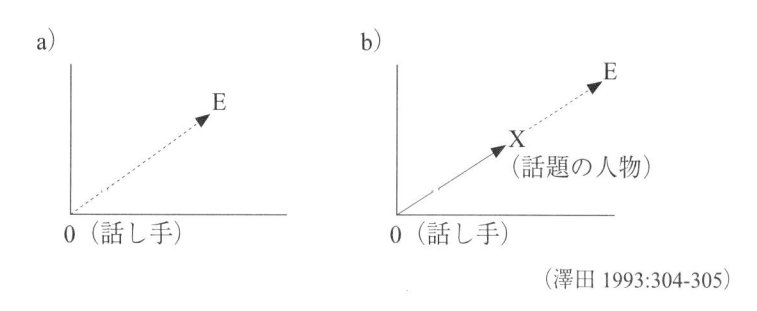

〈図 3a〉は話し手の側に視点が固定されているものであり，「ダイクティックな描写」（deictic description）の典型である。話し手は描写の座標の中心点（deictic description）に位置して，イベント E を描写している。しかし，すべての発話が話し手の側からのダイクティックな描写であるとは限らない。〈図 3b〉のように，イベント E が話し手の側からではなく，話題の人物 X の目を通して語られる場合もあり，必然的にダイクシスも再編成されることになる。

ダイクシスのカテゴリーには人称（person）も含まれる。澤田 1993 は日本語における視点の角度と照応詞の選択の関連性について，以下のような「視点の条件」を提示しているが，これは即ち，〈図 3a〉の視点の角度では人称代名詞が用いられ，〈図 3b〉の視点の角度では再帰代名詞が用いられることを示している（破線は引用者による）。

　　（日本語の複文において，）主節の行為・感覚の主体が先行詞で，
　　それが束縛する代名詞／再帰代名詞が従属節に存在する時，視点
　　が話し手の側にあれば代名詞が，先行詞の側にあれば再帰代名詞

が選ばれる。

(澤田 1993:290)

　この「視点の条件」は，中国語においても適用することが可能である。例えば，例(86)は"小喜"の直接発話文であり，発話者である"小喜"が自分を指して呼んでいる"我"の視点から叙述されているため，話題の人物（ここでは"三爷"）視点である"自己"は生起し得ない。例(87)も同様に，話し手"我"の側に視点が固定されているため，「彼」を指すのに"自己"を用いることはできない。

(86) 小喜也不谦让，抓起饼子吃着，连吃带说："我才从三爷那里回来。三爷ᵢ托我给他ᵢ(*自己ᵢ)买一张好条纸，不知道村里有没有？" 〈李家庄的变迁〉
[小喜は遠慮もせず，餅子を掴み食べながら言った。「私，やっと三爷のところから戻ってきたところなの。三爷に上質な紙を1枚買ってくるよう頼まれたんだけど，村にあるかしら？」]

(87) 他是那么严厉地指责我的生活方式，尽管他ᵢ知道我对于他ᵢ(*自己ᵢ)的生活方式也不推崇。 《玻璃心的日子》
[彼は私も彼のライフスタイルを評価していないことを知っているにもかかわらず，私のライフスタイルを斯くも厳しく非難した]

　視点の相違は，以下に挙げる例文からより明確に読み取ることができる。例(88)，例(89)は文中に"我"（二重線部）があることから，発話者視点であることが明確に読み取れるため，話題の人物"张三"視点の描写とは考えられず"自己"は生起しない。

(88) 张三ᵢ把昨天李四教给我和｛*自己ᵢ／他ᵢ｝的唐诗全背下来了。
[张三は昨日李四が私と｛*自分／彼｝に教えてくれた唐詩を全部覚えた]

(89) 张三ᵢ把昨天李四和我一起教给｛*自己ᵢ／他ᵢ｝的唐诗全背下来

了。
[張三は昨日李四と私が一緒に {*自分／彼} に教えてやった唐詩を全部覚えた]

従って，次の例(90)では i 型，ii 型共に成立するが，人称代名詞"他"が用いられる場合，視点は発話者側に置かれており，再帰代名詞"自己"が用いられる場合，視点は話題の人物"张三"の側にある。例(91)において"自己"が非文となるのも，例(88)，例(89)と同様に解釈される。

(90) 张三$_i$打了 {他$_i$的／自己$_i$的／φ$_i$} 儿子。
   [張三は {彼の／自分の／φ} 息子を殴った]

(91) 张三$_i$打了我和 {他$_i$的／*自己$_i$的} 儿子。
   [張三は私と {彼の／*自分の} 息子を殴った]

また，人称代名詞は配分機能（distributive reading）をもたないため，例(92)のように「李四と王五はそれぞれが自分のカメラを壊してしまった」と言うとき，人称代名詞"他们"は生起しない。また，例(93)のように主語が任意の疑問代名詞の場合も人称代名詞"他们"をとることはできない。

(92) 李四和王五$_i$都弄坏了 {*他们$_i$的／自己$_i$的} 照相机。
   [李四と王五は 2 人とも {*彼らの／自分の} カメラを壊してしまった]

(93) 哪个父母$_i$不疼爱 {*他们$_i$的／自己$_i$的／φ$_i$} 儿女呢？
   [どの両親が {*彼らの／自分の／φ} 子供を可愛がらないだろうか？]

3.3.5. 領属的意味を含意する構文

最後に以下に挙げる例(94)～例(96)を見てみよう。ここでは 3.3.3.1. で示した仮説とは，一見矛盾する様相を呈している。

(94) a. *猎人ᵢ死了他ᵢ的狗。

b. *猎人ᵢ死了自己ᵢ的狗。

c. 猎人ᵢ死了φᵢ(一条)狗。
   [猟師は犬に死なれた]

(95) a. ??张三ᵢ给了李四他ᵢ的毛衣[30]。

b. *张三ᵢ给了李四自己ᵢ的毛衣。

c. 张三ᵢ给了李四φᵢ(一件)毛衣。
   [張三はセーターを李四にあげた]

(96) a. *张三ᵢ被小偷偷走了他ᵢ的自行车。

b. *张三ᵢ被小偷偷走了自己ᵢ的自行车。

c. 张三ᵢ被小偷偷走了φᵢ自行车。
   [張三は泥棒に自転車を盗まれた]

例(94)は"領主属宾句"[31]であるが，主語の"猎人"[猟師]と賓語"狗"[犬]は「飼い主」と「飼い犬」という領属関係にあり，第2章2.2.における分類に従えば，"狗"は"猎人"の一般領属物に属する。従って，上の分析に従えば，overtな形式であるⅰ型，ⅱ型が選択されるはずであるが，実際には領属に対してノーマークの例(94c)が自然な表現として選択される。同様に例(95c)のような授与構文，例(96c)のような領属性"被"構文における賓語（一般領属物）も通常，領属性定語を伴わない[32]。これをどのように説明するべきであろうか。

　この問題に対し本節では，例(94c)，例(95c)，例(96c)に挙げた構文そのものが既に領属的意味を有しているという点にその理由を求める。つまり，構文全体が主語・賓語間の領属関係を予測させるに充分であり，さらにその領属先を明示する必要がないためcovertな形式であるⅲ型が選択されると考えられる。例(94c)のような"領主属宾句"は，「領属先（主語）と密接不可分な領属物（賓語）の〈出現〉や〈消失〉を描く構文」（第4章4.3.を参照）であるため，当該構文における賓語は主語の領属物であることは自明であり，ⅰ型，ⅱ型のようにさらに領属先を

明示する必要はない。また，例(95c)のような授与構文〈A＋給＋R＋P〉のプロトタイプ的意味は，「授与者（A）の領属下・コントロール下にある事物（P）を受領者（R）の領属下・コントロール下に移動させる」（第4章4.2.を参照）ことであるため，Pの領属先は自明である。例(96c)は「張三が泥棒に自転車を盗まれる」ことにより被害を蒙ったことを表すが，「盗まれる」と表現する以上，その自転車は張三のものであり，第三者の自転車であるとは考えられない（第5章5.1.を参照）。このように，構文そのものが既に領属範疇にあり，主語・賓語間の領属関係を予測させるに充分であるため，iii型が選択されるのである。

3.3.6. まとめ

以上本節では，中国語において主語・賓語間に領属関係が存在するとき，領属先である主語に照応する賓語の定語部分にどのような照応形式が用いられるかについて考察を試みた。その結果，〈身体部位〉や〈属性〉など不可譲渡性の高い領属物ほどcovertな表現形式であるiii型が選択され，〈親族関係〉，〈一般領属物〉の順に可譲渡性が高くなり，overtな形式であるⅰ型，ⅱ型が選択される傾向にあることが判明した。

また，"領主属賓句"や授与構文，領属性"被"構文において，賓語位置に可譲渡性の高い一般領属物がノーマークで現れ得る理由については，構文そのものが領属的意味を有しており，主語・賓語間の領属関係を予測させるに充分であるためであると指摘した。

3.4. 第3章のまとめ

以上第3章では，フレーズレベルにおいて現れる領属関係とその統語構造について，主に名詞二項連接表現〈NP_1＋的＋NP_2〉とその周辺に存在する表現形式を対象に考察してきた。

先ず，現代中国語ではフレーズレベルで領属関係を表現する場合，NP_2（領属物）に対しその領属先NP_1を統語的に明示する場合と，明示

せずともその領属先が自明な場合との2タイプが存在する。

領属先を統語的に明示する場合，"他的手"［彼の手］，"你的书"［あなたの本］のような名詞二項連接表現（ProdeN）では構造助詞"的"が省略できないのに対し，"我妈妈"のような親族関係を表す名詞二項連接表現（ProN）は"的"を介さずとも成立する。ProN構造が成立する根拠については，従来，ProとNが譲渡不可能な所有関係にあることが取り立てて強調されてきたが，この指摘には問題点，矛盾点が多く残されていた。本章ではこの説を否定する立場から分析し，考察の結果，ProdeN構造は単数／複数，定／不定を問わない表現形式であるのに対し，ProN構造は単数且つ特定の存在を想定した，人物確定度の高い表現形式であることが判明した。また，ProN構造におけるProが領属関係を主張するものではなく，人間関係の混同を防ぐために加えられる指別マーカーであることを指摘した。

次に，〈NP_1＋的＋NP_2〉におけるNP_1とNP_2の意味関係について，数量詞の現れる位置の相違という観点から考察した。"张三的一张照片"のようにNP_1が数量詞に前置する場合NP_1はNP_2の領属先を限定し，"一张张三的照片"のようにNP_1が数量詞に後置する場合，NP_1はNP_2の属性を描写する傾向にある。本章では，"张三的照片"［张三の写真］のようにNP_1が領属先にも属性にもなり得る場合，ここに（指）数量詞が付加されると，その現れる位置によってNP_1とNP_2の意味関係の相違が統語的にも表出され得ることを指摘した。

領属物NP_2に対しその領属先NP_1を明示するか否かについては，主語・賓語間に領属関係が存在するとき，領属先である主語に照応する賓語の定語部分にどのような照応形式が用いられるかを中心に考察した。考察の結果，〈身体部位〉や〈属性〉など不可譲渡性の高い領属物ほど領属先がマークされず，〈親族関係〉，〈一般領属物〉の順に可譲渡性が高くなるにつれ，人称代名詞，再帰代名詞が選択される傾向にあるということを指摘した。

本章3.3.5.でも触れたが，"領主属賓句"や授与構文，領属性"被"

構文のように，構文そのものが既に領属的意味を有する場合，可譲渡性の高い一般領属物でもノーマークで現れるなど，領属範疇はフレーズレベルのみならず，構文レベルにおいても表現され得る。次章では，構文レベルにおいて，領属範疇がどのように認識され，言語化されているかについて，名詞述語文，授与構文，"領主属賓句"を取り上げ考察していく。

注
1) 文の内部に含み込まれる場合はこの限りではない。例えば，以下に挙げる表現例では，構造助詞"的"を介在せずとも成立すると朱德熙 1982 は指摘している。
    ・你眼镜呢？　　　　　　［君の眼鏡は？］
    ・把他自行车骑走了。［彼の自転車を乗っていってしまった］
   以下，本節で扱う Prode N 構造は，特に明記しない限り単独での発話として論を進める。
2) 詳細は，中川 1976:53 を参照。
3) 主述述語文には，本稿で指摘したような，S と S′ が「全体−部分」の関係にあるタイプ以外にも，S（もしくは S′）が後に続く動詞の受動者であるタイプ（"那条鱼猫吃掉了。"［あの魚は猫が食べてしまった］）や，S が道具であるタイプ（"这副眼镜我看书用。"［この眼鏡は私は本を読むのに使う］）なども含まれる。詳しくは，朱德熙 1982:106-108 を参照。
4) 湯廷池 1987 は同様の根拠に基づき，親族関係の他に，ヒトと身体部位の関係や方位関係も不可譲渡所有に挙げている。
    ⅰ）太太的眼睛　　　　　　［妻の目］
    　　?太太有(一双)眼睛。
    　　太太有(一双)很美丽的眼睛。
    　　［妻はたいへん美しい目をもっている］
    ⅱ）桌子的表面　　　　　　［テーブルの表面］
    　　?桌子有表面。
    　　桌子有光滑的表面。
    　　［テーブルはピカピカの表面をもっている］
    　　　　　　　　　　　　　　　　　　　　（湯廷池 1987:208）
   またこの他にも，以下の例に挙げるように，不可譲渡所有では「等位構造

縮約変形」により"的"はしばしば削除されるが，可譲渡所有では削除することができないと指摘している。

〈不可譲渡所有〉
 a. 张三的太太很漂亮；李四(的)也是。
  [張三の妻はきれいだ；李四（の）もそうだ]
 b. 我的肚子已经很饱；你(的)呢？
  [私のお腹はもう満腹だ；君（の）はどうだい？]

〈可譲渡所有〉
 a. 张三的狗很凶；李四的也是。 [張三の犬は凶暴だ；李四のもそうだ]
 b. 我的帽子不见了；你的呢？
  [私の帽子がなくなった；君のはどうだい？]

（湯廷池 1987:209）

5) 北京語において量詞を省略できる統語的条件については，朱德熙 1982:220 を参照。

6) 例(9)に関しては，自然な表現として成立するとするインフォーマントもおり，容認度に揺れが見られる。実際，以下のような用例も散見される。
 ・<u>我朋友都说网恋不可能会有结果，可我真的好爱他。我该怎么办？</u>
〈soso 问问〉
  [私の友達は皆ネット恋愛なんて成就しないと言うけど，私は本当に彼を愛しているんです。どうしたらいいでしょうか？]

7) 「統語型」，「粘着型」という術語は，朱德熙 1982 で用いられている"组合式"，"粘合式"に相当する。朱德熙 1982 は ProN 構造も ProdeN 構造も共に"组合式"であるとみなしている。詳細は，朱德熙 1982:148 を参照。

8) 第三者とは主に非親族であるが，状況次第では親族の場合もあり得る。例えば，三世代から構成される文脈での"爸爸"[お父さん]，"妈妈"[お母さん]等は，非親族を介入しない発話においても人称代名詞の修飾を要求すると杉村 1999a は指摘している。

9) 木村 1990:43 を参照。

10) 例えば，"我们学校"[私たちの学校]は"我们"[私たち]が"学校"[学校]の属性を規定し，指別しているため，"哪个学校？"[どの学校？]のような疑問文に対する答えとして用いられる。一方，"我们的学校"[私たちの学校]のような領属関係を主張する表現形式は，領属先を明確に問う"谁的学校？"[誰の学校？]のような疑問文に対する答えとして用いられる。

11) 詳細は，相原 1976, Li & Thompson 1981, Haiman 1985, 湯廷池 1987 等を参照。

12) 尚，杉村1999a:60が指摘するように，空間関係を表す際，"*桌子的底下"ではなく，"桌子底下"［机の下］のように"桌子"［机］と"底下"［下］が直接結合する理由も同様に解釈することができる。つまり，"桌子"により"底下"が相対的に場の中に位置付け（定位）されると解釈するのである。「相対的に場の中に位置付け（定位する）」ためには常にその基準となるものが要求されるが，"我妈妈"における"我"，"桌子底下"における"桌子"——即ちProN構造におけるProがその基準となる参照点（reference point）として機能しているのである。

13) 例えば，コアサティ語（Koasati）で「私の写真」と言うとき，「私が所有している写真」はam-系列の"st-am-ahó:ba"で表現されるのに対し，「私が写っている写真」はca-系列の"st-ca-ahó:ba"で表現されるように，形態レベルにおいて可譲渡／不可譲渡の区別が表出されるという。詳細は，第1章 1.2.1. を参照。

14) 朱德熙1956, 刘月华等1983を参照。これを受けて，袁毓林1995は，あらゆる名詞性定語（本稿のNP₁）は領属性定語と属性定語に大別できると指摘している。沈阳2002は領属性定語を広義のものと狭義のものとに分類し，①"墙上的画"［壁の絵］や②"今天的报纸"［今日の新聞］，③"两个学生中的一个"［2人の学生のうちの1人］を広義の領属フレーズに分類している。また，一般に属性表現とみなされる"苹果酱"［りんごジャム］や本研究では属性表現として扱う"王朔的书"［王朔の（書いた）本］なども領属フレーズに含めている。一方，陆俭明2004は〈NP₂＋VP＋的＋是＋NP₁〉が成立するときNP₁とNP₂の間に領属関係が成立する（e.g."张三的老伴"⇒"老伴死了的是张二"）と定義しており，上述の①②を領属フレーズとはみなさず，③も排除している。

15) 属性表現は一般に"的"を介さずNP₁とNP₂が直接結合する。"孩子的脾气"［子供の性格］（領属表現）と"孩子脾气"［子供っぽい性格］（属性表現）のような対立が好例である。詳細は，第2章 2.1.2. を参照。

16) 日本語の「張三の本」も3通りの解釈が可能な多義表現である。〈NP₁＋の＋NP₂〉も中国語と同様，NP₁とNP₂が何らかの意味関係を持ってさえいれば比較的自由に成立する表現形式である。また，英語では以下に挙げるように「張三の本」に対応する表現が2通り存在するが，例(a)は「張三のことが書かれている本」の意味しかもたないのに対し，例(b)は中国語，日本語と同様，やはり3通りの意味をもち多義的である。詳しくは，西山1993を参照。

    a. the book of *Zhangsan*

b. *Zhangsan's* book

17) 特別な文脈が設定されない場合，例(27)"齐白石的画"や"王朔的小说"におけるNP₁とNP₂は通常，「作者」と「作品」という属性の読みが優先されるであろう。また，例(29)"熊猫的杯子"は，童話の中などで[パンダちゃんの（所有する）コップ]のように領属表現と解釈される可能性もある。以下は，朱德熙1980が2歳半の女の子彤彤との会話の中で実際に起こった誤解として挙げている例である。

  朱 ：这是<u>小白兔的书</u>吧？［これはうさぎさんの本でしょ？］
  彤彤：不是<u>小白兔的书</u>，是彤彤的书。
     ［うさぎさんの本じゃないよ，彤彤の本だよ］

（朱德熙 1980:82）

18) 人間のこのような能力に対し，スティーブン・ピンカー1995は次のように述べている。

  人間は文法的に正しくても場違いな選択肢に惑わされず，妥当な文構造だけに目をつける。どうして，そんなことができるのだろうか。答えは二通り考えられる。第一は，私たちの脳もコンピューターのように，いずれ捨てられるツリーの断片を何十も抱え込んでおり，妥当でないものは意識に上るまえに消えている，という解釈である。第二は，人間はコンピューターと違って，分岐点ごとにいわば賭けをするという解釈である。もっともありそうなツリー構造を選び，駄目だとわかるまでは，それ一本で押していく。コンピューター科学者は第一の解釈を「横幅優先検索」，第二の解釈を「深度優先検索」と呼ぶ。

（スティーブン・ピンカー1995:284）

19) 描写性定語には様々なものが挙げられるが，大小・色彩・形状といった外的属性と材質・機能といった内的属性とに大別することができ，内的属性の方がより中心語に近い位置に置かれる。より本質的な属性が中心語に近接し，外見的な属性，数量，時間・空間・所有者のような限定性定語の順に中心語から離れた位置に置かれる。

 ・他的那件大号黑色羊皮 外套
  ［彼のそのLサイズの黒の羊皮のジャケット］

多項定語の語順に関しては，刘月华等1983に詳細な記述がある。

20) "这本鲁迅的书"が成立する傍ら，"鲁迅的这本书"［魯迅の（書いた）この本］も成立する。両表現形式の使用分布とそれぞれの意味特徴については**3.2.5.**で詳述する。

21) 学生（中級中国語学習者）に必要な語彙群を提示した上で，「青年のその目は鋭く，まるで（1対の）警察の目のようであった」を並べ替え作文してもらったところ，大多数が ``?? 青年的那双眼睛炯炯有神，简直就像警察的一双眼睛。'' と回答した。「警察の目」を領属表現と捉えたために起こるエラーであると考えられる。

22) 一般に，時間詞や場所詞などは限定性定語としての機能が強いが，NP_2 に対する属性として描写される場合，やはり数量詞の後ろに置かれる。
    a. 我错买了一本<u>上个月</u>的《青年文摘》。
        ［私は間違えて先月号の《青年文摘》を買ってしまった］
    b. 一个<u>乡下</u>的土气男孩进城就变成了时髦小伙。
        ［(1人の) 田舎のダサい男の子が，上京してすっかりお洒落になってしまった］

23) 状態形容詞と数量詞の語順に関しても，同様の現象が見られることが古川1994, 原1997等で指摘されている。状態形容詞（Z）が名詞（M）を修飾する場合，Zの意味機能はMに対して属性描写することにあるため，数量詞（SL）に後置する〈SL＋Z＋M〉型が一般的（無標）語順である。しかし一方で，ZがSLの前に置かれる〈SL＋Z＋M〉型もやはり存在する。古川1994はこのような〈SL＋Z＋M〉型の語用論的特徴を「ねじれ」にあると述べている。「ねじれ」とは，文の展開がZと相反する予想外の事態に結びつく状態を指し，〈SL＋Z＋M〉型は以下に挙げるような逆説的なネジれた文展開を表現するために専ら使われる形式であると指摘している。
    ・<u>厚厚</u>的一本书，半个小时就看完了。　　　　　　（古川1994）
        ［分厚い本1冊を（たったの）半時間で読み終えた］
        cf）桌子上有一本<u>厚厚</u>的书。　　　　　　　　　　（古川1994）
        ［机の上に分厚い本が1冊ある］
    これを本節の視点に即して言えば，Z "厚厚" を限定性定語の位置に引き上げることにより，単にM "书"（本節で言う NP_2）を具体化する属性描写に留まらず，その属性ZによってMを「(他でもなくこんなに) 分厚い本1冊を半時間で」のように対比限定的に捉えていることが読み取れる。

24) 例(59)は自分の頭ではなく，第3者の頭を叩いたのであれば，"<u>他</u>ᵢ拍了一下<u>他</u>ⱼ的头，说了一句：'啊，想起来了！'" ［<u>彼</u>ᵢは<u>彼</u>ⱼの頭を叩いて言った。「あぁ，思い出した！」］は問題なく成立する。詳細は，**3.3.4.1.** の例(81)，例(82)で後述する。

25) 本節で扱う再帰代名詞は単独で用いられる "自己" のみに限定し，人称代名詞と結びついた "我自己／你自己／他自己" ［私自身／あなた自身／彼

自身] の形式は考察の対象外とする。
26) 例文中の i (index) は，示される二つの事物（本節では主にヒト）が同一のものを指すことを示す。
27) もちろん文脈支持があれば領属先をマークしなくても構わない。ここでは，積極的にその領属先を明示し得ないという意味で原文とはニュアンスが異なるため，不完全な表現［#］とした。例(70)も同様である。
28) 例(65)，例(66)のように，特に賓語が主語の身体部位の場合，i 型が用いられることはないと指摘されているが，検索の結果，以下のような用例が見つかった。様態描写性の高い表現であり，語り手の視点から描写されているのが分かる。

・他被问住了，耸耸肩膀，回到盥洗室去继续刷他的牙，心里恐怕对我更不以为然。　　　　　　　　　　　　　　　　　　　　　　〈阿难〉
［彼は返答に窮すると，肩をすくめ，洗面所に戻り引き続き彼の歯を磨いた。恐らく心の中では私に対し納得できなかったのだろう］

29) 守屋 1980 は，人称代名詞と再帰代名詞の使用分布を分析し，再帰代名詞のみが生起する統語的条件として以下の3つの条件を挙げている。
　（ⅰ）再帰代名詞が主文の目的語である。
　　　e.g. 他$_i$暗暗地埋怨起自己$_i$(*他$_i$)来……
　（ⅱ）再帰代名詞が所有格限定語として主文の目的語である身体名称名詞，感情名詞を修飾している。
　　　e.g. 张老大$_i$忽然拍着自己$_i$(*他$_i$)的脑袋道：
　（ⅲ）補文の中で，再帰代名詞が3人称の人物である主文の主語を指示しない代名詞"他"と対比して用いられている。
　　　e.g. 经济委员$_i$……也想借给他的话证明自己$_i$(*他$_i$)的话是对的，就向他道：

　　　　　　　　　　　　　　　　　　　（守屋 1980:195 より一部改）

本節の関心はもっぱら（ⅱ）にあるが，所有格限定語として主文の目的語である身体名称名詞，感情名詞を修飾している場合，なぜ再帰代名詞のみが生起するのか，その理由については述べられていない。沢田 1976 にも「感情，情緒を表す名詞，あるいは身体部分を表す名詞を修飾する場合には，もっぱら"自己"を用いる習慣が成立しているように見受けられる」(pp.125-126) と指摘されている。

30) 例(95a)については，インフォーマントチェックを行った際，"??张三给了李四他的毛衣。"を「成立する」と判断した者もいた。また，"把"構文（"张三把他的毛衣给了李四。"）で表現する方がより自然であると指摘を受けた。

この問題に関しては，第 4 章 4.2.3. で詳述する。
31) "領主属宾句"とは，主語と賓語の間に領属関係が存在し，且つ述語動詞（形容詞を含む）と主語が直接的な意味関係をもたない構文を指す。詳細は，郭継懋 2000，徐杰 2001 を参照。
32) それぞれの構文における詳細な考察は，第 4 章，第 5 章で述べる。

第4章
構文レベルにおける領属構造

4.0. はじめに

　現代中国語における従来の領属研究では，もっぱら名詞二項連接表現〈NP₁＋的＋NP₂〉を取り上げ，NP₁とNP₂の意味分析が中心に行われるなど，フレーズレベルでの考察がその大半を占めている（第2章2.1.1.を参照）。しかし，第3章3.3.5.でも触れたように，"領主属賓句"や授与構文，領属性"被"構文は，構文そのものが領属的意味を有しているため，特殊な統語的振る舞いをするなど，領属範疇はフレーズレベルのみならず構文レベルにおいても反映されている。

　現代中国語では，構文レベルにおいて領属範疇がどのように認識され，言語化されているのだろうか。第4章では，名詞述語文，授与構文，"領主属賓句"の3つの構文を取り上げ，構文中に現れる領属関係とその統語構造について考察していく。

　所謂「名詞述語文」が成立する要因については，従来，様々な角度から分析されているが，名詞述語文が有する根本的な表現意図や，当該構文が成立する統語的・意味的制約についての包括的な考察はそれほどなされていない。4.1.では，名詞述語文が成立する背景にどのような統語的メカニズムが存在し，当該構文がどのような表現意図を有しているかについて，名詞述語文の主語・述語間に存在する領属関係に着目し，領属物の譲渡可能性という観点から考察を試みる。

　また，二重目的語を伴う授与構文については，従来，〈事物（Patient）の授与者（Agent）から受領者（Recipient）への移動〉がその中心的意

味とされてきたが，これを事物の領属領域という視点から眺めると，授与者（A）の領属下・コントロール下にある事物（P）が受領者（R）の領属下・コントロール下に移動すると捉えることができる。4.2. では，特に譲渡動詞"给"を用いた二重目的語構文を取り上げ，"给"の意味機能とPの領属領域について考察する。

さらに，現代中国語には"张三死了一个儿子。"［張三は息子に死なれた］のような，"領主属賓句"と呼ばれる構文があるが，これは主語と賓語の間に領属関係が存在し，且つ述語動詞（形容詞を含む）と主語が直接的な意味関係をもたない構文であるとされている。しかし，主語・賓語間に領属関係が存在すれば任意に成立するわけではない。4.3. では，"領主属賓句"の意味機能と構文成立に関与する領属関係について，領属の依存性と領属に対する発話者認知の観点から考察を試みる。

4.1. 名詞述語文が成立する背景

4.1.1. 本節の視点

所謂「名詞述語文」が成立する要因については，従来，述語名詞が①主語に対し密接不可分な一部分を表す名詞である場合［例(1)］や，②数量詞及び数量詞構造（数詞＋量詞＋名詞）の場合［例(2)］，③日付，曜日，季節，天候など巡回性のある名詞である場合［例(3)］など様々な角度から指摘されている（朱德熙 1982，马庆株 1998，陆俭明 2003 等を参照）。

(1) a. 她英国人。　　　　　［彼女はイギリス人だ］
  b. 这孩子大眼睛。　　　［この子は大きな目だ］
  c. 这双鞋塑料底儿。　　［この靴はプラスチック底だ］
  d. 张三厚脸皮。　　　　［張三は面の皮が厚い］
(2) a. 他二十岁。　　　　　［彼は20歳だ］

b. 每人两本。　　　　［各自 2 冊］
　　　c. 你们几个人？　　　［あなたたちは何人ですか？］
　　　d. 体温三十八度了。　［体温が 38 度になった］
　（3）a. 昨天阴天。　　　　［昨日は曇りだ］
　　　b. 现在已经秋天了。　［今はもう秋だ］
　　　c. 明天星期六。　　　［明日は土曜日だ］
　　　d. 今天中秋。　　　　［今日は中秋だ］

　しかし，これらの指摘は個別的事例に対して分析するに留まっており，名詞述語文が有する根本的な表現意図や，当該構文が成立する統語的・意味的制約についての包括的な考察はそれほどなされていない。
　また教学面においても，次の例(4)に挙げるような名詞述語文は例(5)"是"字句の省略形式——換言すれば，名詞述語文の成立背景には"是"字句が前提として存在するといった説明がなされていたり，単に口語性の強い表現形式であるといった記述が目立ち，学習者の誤解を招きかねない。このような説明が妥当性を欠いているのは，例(6)の名詞述語文が成立するのに対し，例(6′)が"是"の挿入を拒否し非文となることからも明らかである。

（4）　　这个人圆脸。　　　　［この人は丸顔だ］
（5）　　这个人是圆脸。　　　［この人は丸顔だ］
（6）　　这个人圆圆的脸。　　［この人はまん丸な顔だ］
（6′）＊这个人是圆圆的脸。

　統語構造が異なる以上，例(4)，例(5)，例(6)が全く同一の意味機能を有しているとは考えられず，それぞれに何らかの表現的特質が見出されるはずである。本節では，名詞述語文が成立する背景にどのような統語的メカニズムが存在し，当該構文がどのような表現意図を有しているかについて，名詞述語文の主語・述語間に存在する領属関係に着目し，

領属物の譲渡可能性という観点から考察を試みる。

4.1.2. "是"字句と名詞述語文

4.1.2.1. "是"字句における「属性規定」と「対象指定」

「メアリーは金髪だ」の類を記述の便宜上「AはBだ」とするとき,名詞述語文は〈AB〉, "是"字句は〈A是B〉と記述することができる。ここでAとBの意味関係に着目すると, "是"字句は「属性規定」と「対象指定」の二つのタイプに大別することができる。例えば,次の例(7),例(9)はA("张三", "玛莉")が表す主体に対して,その属性(帰属／性質／状態)の側面から判断,説明を行うのに対し,例(8),例(10)はA("我的老师", "金发的")とB("张三", "玛莉")をそれぞれ「同一関係」で結びつけ,BによりAを指定,限定している。

(7) 张三是我的老师。　　〈属性規定〉
　　 [張三は私の先生だ]

(8) 我的老师是张三。　　〈対象指定〉
　　 [私の先生は張三だ]

(9) 玛莉是金发。　　〈属性規定〉
　　 [メアリーは金髪だ]

(10) 金发的是玛莉。　　〈対象指定〉
　　 [金髪なのはメアリーだ]

本節では,前者を「属性規定」[1],後者を「対象指定」と称す。このように, "是"字句が担う意味特徴は上の2つのタイプに大別されるが,名詞述語文には「対象指定」機能はなく,専ら「属性規定」をその意味機能とする。従って,以下のような例では必ず"是"字句を用いる。

(11) 戴眼镜的人是我弟弟。　　[眼鏡を掛けているのは私の弟だ]
　　 ⇒*戴眼镜的人我弟弟。

(12)　人类的祖先是猴子。　　［人類の祖先は猿だ］
　　⇒*人类的祖先猴子。

　一般に，「対象指定」の意味機能を有する述語名詞（B）は主語（A）が表す対象に対する限定性が強く，排他的要素を含んでいる[2]。一方，「属性規定」は，主語（A）が表す対象の帰属，性状，特徴，状態などについて何らかの説明（B）を行うものであるが，「属性規定」であれば全て名詞述語文が成立するわけではない。

(7′)　*张三我的老师。
(9′)　玛莉(一头)金发。　［メアリーは金髪だ］

例(7′)，例(9′)は「属性規定」機能をもつ例(7)，例(9)から"是"を落としたものであるが，例(9′)は名詞述語文として問題なく成立するのに対し，例(7′)は非文となる。このような差異は何に起因しているのであろうか。以下では，"是"字句との比較を通じ，名詞述語文特有の統語的・意味的特徴を考察する。

4.1.2.2. 名詞述語文の統語的・意味的特徴

　先ず，例(13)と例(14)を比較してみよう。それぞれaは"是"字句，bは名詞述語文である。

(13)a.　他是广东人。　　　　［彼は広東人だ］
　　b.　他广东人。　　　　　［彼は広東人だ］
(14)a.　他(就)是那个广东人。　［彼があの（例の）広東人だ］
　　b.　*他那个广东人。

　"是"字句の場合，述語名詞（B）が"广东人"［広東人］であろうと"那个广东人"［あの広東人］であろうと，共に成立するのに対し，名詞述語

文では，述語名詞（B）が特定の存在を表す場合，例(14b)のように非文になる。例(13b)における"广东人"は類別を表す総称名詞としてAを「属性規定」するため成立するが，例(14b)における"那个广东人"は指示代名詞により個別化された特定の存在であるため，表現全体が「対象指定」機能に傾き，非文となってしまうのである。また，次の例(15b)のように主語（A）が不定の総称名詞である場合，かなり不自然な表現となる。このような「類型の説明・判断」はやはり例(15a)のように"是"字句によって表現されるのである。

(15) a. 鯨鱼是哺乳动物。　［鯨は哺乳動物だ］
　　 b.^{??}鯨鱼哺乳动物。

以上の考察をまとめると，名詞述語文の意味的特徴としては以下の2点が挙げられる。

〈表1〉　名詞述語文の意味特徴：
① 名詞述語文における述語名詞（B）は，類（class）を表す総称的な名詞であり，主語（A）の属性（帰属／性質／状態）を類別する。
② 名詞述語文における主語（A）は，個別的な存在でなければならない。

次に，以下に挙げる例文をそれぞれ表現論的観点から比較してみよう。

(16) a. 那姑娘是蓝眼睛。　［その娘は青い目だ］
　　 b. 那姑娘蓝眼睛。　　［その娘は青い目だ］

例(16a)は判断詞"是"を用いることから，「黒い目ではなく，青い目だ」

といった類 (class) の指別・限定的意味合いが強い。インフォーマントの語感によれば，"那姑娘是蓝眼睛。"だけでも充分文として成立するが，表現の背景にはやはり"那姑娘是蓝眼睛，这姑娘是黑眼睛。"［その娘は青い目で，この娘は黒い目だ］といった対比のニュアンスが読み取れるという。一方，例(16b)は「その娘がどのようであるか」というA自身の性状について，Aの身体部位である「目」の属性（色や形，大きさなど）に言及することにより類別描写したものであり，例(16b)の後ろにまだ文が続くとすれば，"那姑娘蓝眼睛，黄头发，樱桃嘴，简直像洋娃娃。"［その娘は青い目に金髪で，おちょぼ口，まるでお人形のようだ］のように専ら主語（A）に対する性状描写が続くと考えられる。

　木村1996や刘月华等2001は名詞述語文には否定形式が存在しないこと，即ち"*他不北京人。"は非文であり，"他不是北京人。"［彼は北京人ではない］のように動詞述語文を用いなければならないことを指摘しているが，名詞述語文がもつこのような描写性を考えれば説明がつく。つまり，名詞述語文に否定文が存在しないという言語事実は，次の例(17)のようなヴィヴィッドな描写を専らその意味機能とする状態形容詞が否定形式をとらないということと相通じる。目の前の事物（ヒト／モノ／デキゴト）をあるがまま描写することと否定は表現上相容れないのである。

(17)　他心里空空洞洞的（*不空空洞洞的），什么也不怕。　《儿女们》
　　　［彼の心の中は空っぽで，恐いものは何もなかった］

従って，名詞述語文が表す描写内容について反駁したり弁解したりする場合は，従来から指摘があるように，"是"字句を用いることになる。しかし，"是"字句で表現する以上，それは主語（A）に対する性状描写ではなく，限定性，指別性の強い判断文となる。

(18)　甲：那姑娘黑眼睛吧？

乙：她<u>不是黒眼睛</u>，<u>是藍眼睛</u>。
［甲：その娘は黒い目でしょ？
乙：黒い目じゃないよ，青い目だよ］

4.1.3. 名詞述語文の意味論的・表現論的特質

4.1.3.1. 述語名詞のタイプ

次に，名詞述語文における述語名詞（B）の統語的・意味的特徴について考察していく。前節では，名詞述語文における述語名詞（B）は，類（class）を表す総称的な名詞であり，主語（A）の属性（帰属／性質／状態）を類別する，と指摘したが，主語（A）の属性とは具体的にどのようなものを指すのであろうか。先ずは，述語名詞の語構成に着目してみよう。

朱德熙 1982:102-103 は名詞述語文において，名詞性偏正構造が述語になる場合，以下の2つのタイプに大別しており，（ⅰ）タイプは"是"を加えて動詞性述語にすることが可能であるが，（ⅱ）タイプではそれができないことを指摘している。

（ⅰ） 名詞或いは性質形容詞が"的"を伴わずに直接連体修飾語になる場合
（ⅱ） 状態形容詞が連体修飾語になる場合

以下に挙げる例(19)，例(20)は（ⅰ）のタイプ，例(21)は（ⅱ）のタイプである。

(19) 这双鞋<u>塑料底儿</u>。　　　　　　　　〈名詞＋名詞〉
　　　［この靴はプラスチック底だ］

　　　这件大衣<u>皮领子</u>。　　　　　　　　〈名詞＋名詞〉
　　　［このオーバーは皮の襟だ］

(20) 他<u>圆脸</u>，<u>大眼睛</u>，<u>黑皮肤</u>，个子不太高。　〈性質形容詞＋名詞〉
　　　［彼は丸顔で大きな目をしており，色黒で，背はあまり高くない］

(21)　彬彬长长的眉，大大的眼睛，高高的鼻子，小小的嘴。

〈状態形容詞＋名詞〉

［彬彬はほっそりとした眉に，パッチリとした目，高い鼻で，ちっちゃな口をしている］

　この指摘は，裏を返せば，名詞述語文において名詞が単独で述語になることは極めて稀であることを示唆している[3]。しかし，なぜ裸の名詞では述語になれないのか，なぜ（ⅱ）タイプは"是"を加えて動詞性述語文にすることができないのかについては言及されていない。また，上述のような語構成からなる名詞句であれば，名詞述語文が任意に成立するかといえばそうでもない。朱徳熙 1982 は名詞述語文における主語（A）と述語（B）間の意味的制約について，"名词性偏正结构做谓语，中心语所指事物必须是主语所指的人或事物不可分离的一部分。"（p.103）［名詞性偏正構造が述語になる場合，修飾構造の中心語が指し示す事物は必ず主語の表すヒトや事物と分離不可能なものでなければならない］と指摘しているが，具体的にどのような関係を以て分離不可能とするかについては触れていない。確かに，例(19)，例(20)，例(21)に挙げるような例は，主語と述語になる名詞句の中心語との関係が「全体－部分」の関係にあり，分離不可能であることは容易に推測できる。しかし，以下に挙げるような例(22)，例(23)を比較した場合，主語"他"にとって"中国人"が分離不可能で，"中国留学生"が分離不可能ではないという事実に対しても納得のいく説明が与えられるべきである。

(22)　他中国人。　　　［彼は中国人だ］
(23)　??他中国留学生。

4.1.3.2.　名詞述語文における「分類」と「存在描写」

　小野 2002 は名詞述語文を成立させる意味論的概念として，「分類」と「存在描写」という柱を立て，これこそが名詞述語文の最も根本的な表

現的特質であるという興味深い指摘をしている。以下に挙げる例 (24), 例 (25) は小野 2002 からの引用である (体裁, 日本語訳は引用者による)。

(24) 分類
　　　原　籍：他北京人。　　　[彼は北京人だ]
　　　　　　　我英国人。　　　[彼はイギリス人だ]
　　　　　　　他东北口音。　　[彼は東北訛りだ]
　　　所　属：我北大东语系(的)。
　　　　　　　[私は北京大学東方言語学部の者だ]
　　　　　　　他文化部的, 搞创造的。
　　　　　　　[彼は文化部の者で, 創作をしている人だ]
　　　時系列：现在四点。　　　[今 4 時だ]
　　　　　　　今天 23 号。　　 [今日は 23 日だ]
　　　　　　　明天星期二。　　[明日は火曜日だ]
　　　天　候：今天晴天。　　　[今日は晴天だ]
　　　　　　　刚才还晴天呢, 现在又阴天了。
　　　　　　　[さっきまで晴れていたのに, また曇った]
　　　属　性：这孩子坏脾气。　[この子はかんしゃく持ちだ]
　　　　　　　张大哥急性子。　[張兄貴はせっかちだ]
　　　　　　　四川好地方。　　[四川は良い所だ]
　　　　　　　　　　　　　　　　　　　　　(小野 2002:84-85)
(25) 存在描写
　　　デキゴト：昨天夜里大风暴。　[昨晩は暴風雨だった]
　　　　　　　　他肺炎。　　　　　[彼は肺炎だ]
　　　解　説[4]：我从上海来的。　　[私は上海から来たのだ]
　　　　　　　　他九点到的。　　　[彼は 9 時に着いたのだ]
　　　様　態：这孩子圆圆的脸, 大大的眼睛。
　　　　　　　[この子はまん丸の顔で, パッチリした目だ]
　　　　　　　这个人挺高的个子。　[この人はのっぽだ]

年　　齢：他二十岁。　　　　　［彼は 20 歳だ］
　　　　　他已经二十岁了。　　［彼はもう 20 歳になった］
存在事物：房顶一个老鸹。　　　［屋根の上に一羽のカラス］
　　　　　窗前一片月光。　　　［窓の前に一面の月明かり］
所　有　物：我们两个男孩儿，一个女儿。
　　　　　［私たちは息子 2 人と娘 1 人だ］
数　　量：一人一本。　　　　［1 人 1 冊］
　　　　　一本十五块。　　　［1 冊 15 元］
　　　　　一年三百六十五天。［1 年は 365 日だ］

〈小野 2002:84-85）

　先ず，例(24)の「分類」について見てみよう。このタイプはそれぞれの述語名詞（B）において，例えば〈原籍〉の"北京人"について言えば"上海人／广东人／湖北人……"［上海人／広東人／湖北人…］を，〈時系列〉の"星期二"について言えば"星期一／星期三／星期四……"［月曜日／水曜日／木曜日…］を想定できるように，類（class）が構成するであろう「対比項」を容易に想定することができることが特徴である。さらに，小野 2002 はこの「分類」の基準について「ヒトや事物の"存在"に対して，本来的，生得的に関わりのある内包的標識」（p.82）でなければならないことを指摘しているが，これはつまり，主語（A）が本来的に他と区別し得るであろうと考えられる属性（B）について，どれに属するのか類別することが，名詞述語文の構文的意味であるということを示唆している。従って，例(22)で挙げた"中国人"は，ヒトがこの世に存在する以上，必ず備わっている〈原籍〉という属性であるため成立するが，例(23)の"中国留学生"は"韩国留学生／日本留学生…"のように対比項を想定することはできるものの，それが生得的な属性ではないため，非文となるのである。次の例(26)，例(27)も同様に解釈することができる。

(26) 这个人黄头发。　［この人は金髪だ］
(27) *这个人黄裤子。

(朱德熙 1982:103)

しかし，小野 2002 も指摘するように，「本来的に」とは生得的・先天的にAが備え持つ属性の他に，文脈内で既にAに備わっていると想定されうる属性や，「他」が意識されるような対比的な文脈においては，「分類」の基準に対する制限が多少緩和されるという。対比という形式をとることにより，述語名詞（B）が表す属性が「既にAに備わっていると想定される属性」として限定的に設定され，それが主語（A）にとってより本質的な属性であると理解されるためであると考えられる。

(28) 他中国留学生，她日本留学生。
　　　［彼は中国人留学生で，彼女は日本人留学生だ］
(29) 这个人黄裤子，那个人蓝裤子。
　　　［この人は黄色いズボンで，あの人は青いズボンだ］

つまり，例(28)において主語（A）は「留学生である」という属性が前提として設定され，その上で「どこ出身の留学生であるか」について分類する，という文脈においては比較的許容されるのである。

例(25)の「存在描写」については，眼前にある，或いは話題に上がっている主語（A）の属性の，主に数量的特質や個別的な性状について描写することを専らその意味機能としている。例えば，"他高个子。"［彼は高い背丈だ］といった場合，"他" が先天的に有する属性 "个子" に対して［高／矮］という対比項の中から類別し，描写しているのに対し，次の例(30)は状態形容詞 "高高的" により，"他" のあり様を描写しており，例(31)に至っては，数量的側面からより具体的に描写している。例(30)，例(31)共に，対比項を想定することもなければ，類別とも無関係である。

(30)　他高高的个子。　［彼はのっぽだ］
(31)　他身高一米七五，体重八十多公斤。
　　　　［彼は身長 175 センチ，体重 80 キロ強だ］

　現代中国語において，性質形容詞は事物の類概念や恒久的属性を表す静的な形容詞であり，一方，状態形容詞は暫時的変化に対し，ヴィヴィッドに描写する動的な形容詞である[5]。このことを考慮に入れれば，名詞述語文において，述語名詞（B）が対比項を想定し得，〈名詞／性質形容詞＋名詞〉の語構成をとるものは「分類」を表し，〈状態形容詞／量概念を伴う語＋名詞〉の語構成をとり，眼前にある（或いは話題に上がっている）主語（A）の属性をヴィヴィッドに描写するものは「存在描写」を表すという小野 2002 の指摘は統語的にも意味的にも関連性をもった極めて妥当なものであると言える。

4.1.4.　名詞述語文における領属関係

4.1.4.1.　名詞述語文における主語・述語間の意味関係

　小野 2002 は，例(25)の〈所有物〉のパターンに該当する"我们两个男孩儿，一个女儿。"は AB 間の親族関係を数と性別で表しており，広義の所有関係 ── 本節で言う領属関係と捉えているが，例(32)のような例もこの枠に含まれるだろう。

(32)　我两个哥哥，一个姐姐。
　　　　［私は兄が 2 人で，姉が 1 人（いる）］

また，次の例(33)は「分類」の例であるが，"他"と"脸／眼睛／皮肤"［顔／目／肌］の意味関係に着目すれば，述語（B）は主語（A）が表すヒトが普遍的に所有する身体の一部であり，一種の〈所有物〉と捉えることができる。同様に例(34)における"性子"［性分］は"张三／李四"の「性格」であり，これも〈所有物〉と捉えることができそうである。

(33) 他圆脸，大眼睛，黒皮肤。
　　　［彼は丸顔に大きな目で，色黒だ］
(34) 张三慢性子，李四急性子。
　　　［張三はのんびり屋で，李四はせっかちだ］

このように，名詞述語文における主語（A）と述語（B）の間には領属関係を見出すことができるが，主語・述語間に領属関係が存在すれば，任意に名詞述語文が成立するわけではない。例(35)のように，たとえ"苹果"［リンゴ］が"我"の〈所有物〉であっても不自然な表現となってしまう。

(35) ??我两个苹果。

然らば，如何なる領属関係が名詞述語文の成立に関与しているのであろうか。本節では，以下のような仮説を立ててみる。

〈仮説〉
　　領属先（A）にとって先天的・生得的に存在すると想起される領属物（B）が類別・描写の対象となる。従って，名詞述語文は領属主（A）が先天的（a priori）に有していると考えられる密接不可分な領属物（B）がどのような属性を兼ね備えているかを類別し，描写する構文である。

第2章2.2.における領属の下位分類に拠れば，領属先と密接不可分な領属物には，以下の3タイプが挙げられる。これら名詞群は，自らの存在が他者との関係（参照点）によってのみ規定され得る名詞であり，依存性名詞もしくは不可譲渡名詞（IAN）と呼ばれている。

〈表2〉 不可譲渡名詞（IAN）：
① 全体－部分：（身体部位）手，足，髪，尻尾，目，頭　など
② 本体－属性：性質，特徴，感情，意識，形状　など
③ 相互依存：（親族関係）夫，妻，父，母，子，兄弟姉妹　など

(第3章 3.3.3.1.〈表2〉を再掲)

〈表2〉に挙げるような，領属物が領属先の存在を前提とし，互いに規定し合う密接不可分な領属物は，例えば「本」や「カバン」のような任意的（optional）な領属物とは統語的にも意味的にも区別される。

以下では，小野2002の「分類」と「存在描写」の概念を援用しながら，第2章における領属関係の下位類——全体－部分関係，本体－属性関係，相互依存関係，任意的領属関係の4タイプが，実際に名詞述語文の成立にどのように関与しているかについて，それぞれ個別的に考察し，上記仮説の妥当性を検証していく。

4.1.4.2.　全体－部分

先ず，領属先（A）と領属物（B）の意味関係が「全体－部分」の関係にある場合を考察していく。全体－部分関係において，領属先（A）が有情物（主にヒトや動物）である場合，その領属物（B）には身体部位を表す部分名詞が挙げられる。身体部位が人間や動物に先天的に所有されていることは，以下の例(36)，例(37)が非文であると判断されることからも窺い知れる。陳述が情報価値を有するのは二者択一の状況になる時のみ[6]であり，先天的に領有しているものに対して，わざわざ描写することは何ら情報価値を有さない。名詞述語文において名詞が単独で述語になることは極めて稀であり，名詞，形容詞による修飾成分を伴う理由はここにある。

(36) ＊这孩子眼睛。
　　　⇒这孩子｛蓝／黑／大／小｝眼睛。
　　　　［この子は｛青い／黒い／大きい／小さい｝目だ］
(37) ＊这双鞋底儿。
　　　⇒这双鞋｛塑料／橡胶｝底儿。
　　　　［この靴は｛プラスチック／ゴム｝底だ］

以下に挙げる例(38)，例(39)，例(40)において，述語（B）を構成する中心語"地"［床］，"脸／眼睛／皮肤"［顔／目／肌］，"脸／腮"［顔／頬］は主語（A）"这间屋子"，"他"，"那小姑娘"の身体部位，もしくは全体の一部分であり，中心語（領属物）の存在は主語（領属先）にとって生得的に備わっているものであると理解される。だからこそ，例(38)では名詞"洋灰"［セメント］，例(39)では性質形容詞"圆／大／黑"［丸い／大きい／黒い］，例(40)では状態形容詞"扁扁的／红红的"［のっぺりとした／真っ赤な］による修飾成分を中心語（領属物）が伴い，述語全体で主語（領属先）を類別・描写するのである。

(38) 这间屋子洋灰地。　　　　　　　　　　　〈材質・分類〉
　　　［この部屋はセメント床だ］
(39) 他圆脸，大眼睛，黑皮肤，个子不太高。　〈身体部位・分類〉
　　　［彼は丸顔で大きな目をしており，色黒で，背はあまり高くない］
(40) 那小姑娘，看样子不过十六七岁，扁扁的脸，红红的腮，身体不高。　　　　　　　　　　　　　　　　　　　　　〈身体部位・描写〉
　　　［その娘は見たところせいぜい16,7歳で，のっぺりとした顔に，真っ赤な頬で，背は高くない］

また，小野2002は，性質形容詞が"的"を介さず直接名詞を修飾する場合，往々にして名詞句全体で一つの充足した意味を表し，一つの属性表現になると指摘している。例(41)における"厚脸皮"は「厚い面の皮」

という文字通りの意味ではなく,「厚かましい」という意味であり,例(42)における"大舌头"は「大きな舌」ではなく「呂律が回らない」という意味である。

(41) 他厚脸皮。　　[彼は面の皮が厚い]
(42) 这个人大舌头。　[この人は呂律が回らない]

このように,〈性質形容詞＋名詞〉はときに文字通り表す意味以上の意味——隠喩的意味（metaphorical meaning）を表し,それ自身が独立した類概念になり得るのである。

4.1.4.3. 本体－属性

次の例(43)における領属物［記憶力］が領属先［ヒト］に普遍的に備わっているように,本体－属性関係では,性質や特徴などある事物（本体）が生得的に兼ね備えている側面を指すため,全体－部分関係同様,名詞が単独で述語になることは極めて稀であり,名詞,形容詞による修飾成分を伴う。

(43) *张三记性。
　　⇒张三好记性。　[張三は素晴らしい記憶力だ]

以下の例文における述語（領属物）はすべて,主語（領属先）が生得的に兼ね備える性質や特徴を表しており,それにより主語を類別・描写している。

(44) 这个人高个子。　　〈性状・分類〉
　　 [この人は高い背丈だ]
(45) 这个人{高高／挺高}的个子。　〈性状・描写〉
　　 [この人はのっぽだ]

(46) 他北京人。　　　　　　　　　　〈原籍・分類〉
　　　[彼は北京人だ]

(47) 今天｛11号／星期二／晴天｝。　〈日付／曜日／天候・分類〉
　　　[今日は｛11日／火曜日／晴れ｝だ]

(48) 我今年30岁。　　　　　　　　　〈年齢・描写〉
　　　[私は今年30歳だ]

本体に対する側面的特質には様々な領属物が想定される。例えば、例(44)、例(45)では"个子"[背丈]の側面から領属先"这个人"を類別・描写しており、例(46)では、ヒトが存在する以上、普遍的に兼ね備えているであろう〈原籍〉の側面から、領属先"他"を分類している。また、例(47)では、"今天"が領属先として提示されているが、後続する述語"11号／星期二／晴天"は「日」というものが本来的に兼ね備える属性として分類基準となり得る。例(48)のような〈年齢〉もヒトが存在すると同時に自動的に付与される属性であると考えられる。

4.1.4.4. 人間関係

第2章2.2.で下位分類した相互依存関係とは、互いが互いの存在なくしてはありえない2つの事物の間に成り立つ関係であり、自らの存在が他者との関係によってのみ規定され得るような関係を指す。以下に挙げる例(49)〜例(52)は、主語（領属先）と述語（領属物）が相互依存している、ある種の人間関係を表している。

(49) 我们两个儿子，一个女儿。　　　〈親子・描写〉
　　　[私たちは息子2人と娘1人だ]

(50) 他三个老婆，我两个。　　　　　〈夫妻・描写〉
　　　[彼は奥さん3人で、私は2人だ]

(51) 李师傅30个徒弟。　　　　　　　〈師弟・描写〉
　　　[李師匠は弟子30人だ]

（52）??张三两个亲朋好友。　　　　　　〈友人・描写〉

　このタイプは所有動詞"有"を補って動詞述語文にすることもできることから，極めて領属性の高い関係である。主語・述語間の領属関係が［親－子］，［夫－妻］，［師匠－弟子］のようなお互いの存在を前提として規定される人間関係の場合成立するが，上述の全体－部分関係（4.1.4.2.）や本体－属性関係（4.1.4.3.）と決定的に異なるのは，述語（領属物）を以て主語（領属先）を分類できないことである。つまり，密接不可分な部分や性質は領属先を類別する基準となり得るが，このタイプは専ら領属先が領属物とどのような人間関係にあるか，その領属物がいくつ存在するかを描写するのみである。

4.1.4.5. その他の領属関係

　領属物には以上の3タイプ以外にも，所謂任意的（optional）な一般領物属がある。これらは名詞述語文の成立に関与しているのであろうか。以下の例を見てみよう。

（53）??这个人蓝球鞋。
（54）??这间屋子新沙发。

　文脈を考慮しない場合，例(53)"??这个人蓝球鞋。"とすると，たとえ"这个人"と"球鞋"の間に領属関係が存在したとしても不自然な表現となる。これは，領属物"球鞋"が領属先"这个人"にとって本来的，生得的な存在ではなく，偶有的な領属物であるためである。これは，例(45)"这个人挺高的个子。"と比較しても明らかである。例(54)も同様に解釈することができる。
　しかし前述したように，これらは文脈支持や対比形式をとることで比較的許容度が高まる。

(53′) 这个人蓝球鞋，那个人白球鞋。
　　　[この人は青い運動靴で，あの人は白い運動靴だ]

(54′) 这间屋子新沙发，那间屋子旧沙发。
　　　[この部屋は新しいソファーで，あの部屋は古いソファーだ]

　対比という形式をとることにより，述語名詞（B）が表す領属物が「既にAに備わっていると想定される存在」として限定的に設定され，それが主語（A）にとってより密接不可分な領属物であると理解されるためであると考えられる。このように，主語・述語間の領属に対する依存性が高まれば成立可能となる。従って，例(35)の"??我两个苹果。"も"我两个苹果，我妹妹三个橘子。"［私はリンゴ2つ，妹はみかん3つ］とすれば自然な表現となる[7]。

4.1.5. まとめ

　以上，名詞述語文〈AB〉の構文的意味，及び主語・述語間の領属関係について，領属物の譲渡可能性という観点から考察した。本節では，当該構文は領属主（A）がア・プリオリに有していると考えられる密接不可分な領属物（B）がどのような属性を兼ね備えているかを類別し，それを描写する構文であることを示した。また，領属先（A）にとって領属物（B）が想起しやすいか否か，先天的・生得的な存在か否かが名詞述語文の成立の可否を左右しており，述語名詞（B）には主語（A）との不可分性が高い不可譲渡名詞（全体－部分，本体－属性，人間関係）が用いられる傾向にあることを指摘した。しかし一方で，可譲渡性の高い任意的な領属物であっても，文脈支持や対比形式により，主語・述語間の領属に対する依存性が高まれば成立可能となることを明らかにした。

4.2. 授与構文と事物の領属領域

4.2.1. 本節の視点

　現代中国語における譲渡動詞"给 gei"は，周知の通り日本語の譲渡動詞「アゲル」，「クレル」のような発話者視点による動詞選択の必要はない。また，日本語の「ヤル」，「アゲル」，「サシアゲル」等のように授与者と受領者の間に存在する上下関係や発話者の感情的ニュアンスを伝える働きもない。譲渡動詞"给"は〈事物の一方から他方への移行〉[8]を専らその意味機能としているのである。

　〈事物（Patient）の授与者（Agent）から受領者（Recipient）への移動〉という"给"の意味機能を，事物の領属領域という視点から眺めると，授与者（A）の領属下・コントロール下にある事物（P）が受領者（R）の領属下・コントロール下に移動すると捉えることができる。換言すれば，事物の領属領域というフィルターを通して譲渡動詞"给"を考えるとき，〈与えられる事物（P）の領属領域が授与者（A）から受領者（R）へ移行する〉という新たな意味特徴を見出すことができる。これは，「授与」や「譲渡」等のタームが元来有する意味からも，その妥当性は窺い知れる。

　授与構文と領属領域の関係については，これまであまり論じられてこなかった。本節では，先ず，二重目的語を伴う授与構文（以下，〈A＋给＋R＋P〉）を取り上げ，"把"を用いた授与構文（以下，〈A＋把 P＋给＋R〉）との比較を通じて，当該構文の統語的制約が P の領属領域とどのように関連し，文全体がどのような意味特徴を有するのかを明らかにしていく。また，従来の研究では，"给"の補助動詞的用法である〈A＋V 给＋R＋P〉構文は動詞の性質によっては"给"を省略することができ（〈A＋V＋R＋P〉），且つ意味的にも等価であるとされてきた[9]が，本節では〈V 给〉の"给"に一定の意味機能を見出し，"给"の有無によっ

て文全体にどのような意味的な相違が生じるかについて考察していく。

4.2.2. 譲渡動詞"給"の意味機能と〈A＋給＋R＋P〉構文の意味特徴

現代中国語において，事物の授与を表す二重目的語構文は，〈A＋給＋R＋P〉構文だけではない。"送"［贈る］，"卖"［売る］，"还"［返す］，"交"［渡す］，"递"［手渡す］のような典型的に［＋授与］の意味特徴をもつ動詞は，凡そ二重目的語構文を構成することができる。〈事物の授与〉は二重目的語構文のプロトタイプな意味成分（semantic component）であり，朱德熙1979は「授与」の意味を以下のように概括している（破線は引用者による）。

〈表3〉「授与」の意味：
① 存在着"与者（A）"和"受者（B）"双方。
② 存在着与者所与亦即受者所受的事物（C）。
③ A 主动地使 C 由 A 转移至 B。

(朱德熙1979:233)

この朱德熙1979の定義に従えば，「授与」とは授与者（A）が主体的に事物（C）を受領者（B）に移行させることを表す。この「CをBに移行させる」の部分を［＋授与］を表す動詞が担うのであるが，〈A＋給＋R＋P〉構文では，当然動詞"給"がその意味機能を担っている。

具体的な例を挙げて見てみよう。朱德熙1979に従い，〈A＋給＋R＋P〉構文を〈事物（P）の授与者（A）から受領者（R）への移動〉と捉えると，次の例(55)は，与えられる事物（"三百亩好地"）が授与者（"你"）から受領者（"我"）に移行することを表し，例(56)では"钱"（P）が"家里"（A）から"我"（R）へ移行しないことを表している。例(57)，例(58)も同様である。

(55) 这样吧，你先答应了给我三百亩好地，我这就关了这店门，跟你回队种地去，你看咋样？　　　　　　　　　　　　　《快乐人生》

[こうしよう，君が先ず私に300ムーの土地をくれると約束してくれたら，私はすぐにこの店を閉めて，君と一緒に隊に戻って農作業をする，どうだい？]

(56) 钱！钱不成问题，家里不给我钱，我会向别人借……　　　　《家》

[金！金は問題じゃない，家内が俺に金をくれなければ，他の人に借りるさ…]

(57) 适当付一点报酬也是应该的。于是我给了老人家五块钱。

《边缘女人》

[それ相応の報酬を支払うのも当然である。そこで私は老人に5元をやった]

(58) (他)给小李和引来的那个人五十元小费。　　　　〈李家庄的变迁〉

[(彼は) 李さんと紹介人に50元のチップをやった]

〈A＋给＋R＋P〉構文を統語的側面から観察すると，RとPに様々な制約がかかっていることが分かる。中川1973aは，Rには人称代名詞以外のものがくることはない[10]と指摘しているが，例(57)，例(58)のように，普通名詞や固有名詞が用いられることもある。但しこの場合，Pは通常〈数量詞＋名詞〉の形式をとる傾向にある。例(57′)，例(58′)のようにRが普通名詞や固有名詞である場合，Pが裸の名詞（"钱／小费"）ではすわりの悪い不自然な表現であると判断されることが，その傍証となるであろう。

(57′) ?于是我给了老人家钱。
(58′) ?(他)给小李和引来的那个人小费。

Rが人称代名詞や固有名詞のような特定の人物を対象とするということは，換言すれば，不特定の人物には用いられないということに他ならない。木村2002は，どこの誰だか分からない「或る子供」に飴をやった

という意味で例(59)は明らかに不自然であると指摘している[11]。

(59) *我给了<u>一个孩子</u>糖。　　　　　　　　　　（木村 2002:65）

〈A＋给＋R＋P〉構文に限らず，現代中国語において，授与を表す二重目的語構文は直接目的語（本節のP）が数量詞を伴う傾向が見られる。数量詞を伴う原因については，既に多くの先行研究が指摘するように，名詞（名詞句）の外界指示性（reference）や情報の新旧度（new／old information），他動性（transitivity）などの要因が複雑に絡み合っている。古川 1997a は認知言語学的観点から，特に現象文において数量詞限定名詞句が出現する原理について，「中国語は外界認知で〈目立つモノ〉を言語化するとき，その名詞に数量詞という標識（mark）を付け加えて〈目立つカタチ〉で表現する」(p.240) と仮説を立て，現象文において〈現れるモノ〉，〈消えるモノ〉は〈目立つモノ〉として認知的な際立ちを与えられるべく数量詞を伴うという興味深い指摘をしている。

これを本節の関心に即して言えば，授与を表す二重目的語構文において，与えられる事物（P）は授与者（A）の領域から受領者（R）の領域へ〈動くモノ〉であり，〈目立つモノ〉として認知されると考えられる。従って，〈数量詞＋名詞〉の有標形式をとり，〈目立つカタチ〉で表現されるのであると予測することができる。特に，抽象物としてのPが数量詞を伴う理由を，数量詞の計数機能（quantifier）や類別機能（classifier）[12]に求めることはできず，以下に挙げる例文から数量詞を落としがたいことからも，この予測の妥当性を推し量ることができる。

(60) 为什么人们单单要践踏她，伤害她，不给她<u>一瞥</u>温柔的眼光，不给她<u>一颗</u>同情的心，甚至没有人来为她发出<u>一声</u>怜悯的叹息。

《家》

［人々は彼女を踏躙し傷つけるだけで，彼女に一瞥の優しい眼差しも，ひとかけらの同情心も与えず，彼女のために憐憫のため息をつく人さ

えいないのは何故であろうか〕

(61) 这幕戏好像黑暗世界中的一线光明，给了他一个希望，他相信以后再用不着他的鼓舞，觉民一定不会屈服的。　　　　　《家》
〔この芝居はまるで暗黒世界における一筋の光明であり，彼に1つの希望を与えた。彼は今後二度と鼓舞を必要とはせず，覚民が屈服するようなことはあり得ないと信じた〕

4.2.3. 〈A＋给＋R＋P〉構文と領属領域

〈A＋给＋R＋P〉構文のPに対する統語的制約はこれだけではない。

中川1973aは，"我给你一本书。"〔私はあなたに本を1冊あげる〕が成立するのに対し，"*我给你我的书。"は成立しないことを指摘し，二重目的語構文の直接目的語（本節におけるP）は数量詞を伴う「不定」の存在でなければならないと結論付けている[13]。

(62) 我给了李四一把雨伞。
　　　〔私は李四に傘を1本あげた〕
(63) ?我给了李四我的雨伞。
(64) ??我给了李四老王的雨伞。

確かに，〈A＋给＋R＋P〉構文におけるPは，通常，例(62)の"一把雨伞"のように数量詞を伴うことが多く，特に文脈が設定されない限り，例(63)，例(64)のように，Pが領属主を明示して〈領属主＋的＋名詞〉の形式で現れることは少ない。特に，例(64)の"老王的雨伞"〔王さんの傘〕のように領属主に第三者が用いられる表現を不自然であると判断するインフォーマントは多い。このような統語的制約の裏には如何なる原理が存在するのであろうか。

陆俭明2001は，〈A＋给＋R＋P〉構文のPが領属主でマークされる場合，非文となると指摘している。その統語的根拠については，例(65a)と例(65b)の直接目的語（本節におけるP）は「共に『名詞₁＋的＋名詞₂

という偏正構造である」が，例(65b)の「名詞₁と名詞₂は領属関係にある」のに対し，例(65a)の「名詞₁と名詞₂は領属関係にない」ことから，「二重目的語の直接目的語は領属性の偏正構造を排除する」(p.8)と述べている。

(65) a. 我给弟弟尼龙的书包。
　　　［私は弟にナイロンのカバンをあげた］
　　 b. ＊我给弟弟小红的书包。

（陆俭明 2001:8）

　与えられる事物（P）が「領属性の偏正構造を排除」し，数量詞と共起しやすいという言語事実は，Pが領属主を明示せずともその領属先が自明であることを示唆している。換言すれば，〈A＋给＋R＋P〉構文は，Pが主語位置にあるAの領属物であることを前提としているのである。従って，この構文を事物の領属領域という視点から眺めると，授与者（A）の領属下・コントロール下にある事物（P）が受領者（R）の領属下・コントロール下に移動すると捉えることができる。木村2002も，二重目的語構文〈X＋给＋Y＋Z〉の構文的意味を「〈特定の人物（X）が，自らの所有下にある事物（Z）を特定の人物（Y）に与える〉という意味を表す」(p.65)と指摘しているように，当該構文は〈授与者（A）自身の領属下，もしくはコントロール下にある事物（P）を授与者（A）の領域から受領者（R）の領域へ移行させること〉を意味特徴としているのである[14]。

〈図1〉〈A＋给＋R＋P〉構文の意味特徴：

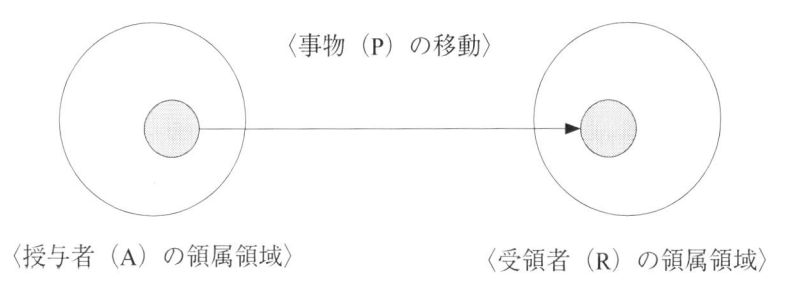

〈事物（P）の移動〉

〈授与者（A）の領属領域〉　　　　　　　　〈受領者（R）の領属領域〉

従って，特別な文脈が設定されない限り，例(63)のように自らの領属領域にあることが前提になっている事物を"我的雨伞"［私の傘］のように統語的に明示（overt）する必要はなく[15]，また例(64)や例(65b)のように他者である"老王／小红"の領属下にある事物を，主体的に（朱德熙1979）さらに別の人"李四／弟弟"の領属領域に移すという事態は，〈A＋给＋R＋P〉構文のもつ意味的な制約から逸脱しているため，不自然であると判断されるのである[16]。

例(64)のような表現は，次の例(64′)のように"把"構文を用いれば問題なく成立する。木村2002も指摘するように，"把"構文は「〈何らかの動作によって，特定の事物の状態を変化させたり，所在位置を移動させたりする〉という意味を表す構文であり，L_1の位置にある事物をL_2の位置に移すという事態に対応する構文」（p.65）であるため，"老王"の領属下にある事物"雨伞"を，"我"が主体的に"李四"の領属領域に移しても何ら問題ない。［＋移動］の意味が前面にでる"把"構文では，〈A＋给＋R＋P〉構文のような領属領域に関する意味的な制約は存在しないのである。

(64′)　我把老王的雨伞给了李四。
　　　　［私は王さんの傘を李四にあげた］

　また，"送／卖／还／交／递"などは"给"と同様，［＋授与］を表す典型的な動詞であり，二重目的語構文を構成することができるが，"给"とそれ以外の［＋授与］の意味を有する動詞とは，その表し得る意味が微妙に異なると関2001は指摘している。以下の例を比較してみよう。

(66)　我曾经送她一件毛衣，她不收。　　　　　　　　（関2001:158）
　　　［私はかつて彼女にセーターを1枚プレゼントしたが，彼女は受け取らなかった］
(67)　*我曾经给她一件毛衣，她不收[17]。　　　　　　　（関2001:158）

　共に［＋授与］を意味機能とする"送"と"给"にこのような差異が生じるのは何故であろうか。関2001ではその理由を，「事物（P）が受領者（R）に到達したか否か」に求めている。即ち，例(66)の"送"は「プレゼントする，贈る」の意味で，［＋授与］の意味を表すものの，"一件毛衣"（P）が"她"（R）に到達したか否かについては統語的には中立的（［±到達］）であり，文脈などによって決定される。一方，"给"の［＋授与］には［＋到達］の意味まで含意されており，通常"一件毛衣"（P）は"她"（R）に到達していると解釈される。従って，後節の"她不收"と矛盾するため，例(67)は不自然であると判断されるのである。

〈図2〉"送"と"給"の意味機能の差異：

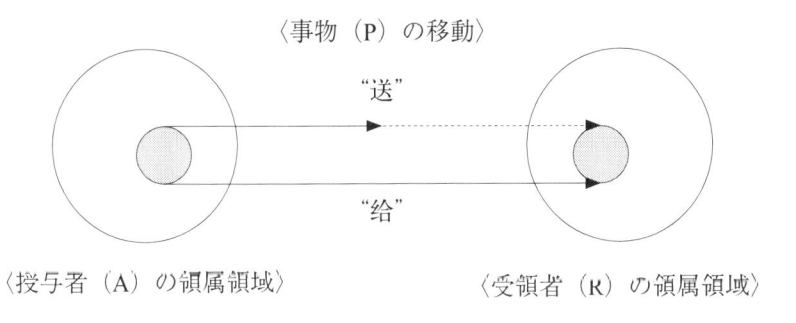

〈事物（P）の移動〉

"送"

"給"

〈授与者（A）の領属領域〉　　　　　　　　〈受領者（R）の領属領域〉

　ここまでの考察をまとめてみる。先ず，事物の「授与」とその「到達」を原義とする譲渡動詞"給"は〈事物の一方から他方への移行〉を専らその意味機能としている。授与者（A）と受領者（R）が存在し，同時にAからRに与えられる事物（P）が存在する〈A＋給＋R＋P〉構文は，このような譲渡動詞"給"の意味機能を受け，〈事物（P）が授与者（A）から受領者（R）へ移動し到達する〉という意味を表す。更に事物の領属領域という視点から眺めると，当該構文は〈授与者（A）自身の領属下，もしくはコントロール下にある事物（P）を授与者（A）の領域から受領者（R）の領属領域へ移行し到達させる〉という意味特徴を見出すことができる。

　以下では，このような"給"の意味機能が，"給"の補助動詞的用法（以下，〈A＋V給＋R＋P〉）において，どのように反映されているかについて考察を試みる。

4.2.4. 〈A＋V給＋R＋P〉構文における"給"の統語的・意味的役割

　"給"を用いた授与構文には，〈A＋給＋R＋P〉構文の他に，補助動詞的な用法（以下，〈A＋V給＋R＋P〉）や介詞用法（以下，〈A＋給R＋

V＋P〉）が存在する。また 4.2.3. で言及したように，［＋授与］を表す動詞は"給"を用いなくとも，二重目的語を伴い事物の授与を表すことができる（以下，〈A＋V＋R＋P〉）。従って本節では，一文中に A，R，P の三つの意味成分が出現する授与構文として，ⅰ）〈A＋V＋R＋P〉構文，ⅱ）〈A＋V 給＋R＋P〉構文，ⅲ）〈A＋給 R＋V＋P〉構文の 3 タイプを取り上げる。

　朱徳熙 1979 は，［＋授与］の意味特徴をもつ動詞に"卖"類，"寄"類，"写"類の 3 タイプを挙げ，［－授与］である"炒"類とは区別している。更に，本来的に［＋授与］の意味特徴を備える"卖"類は，"寄"類及び"写"類[18]とは統語的な振る舞いも異なり，両者は〈A＋V 給＋R＋P〉構文を共通項として，相補的な関係にあることを指摘している。例(68)～例(71)は朱徳熙 1979 に従い，成立する授与構文と動詞の意味特徴との関係をまとめたものである。

（68）"卖"類 … 他に"送／还／递／交"など　［＋授与］
　　ⅰ）　他卖我一瓶好酒。　　［彼は私に美味い酒を売った］
　　ⅱ）　他卖给我一瓶好酒。　［彼は私に美味い酒を売った］
　　ⅲ）＊他给我卖一瓶好酒[19]。
（69）"寄"類 … 他に"汇／发／推荐／介绍"など　［＋授与］
　　ⅰ）＊我寄她一个包裹。
　　ⅱ）　我寄给她一个包裹。　［私は彼女に小包を郵送した］
　　ⅲ）　我给她寄一个包裹。　［私は彼女に小包を郵送する／した］
（70）"写"類 … 他に"搛／留／昏"など　［－(＋)授与］
　　ⅰ）＊我写他好几封信。
　　ⅱ）　我写给他好几封信。　［私は彼に何通も手紙を書いた］
　　ⅲ）　我给他写好几封信。　［私は彼に何通も手紙を書く／書いた］
（71）"炒"類 … 他に"刻(图章)／织(毛衣)／逢(衣服)"など
　　　　　　　　　　　　　　　　　　　　　　　　　　　［－授与］
　　ⅰ）＊她炒我好多菜。

ⅱ）＊她炒给我好多菜。
ⅲ）　她给我炒好多菜。
　　　［彼女は私にたくさんの炒め物料理を作る／作った］

　このように，現代中国語における授与構文はその動詞の性質により適切な構文が選択されるわけであるが，ある動詞類が構成可能な構文は１つとは限らず，複数の構文において成立可能な場合，基本的にその表す意味は等しく，どの構文を選択するかは任意（optional）であるとされ[20]，特に〈A＋V＋R＋P〉構文は，「〈A＋V給＋R＋P〉構文の緊縮形式」（朱德熙 1979:246）であり，「動詞が"給"の力を借りずに事物の授与を表す構文」（張伯江 1999:177）であるとされてきた。しかし，次の例（72）のような"卖"類動詞を用いたⅱ型の二重目的語構文において，Rが固有名詞の場合，"給"を省略すると不自然になると判断するインフォーマントも少なくない。また，"把"構文を用いてPを前置するような例（73）は，"給"を落とすことはできない[21]ことからも明らかなように，同一動詞類における構文選択が完全に任意的であるとは言いがたい。

（72）　老程递给祥子一枝烟。　　　　　　　　　　　　　　《骆驼祥子》
　　　［老程は祥子にタバコを１本手渡した］
　⇒ ?老程递祥子一枝烟。
（73）　"给，这是你的化验结果。"郑繁梅把化验单递给谢凌枫。
　　　　　　　　　　　　　　　　　　　　　　　　　　　（杉村 2000:65）
　　　［「はら，これがあなたの化学検査結果。」鄧繁梅は化学検査報告書を謝凌楓に手渡した］
　⇒＊郑繁梅把化验单递谢凌枫。

　〈A＋V給＋R＋P〉構文における補助動詞成分"給"は如何なる意味機能を有するのであろうか。関 2001 は〈A＋V＋R＋P〉構文［例（74）］と〈A＋V給＋R＋P〉構文［例（75）］を比較考察し，〈A＋V給＋R＋P〉構文におけるRが統語的に必要不可欠な成分であることを指摘している。

(74) a. 我送他一本书。　　　［私は彼に本を1冊贈った］
　　 b. 我送他＿＿＿。　　　［私は彼に贈った］
　　　　　　　　　　　　　　（多少意味の明確性を欠くが成立は可能）
　　 c. 我送＿＿一本书。　　［私は本を1冊贈った］
(75) a. 我送给他一本书。　　［私は彼に本を1冊贈った］
　　 b. 我送给他＿＿＿。　　［私は彼に贈った］
　　　　　　　　　　　　　　（多少意味の明確性を欠くが成立は可能）
　　 c. *我送给＿＿一本书。

(関 2001:156)

　例(74c)が成立するのに対し，例(75c)が成立しないという言語事実は，〈A＋V给＋R＋P〉構文の"给"が強くRを要請する性質をもつことを示唆している。
　更に，次の例(76)，例(77)における動詞"扔"［投げる］，"踢"［蹴る］は事物の移動を表すのみであり本来［－授与］ではあるが，これが事物の授受の手段として表現されるとき，"给"と結合して受領者（R）を導くこととなる。動詞"扔／踢"に"给"が付加されると，特定の受領者（R）（ここでは"楼下儿子／我"）が不可欠の成分として顕現することとなるのである。

(76) 昨日中午，本溪市解放南路一住宅楼上，老者扔给楼下儿子8万元现金，意外散落一地，被路人捡走了6万多元。
〈父亲扔给楼下儿子8万元散落〉
［昨日正午，本溪市解放南路の住宅の階上から，老人が現金8万元を階下の息子に投げたところ，はからずも散らばって落ち，通りかかった人に6万元あまりを拾い去られてしまった］

(77) 王五突然把足球踢给我，就说："咱们踢足球吧！"
［王五は突然僕にサッカーボールを蹴ってよこし，言った。「サッカーやろう！」］

このように，統語的側面から〈A＋V给＋R＋P〉構文を考察すると，当該構文における"给"は受領者（R）を必要不可欠な成分として要請し，特定の受領者に対する特定の授与行為を表す構文であることが分かる。また，例(76)，例(77)のように動詞が本来的に［＋授与］の意味を具えていなくても，「事物の外向きの移動を引き起こす」[22]という意味特徴を有する動詞は，〈A＋V给＋R＋P〉構文を構成することができるが，これは［＋移動］の到達先が"给"によって明示され，［＋授与］の意味が顕在化したためであると考えられる。〈A＋V给＋R＋P〉構文は〈ある動作行為（V）を通して，事物（P）が授与者（A）の領域から受領者（R）の領域へ移動し到達した〉ことを表す構文であるとその意味特徴を定義することができる。

　沈家煊1999は，認知言語学的な立場から〈A＋V给＋R＋P〉構文を考察し，当該構文において〈V给R〉が隣接するのは，事物の移動と到達が一つの連続した過程として捉えられているからであり，〈给R〉が動詞に後置するのは，Rが動作の終点（destination）であると認識されるからであると指摘している（"相邻原则"）。沈家煊1999の言う「Rが動作の終点」とは，本節で言うところの「受領者（R）の領域への移動と到達」に他ならない。

(78) ??我曾经送给她一件毛衣，她不收。　　　　　（沈家煊1999:99）

例(78)が非文（もしくは容認度の極めて低い文）と判断されるのは，〈図2〉で示した通り，事物の到達に中立的な動詞"送"に〈受領者（R）の領域への移動と到達〉を意味機能とする"给"が付加されることにより，事物"一件毛衣"は既に受領者"她"の領属下にあると理解され，後節の"她不收"と抵触するからである。また，次の例(79)と例(80)を比較した場合，例(80)は時制に関する情報がないにもかかわらず，已然の事態であると認識される。これは"给"の付加により，事物（"一罐咖啡"）が既に受領者（"他"）に到達しているという読みが強まるため

であると考えられる。

(79) "我送你一样东西，我以前答应送你的。"　　　　　《家》
　　　［「同じものをあなたに贈るわ，以前あなたにプレゼントするって約束したもの。」］

(80) 有人从外国回来送给他一罐咖啡，他以为是鼻烟，把鼻孔里的皮都擦破了。　　　　　《围城》
　　　［ある人が帰国し彼にコーヒーを１缶贈ったが，彼は（これを）かぎたばこだと思い，（コーヒーをかいで）鼻の穴の皮を擦りむいてしまった］

4.2.5. まとめ

　以上，本節では"给"を用いた二重目的語構文を取り上げ，"给"の意味機能とＰの領属領域について考察した結果，以下の点が明らかとなった。

　先ず，〈Ａ＋给＋Ｒ＋Ｐ〉構文における譲渡動詞"给"の表す「授与」とは，〈与えられる事物（Ｐ）が授与者（Ａ）の領域から受領者（Ｒ）の領域へ移行し到達する〉ことであり，事物の到達義を含意しない"送"とは区別される。また，事物の領属領域という視点から眺めると，当該構文は〈授与者（Ａ）自身の領属下，もしくはコントロール下にある事物（Ｐ）を授与者（Ａ）の領域から受領者（Ｒ）の領属領域へ移行し到達させる〉という意味的制約を担っており，従って他者の領属領域に属する事物をＡが主体的に移動させるような"??我给了李四老王的雨伞。"は文脈が設定されない限り，不自然な表現であると理解されることを指摘した。

　このような"给"の意味機能は，"给"の補助動詞的用法である〈Ａ＋Ｖ给＋Ｒ＋Ｐ〉構文においても反映されている。当該構文における"给"は，事物の受領者への到達が顕在化された表現であり，本節では〈Ａ＋Ｖ给＋Ｒ＋Ｐ〉構文を〈ある動作行為（Ｖ）を通して，事物（Ｐ）が授与者（Ａ）の領域から受領者（Ｒ）の領域へ移行し到達した〉ことを

表す構文であると定義した。

4.3. "領主属賓句"における領属の認知的解釈

4.3.1. 本節の視点

　本節で考察対象とする"領主属賓句"とは，主語と賓語の間に領属関係が存在し，且つ述語動詞（形容詞を含む）と主語が直接的な意味関係をもたない例(81a)のような構文を指す[23]。

　先ず，以下に挙げる例文を比較されたい。例(81a)と例(81b)は，「張三の息子が事故で死んだ」という点では，客観的に同一の事態を表している。しかし，例(81b)が「張三の息子」についての叙述であるのに対し，例(81a)は「張三は息子が事故で死ぬことにより，（間接的に）被害を受けた受事である」と解釈され，あくまでも「張三」に関する叙述であり，そこからは被害義（adversity）が読み取れる。

(81) a. 在一次事故中，张三死了一个儿子。
　　　　［張三は事故で息子に死なれた］
　　b. 在　次事故中，张三的儿子死了。
　　　　［張三の息子が事故で死んだ］

　"領主属賓句"は〈消失〉を表すとき，往々にして「不如意な状態変化」のニュアンスが付加されることは先行研究でも指摘されているが[24]，以下に挙げる例(82)からはそのようなニュアンスは読み取れない。"一个麻烦"［面倒なこと］は領属主にとって本来忌むべき領属物であり，その〈消失〉は喜ばれこそすれ不如意であるとは認識されないと考えられる。

(82)　李老师总算少了一个麻烦。
　　　　［李先生はようやく面倒が一つ減った］

然らば、〈消失〉を表す"領主属賓句"はどのようなときに「不如意な状態変化」という感情的色彩を帯びるのであろうか。本節では、先ず現象文と"領主属賓句"の構文的意味を比較考察した上で、当該構文が有する感情的色彩について、領属に対する発話者認知の観点から検証していく。

4.3.2. 存在と領属

4.3.2.1. 「存在」を表す表現と「領属」を表す表現

「存在」を表す表現と「領属」を表す表現が、共通する語彙や似通った表現形式をとることは多くの言語で普遍的に見られる現象である。

簡単な例を挙げてみよう。例えば、英語では例(83)のように"Where is the book?"という疑問に対する回答として、下の例(83a)のような存在表現と、例(83b)のような領属表現の二つのパターンが可能であり[25]、また動詞"have"は存在表現にも領属表現にも用いられることで知られている。同様に、日本語では「ある」、「いる」が両表現形式の共通語彙として挙げられる［例(84)］。現代中国語も例外ではなく、例(85)のように存在表現、領属表現とも動詞"有"が担っており、教学の場において同時に導入されることも少なくない。

(83)　Where is the book？　── a.　It's on the table.　　　　〈存在〉
　　　　　　　　　　　　　　── b.　John has it.　　　　　　〈領属〉
(84) a.　椅子の下に｜携帯電話がある／猫がいる｜。　　　　　〈存在〉
　　 b.　私（に）は｜携帯電話がある（から大丈夫）／兄がいる｜。
　　　　　　　　　　　　　　　　　　　　　　　　　　　　　〈領属〉
(85) a.　桌子上有一本书。　［机の上に1冊の本がある］　　　〈存在〉
　　 b.　李四有一本书。　　［李四は1冊の本を持っている］　〈領属〉

ある〈ヒト／モノ〉をめぐって、主題がその〈存在位置〉にあるのか、それとも〈領属先〉にあるのかで選択される表現形式が異なるわけであ

るが，両表現形式におけるこのような統語的類似性は，両者が密接な関係にあることを強く示唆している。

4.3.2.2. 現象文と"領主属宾句"

興味深いことに，このような「存在」と「領属」の密接な対応関係は，そのまま現象文と"領主属宾句"の対応関係とパラレルに存在している。以下の例を比較してみよう。

(86) 老王家里生了个胖小子。 〈出現〉
　　　［王さんの家で丸々と太った赤ん坊が生まれた］
(87) 我们村死了个老太太。 〈消失〉
　　　［私達の村で1人の老婦人が亡くなった］
(88) 一个非洲酋长娶了500多个老婆，生了1000多个儿子，还有几百多个女儿。 《看上去很美》〈出現〉
　　　［アフリカの酋長は500人以上の妻を娶り，1000人以上の息子が生まれ，さらに数百人の娘がいる］
(89) 既然找不到她，正象这老人死了孙子，为谁混呢？
　　　　　　　　　　　　　　　　　　　　　　　　　《骆驼祥子》〈消失〉
　　　［彼女が見つからない以上，まさに老人にとっては息子に死なれたようなもので，誰のために頑張ってきたというのだろうか？］

例(86)，例(87)は所謂「現象文」であり，ある場所（主語）においてヒト／モノ（賓語指示物）が〈出現〉，〈消失〉する事態を表す。一方，例(88)，例(89)は，領属先（主語）において，その領属物であるヒト／モノ（賓語指示物）が〈出現・獲得〉，〈脱落・消失〉するという事態を表す"領主属宾句"である。さらに"領主属宾句"の例を見てみよう。

(90) 张三来了两个亲戚。
　　　［張三（のところ）に親戚が2人やって来た］

(91) 李四又犯了老毛病。
　　　［李四はまた持病が再発した］
(92) 他拔了一颗牙[26]。
　　　［彼は歯が（1本）抜けた］
(93) 这件褂子掉了两个扣子。
　　　［このひとえの中国服はボタンが2個落ちている］

　"領主属宾句"は形式的に見て，主語が"张三／李四／他／这件褂子"のように場所名詞ではないという点で典型的な現象文とは異なる。しかし，動詞の性質や賓語が数量詞を伴う傾向にあるなど，いずれも統語的な類似性を有しており，且つ賓語指示物の〈出現〉と〈消失〉事態を表すという意味的な共通性も見受けられる[27]。現象文と"領主属宾句"の意味的な対応関係を図示すると以下のようになる。

〈図3〉　現象文と"領主属宾句"の相関図：

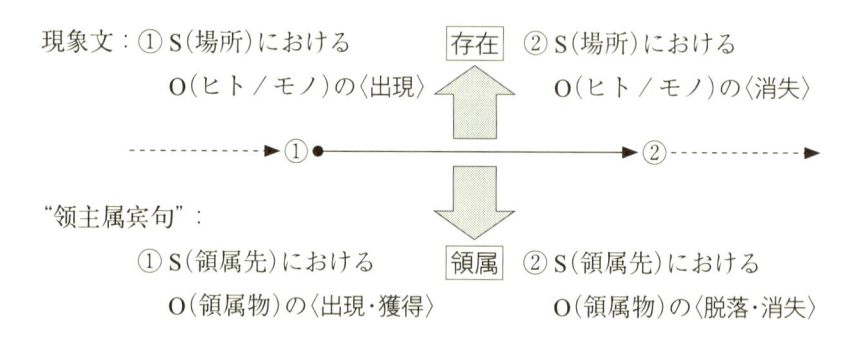

現象文：①S(場所)における　　　　存在　　②S(場所)における
　　　　　O(ヒト／モノ)の〈出現〉　⇧　　　O(ヒト／モノ)の〈消失〉

------▶ ① ●————————————————▶ ② ------▶

"領主属宾句"：
　　　　①S(領属先)における　　　領属　　②S(領属先)における
　　　　　O(領属物)の〈出現・獲得〉　　　　O(領属物)の〈脱落・消失〉

　発話者が〈ヒト／モノ〉の存在と現実世界との関わりをどのように認知するかを考えるとき，先ず①〈ヒト／モノ〉が眼前世界に出現し，存在という静的状態を経て，②眼前世界から消失するという一連の流れが想定される。これを〈ヒト／モノ〉の領属と現実世界との関わりに置き

換えると，①領属物が領属先の眼前世界に出現，或いは領属先に獲得され，領属状態を経て，②領属物が領属先の眼前世界から脱落，或いは消失するという認知プロセスが構築される。

従って，"領主属宾句"は領属先の眼前世界に領属物が〈出現〉する，或いは領属先の眼前世界から領属物が〈消失〉するという事態を表す表現形式であると定義することができよう。先に挙げた例(90)，例(91)は"两个亲戚／老毛病"［2人の親戚／持病］がその領属先である"张三／李四"の眼前世界に〈出現〉したことを表し，例(92)，例(93)は"一颗牙／两个扣子"［1本の歯／2つのボタン］がその領属先である"他／这件褂子"の眼前世界から〈消失〉,（脱落）したことを表しているのである。

4.3.3. "领主属宾句"における〈出現〉と〈消失〉

4.3.3.1. "领主属宾句"の非自主性

"领主属宾句"において，述語動詞と主語が直接的な意味関係をもたないことははじめに触れた。つまり，"他死了父亲。"［彼は父親に死なれた］と言うとき，自動詞"死"の意味上の主語は賓語"父亲"であり，"他"ではない。

現代中国語における自動詞（"不及物动词"）[28]は，概念的な出現や消失を表すか否かで2つのタイプに分類することができる。以下に挙げる自動詞を比較してみよう。

(94) 死［死ぬ］，塌［崩れる］，来［来る］，走［立ち去る］，出現［現れる］，消失［消える］，倒［倒れる］，掉［落ちる］，犯［(病気などに)なる，発生する］，折［折れる］，瞎［失明する］……
(95) 笑［笑う］，哭［泣く］，生气［怒る］，工作［働く］，结婚［結婚する］，咳嗽［咳をする］，醒［目覚める］，睡［眠る］，休息［休む］……

例(94)と例(95)では統語的な振る舞いも異なる。例(94)タイプは意味上

の主語を賓語にとることができ，主にヒトやモノの出現や消失を表すのに対し，例(95)タイプはこのような賓語をとることができない[29]。

(94′)a.　客人来了　　　[客は来た]
　　　⇒来了客人　　　[客が来た]
　　b.　男孩子死了　　[男の子は死んだ]
　　　⇒死了男孩子　　[男の子が死んだ]
　　c.　一顆牙掉了　　[(1本の)歯は抜けた]
　　　⇒掉了一顆牙　　[(1本の)歯が抜けた]
(95′)a.　客人笑了　　　[客は笑った]
　　　⇒*笑了客人
　　b.　男孩子哭了　　[男の子は泣いた]
　　　⇒*哭了男孩子
　　c.　他俩結婚了　　[彼ら2人は結婚した]
　　　⇒*結婚了他俩

周知のように，"客人来了"と"来了客人"ではニュアンスが異なる。"客人来了"が「予定していた例の客が来た」ことを表すのに対し，"来了客人"は「予定していない不意の客が来た」のであり，「誰かが来た」と大差ない。後者は話者がその時初めてその存在に気づいたヒト／モノの出現を言う文である[30]。

このように，例(94)タイプの自動詞が意味上の主語を賓語にとる場合，予期しない突然の〈出現〉や〈消失〉を表すが，これは"領主属賓句"にも当てはまる。つまり，"領主属賓句"において，領属物（賓語）の〈出現・獲得〉，〈脱落・消失〉は，主語——即ち領属先の意志やコントロールを越えた事態の変化を表すのである。次の例(96)〜例(99)に挙げるように，"主動／自己／有意／只好"[積極的に／自ら／わざと／〜せざるを得ない]のような[＋意志性／＋制御性（コントロール性）]を表す副詞とは共起しないという言語事実がその傍証となるであろう。

(96)　他来了精神。　　　　　　［彼は元気がでた］
　　⇒*他主动来了精神。
(97)　那只小猫断了根尾巴。　　［その猫は尻尾が切れた］
　　⇒*那只小猫自己断了根尾巴。
(98)　张三又犯了老毛病。　　　［張三はまた持病が再発した］
　　⇒*张三又有意犯了老毛病。
(99)　王五掉了一颗门牙。　　　［王五は歯が（1本）抜けた］
　　⇒*王五只好掉了一颗门牙。

以上は"領主属宾句"における領属先（主語）が，自らの領属物（賓語）がVすることをコントロールできないことを示唆している。そして，このような"領主属宾句"の非自主性は，領属先がヒトである場合，自らの領属物の〈出現・獲得〉，〈脱落・消失〉をどのように認識するかとも深く関わってくる。

4.3.3.2.　非自主的な〈出現〉，〈消失〉と領属に対する認知

前述したように，"領主属宾句"において，述語動詞は主語と直接的な意味関係をもたないことから，自らの領属物であっても，領属先はその〈出現〉と〈消失〉をコントロールすることはできない。然らば，領属先がヒトである場合，ヒトは自らの領属物の〈出現・獲得〉，〈脱落・消失〉をどのように認識するのであろうか。

以下に挙げる実例は，領属物の〈出現・獲得〉パターンである。

(100)　小福子长得不难看。虽然原先很瘦小，可是自从跟了那个军官以后，她很长了些肉，个子也高了些。　　　　　《骆驼祥子》
　　　［小福子は外見はまずまずだった。もともと小柄ではあったが，その将校に付き従うようになってから，彼女は肉付きがよくなり，背も伸びた］

(101) 坐在回美国的飞机上，我就产生了一种冲动，我的内伤既然几句话解释不清楚，我就慢慢的把它写出来。　　《北京人在纽约》
［アメリカに戻る機内で，私はある衝動に駆られた。私の苦悩が二言三言で説明しきれないものである以上，ゆっくりと（その苦悩を）書き綴ろうと］

(102) 她一吃便是两三大碗。吃完，又没有运动，她撑得慌，抱着肚子一定说是犯了胎气！　　《骆驼祥子》
［彼女は食べるとなると大碗に2，3杯ぺろりと掻き込み，食べ終わると動きもしないので，満腹で腹が張って仕方がない。彼女はお腹を抱えてお決まりのように腹の子のせいだと言うのだった］

例(100)は領属主の身体の一部である"(一)些肉"が領属主"小福子"の意志とは関係なく〈出現〉し，「肉付きがよくなった」こと表している。また，例(101)，例(102)はそれぞれ，領属主"我／她"の属性である"一种冲动／胎气"が領属主の中で非自主的に〈出現〉したことを表す文である。これらはやはり［＋意志］を表す助動詞"想／要"［～したい］と共起することはなく，例(100′)，例(101′)は非文となる。

(100′) ＊……她很想长了些肉，个子也高了些。
(101′) ＊坐在回美国的飞机上，我就要产生了一种冲动，……

また，次の例(103)において"两位不速之客"［2人の招かざる客］が"王起明"にとって「予定していない不意の客」であることは言うまでもない。領属物は思いがけず，不意に〈出現・獲得〉するのであり，たとえ領属主であってもその〈出現〉をコントロールすることはできない。領属主の意志を離れたところで，領属物が自発的に領属主の眼前世界に〈出現〉するのであり，領属主は領属物の〈出現〉により影響を受ける側として描かれている。

(103) 七月初，美国国庆前夕。王起明来了两位不速之客。门铃响时，郭燕正在炸酱，听见有人，她调成小火去开门。《北京人在纽约》
[7月初，アメリカ独立記念日の前夜，王起明に2人の押しかけ客がやって来た。呼び鈴が鳴った時，郭燕はちょうど味噌を炒めていたが，人が来たのを聞きつけて，火を弱めてドアを開けに行った]

次に，領属物の〈脱落・消失〉パターンを見てみよう。

(104) 方枪枪掉牙了。满嘴牙都像钢琴琴键可以按动。　《看上去很美》
[方枪枪は歯が抜けた。口中の歯がピアノの鍵盤のようにグラグラした]

(105) 柔嘉圆睁两眼，下唇咬得起一条血痕，颤声说："我瞎了眼睛！我瞎了眼睛！"　　　　　　　　　　　　　　　　《围城》
[柔嘉園は両目を見開き，下唇を血がにじむほどギュッと噛みながら，震える声で言った。「目が見えない！目が見えなくなった！」]

(106) 可怜的孩子们一下绷断了最后一根神经，眨眼之间人都不见了。
　　　　　　　　　　　　　　　　　　　　　　　　《看上去很美》
[可哀想な子供たちは最後の気力が断ち切られ，瞬く間に亡くなってしまった]

(107) 李阿姨急得跺脚：这要淹死几个，怎么得了。必须营救，我死也不能死一个孩子。高尚的情感充满着李阿姨的全身。
　　　　　　　　　　　　　　　　　　　　　　　　《看上去很美》
[手を尽くして救い出さなくては。私が死んでも，子供に死なれるわけにはいかない。崇高な情感が李おばさんの全身を満たしていた]

〈脱落・消失〉パターンも〈出現〉パターンと同様，領属物は思いがけず，不意に〈脱落・消失〉するのであり，たとえ領属主であってもその〈消失〉をコントロールすることはできない。領属主の意志を離れたところで，領属物が自発的に領属主の眼前世界から〈消失〉するのであり，領属主は領属物の〈消失〉により影響を受ける側として描かれている。

郭継懋 2000，徐杰 2001 は〈脱落・消失〉パターンにおいて領属主が受ける影響は，往々にして不如意なものであると指摘している[31]が，これは自分の意志とは関係なく，自らの領属物が〈脱落・消失〉するというコトガラに対してマイナスの感情（認知）が働くからであると考えられる。例(81)で挙げた"张三死了一个儿子。"から被害義が読み取れる背景には，「（張三の）息子が死んだ」ことにより領属主である「張三」が不如意な影響を蒙った――「親族を亡くす」というコトガラは一般に不如意であると認知されるであろう――という解釈がなされるのである。

しかし，常にこのような被害義が付加されるわけではない。

(108)　李老师总算少了一个麻烦。　　　　　　　　　（例(82)再掲）
　　　　［李先生はようやく面倒が一つ減った］
(109)　小红恰好掉了个虫牙。
　　　　［小紅はちょうど折良く虫歯が抜けた］

例(108)は"李老师"から"一个麻烦"が，例(109)は"小红"から"（一）个虫牙"が〈脱落・消失〉したことを表すが，"一个麻烦"や"（一）个虫牙"は領属主にとって本来忌むべき領属物であり，その〈消失〉は喜ばれこそすれ不如意であるとは認識されない。本来，〈消失〉と被害義は表裏一体の関係にあるものではなく，上の例に挙げるように〈消失〉により受益とみなされる事態も多く存在する。従って，〈脱落・消失〉パターンに見られる被害義は第一義的な意味特徴ではなく，領有者が自らの領属物の消失をどのように認識するかにより，被害にも受益にもなり得ると考えるのが妥当である。

4.3.4.　まとめ

以上 4.3. では，"領主属賓句"の意味機能及び主語・賓語間の領属関係について，認知的な観点から考察した。本節では，"領主属賓句"が，

領属先（主語）の意志やコントロールを離れたところで，領属物（賓語）が自発的に〈出現〉，〈消失〉することを表す構文であることを論証した。また，これまでの先行研究において，当該構文は消失義を表す場合，往々にして不如意な状態変化を表すと指摘されてきたが，これは，自らの領属物を失うというコトガラに対してマイナスの感情（認知）が働くからであり，領属物に対するこのような認知が当該構文に被害義を付加すると説明した。しかし，〈消失〉パターンから常に被害義が読み取れるわけではなく，反対に〈消失〉により受益になり得る例も多く存在することから，〈消失〉パターンに見られる被害義は第一義的な意味特徴ではないことを指摘した。

4.4. 第4章のまとめ

以上第4章では，名詞述語文，授与構文，"領主属賓句"の3つの構文を取り上げ，構文中に現れる領属関係とその統語構造について分析し，それぞれの構文がもつ構文的意味と領属範疇との関わりについて考察してきた。

先ず，4.1. では，名詞述語文〈AB〉の構文的意味について，領属物の譲渡可能性という観点から考察し，名詞述語文は領属主（A）がアプリオリに有していると考えられる密接不可分な領属物（B）がどのような属性を兼ね備えているかを類別し，それを描写する構文であることを指摘した。また，主語・述語間の領属関係については，領属先（A）にとって領属物（B）が想起しやすいか否か，先天的・生得的な存在か否かが構文成立の可否を左右しており，述語名詞には主語との不可分性が高い不可譲渡名詞（全体－部分，本体－属性，人間関係）が用いられる傾向にあることを指摘した。

また，4.2. では，"給"を用いた二重目的語構文を取り上げ，"給"の意味機能と二重目的語構文の構文的意味について，事物の領属領域という視点から考察した。考察の結果，当該構文は〈授与者（A）自身の領

属下，もしくはコントロール下にある事物（P）を授与者（A）の領域から受領者（R）の領属領域へ移行し到達させる〉という構文的意味を担っており，従って"??我给了李四老王的雨伞."が不自然な表現とされるのは，他者の領属領域に属する事物をAが主体的に移動させるという点で，上記制約に抵触するためであると指摘した。

4.3. では，"領主属賓句"の構文的意味と主語・賓語間の領属関係について，領属に対する発話者認知の観点から考察し，当該構文が領属先（主語）の意志やコントロールを離れたところで，領属物（賓語）が自発的に〈出現〉，〈消失〉することを表す構文であることを論証した。また，これまでの先行研究において，当該構文が消失義を表す場合，往々にして不如意な状態変化を表すと指摘されてきたが，〈消失〉パターンから常に被害義が読み取れるわけではなく，反対に〈消失〉により受益になり得る例も多く存在することから，〈消失〉パターンに見られる被害義は第一義的な意味特徴ではないことを指摘した。

　従来，名詞述語文，授与構文，"領主属賓句"は，領属の観点から分析されることはなかった。しかし，本章における考察の結果，領属主の属性を類別し，描写するために自らと密接不可分な領属物が述語動詞になれる名詞述語文（**4.1.**）や，モノの「ヤリ／モライ」に伴い領属権・コントロール権が関与してくる授与構文（**4.2.**），領属先の意志やコントロールを離れたところで密接不可分な領属物が自発的に〈出現〉，〈消失〉することを表す"領主属賓句"（**4.3.**）など，現代中国語において，領属範疇はフレーズレベルのみならず，構文レベルにおいても確認されることが明らかとなった。また，本章で考察したこれら3つの構文は，中国語話者の領属に対する認識を反映しており，それが各構文の構文的意味にリンクしている。特に，構文成立に領属先と領属物の密接不可分性が要求される名詞述語文，"領主属賓句"などは，中国語話者が何を以て領属物を密接不可分であると捉えるかが如実に反映されている。

　次の第5章では，領属性"被"構文，"領主属賓句"，〈N_1＋V得＋N_2＋VP〉構文を取り上げ，第2章**2.2.**で下位分類した領属タイプ（全

体－部分関係，本体－属性関係，相互依存関係，任意的領属関係）を基準に，構文成立の容認度と領属物の譲渡可能性との関連について考察していく．

注

1) 朱德熙 1982:105 を参照．朱德熙は，本節で言うところの「属性規定」を"成员与类的关系"（包摂関係），「対象指定」を"同一关系"と称している．
2) これは，"是"を用いる様々な表現形式における，強調，限定，対比などの意味的特徴と無関係ではない．
3) この点については，刘月华等 2001 にも指摘がある．名詞が単独で述語になる例としては，例(3d)に挙げたような"今天中秋．"［今日は中秋だ］などがある．
4) 〈解説〉については，朱德熙 1982，刘月华等 2001 はこれを名詞述語文に含めていない．房玉清 1992 は名詞述語文に準ずるものとして扱っている．
5) 朱德熙 1956 の指摘による．
6) R. ヤーコブソン 1973:3 を参照．
7) 小野 2002 は，"这间教室三台录音机．"［この教室は3台のテープレコーダーだ］の例を挙げ，「述語が数量表現を伴う場合は，分離不可能性は文の成立に必要な要件ではなくなり，対比形式をとらずとも成立する」と指摘しているが，その理由については言及していない．筆者の調査に拠れば，上記のような例は，"这间教室三台录音机，那间教室五台录像机．"［この教室は3台のテープレコーダーで，あの教室は5台のビデオレコーダーだ］のように，やはり対比形式をとる方がより自然である．対比という形式をとってはじめて，領属物（"录音机／录像机"）が領属先（"教室"）に備わっていると限定的に設定され，両者が密接不可分な関係にあると理解されるのである．
8) 杉村 2000:64-66 を参照．
9) 〈Λ＋V＋R＋P〉構文は，従来，「〈Λ＋V 给＋R＋P〉構文の緊縮形式」（朱德熙 1979:246），「動詞が"给"の力を借りずに事物の授与を表す構文」（张伯江 1999:177）のように位置付けられている．
10) 中川 1973a は二重目的語文〈S＋V＋O＋O〉において，「間接目的語に人称代名詞以外のものがくることはなく，"*我给李四一本书．"はまったく変であり，"我给他一本书．"としなければならない」（p.20）と指摘している．しかし，実際には例(57)，例(58)のように普通名詞や固有名詞が用いられ

ることもあり，皆無とは言い切れない．文脈支持などによってRが「定」の存在であると解釈されれば，非人称代名詞（固有名詞や一般名詞を含む）であっても成立する．

11) 日本語で「或る子供に飴をやった」と言う場合，「或る子供」は話し手にとっては当然［＋特定］の存在であるが，何らかの聞き手配慮の結果，不定の存在として発話場面に導入されていると考えられる．その意味では，中国語でも同様に"我给了一个孩子一块糖．"［私は或る子供に飴を（1つ）やった］は成立可能であるが，やはりPが数量詞を伴う傾向にある．

12) 数量詞の機能についての詳細は，大河内1985を参照．

13) 筆者によるインフォーマント調査では，中川1973aが非文とする"*我给你我的书．"を「成立する」と判断した者もいた．本研究では調査に基づき，類似する例(63)，例(64)を非文ではなく，不自然な表現として扱う．

14) 三原2004は，英語の二重目的語構文は，以下の（ⅰ）のような意味構造をもち，その中心的意味については，「意志を持つ動作主（agent）から受容者（recipient）への事物（patient）の移送」であり，「間接目的語が直接目的語を「所有」することである」(p.68)と指摘している．所有の含意は「授受の成就」（successful transfer）とも呼ばれる．

　　（ⅰ）　John gave Mary a diamond ring.
　　　　　 John CAUSE［Mary HAVE a diamond ring］．

（三原2004:68）

二重目的語パターンでは，間接目的語が直接目的語を所有することによって，［Y HAVE Z］（Y/Zはそれぞれ間接目的語／直接目的語）が終了するのに対し，以下のような前置詞句パターンでは所有事象が終了する必要がないと指摘している．

　　（ⅱ）　John gave a diamond ring to Mary.
　　　　　 John CAUSE［a diamond ring MOVE TOWARD Mary］．

（三原2004:68）

15) 中川1973a，陆俭明2001は，〈A＋给＋R＋P〉構文のPが領属主でマークされることはないと指摘しているが，皆無ではない．Pが領属主"我"を明示して〈領属主＋的＋名詞〉の形式で現れる例としては，以下のような表現がある．

　　a. 你的书丢了，我给你我的书。
　　　［君の本失くなったのなら，僕の本を（貸して）あげるよ］
　　b. 你没带笔是吧？　没关系，我给你我的笔。
　　　［書くもの持ってないでしょ？　いいよ，私のペンを（貸して）あげ

るよ]

例(a)、例(b)は共に、事物（ここでは"书/笔"）が事前に提示されており、Pには私が所有するそれと同類の事物が用いられている。Pを領属主でマークすることにより、「他でもない私の本/筆記具」という意味が強調され、Pの領属先が顕在化している。このような場合、例(c)、例(d)のように後ろの"书/笔"は省略することができる。

 c. 你的书丢了，我给你我的。
  [君の本失くなったのなら、僕のを（貸して）あげるよ]
 d. 你没带笔是吧？ 没关系，我给你我的。
  [書くもの持ってないでしょ？ いいよ、私のを（貸して）あげるよ]

16) 例(64)は単文では不自然な表現であるが、以下のような場面を設定すれば若干容認度は高まる。

 a. 我刚才给了李四老王的雨伞，是因为老王让我把他的雨伞交给李四。
  [私がさっき李四に王さんの傘を渡したのは、王さんに彼の傘を李四に渡すよう頼まれたからだ]

例(a)が成立するのは、「私」が王さんに彼の傘を李四に渡すよう頼まれることによって、P"老王的雨伞"を「私」のコントロール下に置くからであり、これは〈授与者（A）の領属下・コントロール下にある事物（P）を受領者（R）の領属下・コントロール下に移動させる〉ことに準じると認識されるからである。自分が知っている知人の電話番号を他者に教えるような次の例(b)も同様に考えられるだろう。

 b. 你跟小张联系吧。我给你他的电话。
  [張さんと連絡とりなよ。彼の電話番号（教えて）あげるから]

17) 関2001では例(67)を非文としているが、筆者の調査では「成立する」と判断した者もいた。しかし、例(66)と例(67)を比較した場合、やはり例(67)の方が、若干許容度が落ちるという結果が得られた。

18) 朱德熙1979は"寄"類及び"写"類の［＋授与］の意味は、"有时出现，有时不出现"（p.240）とし、本来的に［＋授与］の意味をもち、ⅰ型、ⅱ型の授与構文が共に成立する"卖"類とは区別している。例えば、"寄"類は本来的に［＋授与］の意味を具えてはいるもののⅰ型の授与構文を構成することはできず、また"写"類は本来［－授与］ではあるが、組み合わされる賓語によって［＋授与］の意味が具わる。詳細は、朱德熙1979:240-242 を参照。

19) "送"も典型的な"卖"類動詞であり、本来的に［＋授与］の意味を表すが、「届ける」という［＋移動］の意味が強く前面に出されるとⅲ型の構文で

表現され，"我去送他一本书。"と言うよりも"我去给他送一本书。"〔私は彼に本を一冊届けに行く〕と言う方がずっと自然に聞こえると杉村 2000 は指摘している。

20) 朱德熙 1979 は動詞の性質により，どの構文が選択されるかについて詳細に論述しているが，複数に渡って成立可能な構文については，置換操作による検証に留まり，構文ごとの意味の相違については言及していない。
21) 杉村 2000:65 の指摘による。
22) 詳細は，杉村 2000 を参照。「事物の外向きの移動を引き起こす」動詞（KICK 型動詞）としては，この他にも"丢／甩"〔投げる／放る〕などが挙げられている。
23) "领主属宾句"の用語と定義は，郭継懋 2000，徐杰 2001 に従う。
24) 詳細は，郭継懋 2000，徐杰 2001 を参照。
25) 詳細は，Lyons1977 を参照。
26) "他拔了一颗牙。"は①「彼は歯を抜いた」と②「彼は歯が抜けた」という 2 通りの解釈ができる多義文である。袁毓林 1994 はこの例文において②の読みが優先される理由に，身体名詞"牙"の不可譲渡性を挙げているが，この解釈では"他拔了牙。"としたとき②の読みがキャンセルされる理由を説明することができない。

　古川 1997a はこの点に関し，認知言語学的観点から，特に現象文において数量詞限定名詞句が出現する原理について，「中国語は外界認知で〈目立つモノ〉を言語化するとき，その名詞に数量詞という標識（mark）を付け加えて〈目立つカタチ〉で表現する」（p.240）との仮説を立て，現象文において〈現れるモノ〉〈消えるモノ〉は〈目立つモノ〉として認知的な際立ちを与えられるべく数量詞を伴うという興味深い指摘をしている。"领主属宾句"において，賓語（領属物）が数量詞を伴う傾向にあるのも，同様に説明することができよう。
27) 古川 1997a を参照。古川 1997a では，本節における"领主属宾句"の〈消失〉パターンを「脱落目的語」として取り上げている。また，数量詞を伴う「結果目的語」，「痕跡目的語」なども現象文の周縁的言語現象として捉えている。
28) 自動詞の定義は朱德熙 1982 に従う。
29) 例(95)タイプの中には，"他笑你。"〔彼はあなた（のこと）を笑う〕，"他哭他父亲。"〔彼は父を（悼んで）泣く〕のように賓語をとるものもあるが，これらは自動詞と他動詞の兼類とみなすのが妥当であろう。詳細は，朱德熙 1982 を参照。

30) このような特徴は，現代中国語の語構成の一つであるVS型とも相通じる。"骨折／头疼／腰痛／地震／日没"のように既に存在するS自体が変化する〈SV型〉に対し，〈VS型〉は"出血／出汗／下雨／开花／脱毛"のように，動作や変化を通じて初めてSが存在（出現・消失）する。ここで言う〈SV型〉〈VS型〉のSは意味上の主語を指す。詳細は，中川1997を参照。
31) 徐杰2001は，"*李四死了个恶邻居。"が非文となるのは，"死了个恶邻居"というコトガラが主語"李四"に何ら不如意な影響を与えないからであると指摘している。

第5章
領属タイプと構文成立の容認度

5.0. はじめに

　第4章では，名詞述語文，授与構文，"領主属宾句"を取り上げ，中国語話者が属性の類別／描写，モノのヤリ／モライ，領属物の出現／消失に伴う領属範疇をどのように認識しているのか，それが構文レベルにおいてどのように反映されているのかについて考察してきた。また，文の成立に領属先と領属物の密接不可分性が要求される構文においては，中国語話者が何を以て自らの領属物を密接不可分であると捉えるかが統語的振る舞いに反映されていることを指摘した。

　第5章では，このような領属関係の密接不可分性と構文成立の容認度の相関性についてさらに具体的に考察するために，領属性"被"構文，"領主属宾句"，〈N_1＋V得＋N_2＋VP〉構文を取り上げ，第2章2.2.で下位分類した領属タイプ（全体－部分関係，本体－属性関係，相互依存関係，任意的領属関係）を基準にそれぞれ文成立の容認度を検証し，可譲渡と不可譲渡の間に連続的な階層が存在することを明らかにする。

　尚，本章中に挙げる例文の成立容認度判定については，方言差及び知識レベルの差を考慮して，普通話話者であると認められる中国人15名（大卒以上）に依頼した。インフォーマントにはアンケートをとり，各例文について「自然」，「おかしい」，「どちらとも言えない」の判断を仰いだ。「自然」，「おかしい」，「どちらとも言えない」をそれぞれ1点，0点，0.5点とし，その平均値を算出して例文の末尾【　】内に示した。例えば，ある例文についてインフォーマント全員が「自然」であると判

断すれば，その文の平均値は【1.00】となり，全員が「おかしい」と判断すれば【0.00】となる。

5.1. 領属性"被"構文における主語・賓語間の意味関係

5.1.1. 本節の視点

本節では"被"構文（介詞"被"を用いた受動文）の中でも，特に「賓語を伴う"被"構文」を考察の対象とし，先ず，当該構文中における主語と賓語の間に領属関係が存在することを，第2章2.2.で下位分類した領属タイプを当てはめ検証していく。また，考察結果をもとに，構文成立の容認度と領属タイプの相関性について考察していく。

「賓語を伴う"被"構文」とは，動詞の後ろに名詞や名詞性成分などを伴う"被"構文を指し，賓語を伴わない"被"構文とは統語上区別する。例えば，

（1）　他的钱包被小偷偷走了。
　　　［彼の財布は泥棒に盗まれた］
（2）　他被小偷偷走了钱包。
　　　［彼は泥棒に財布を盗まれた］

例(1)では"他的钱包"［彼の財布］が主語の位置にあるが，例(2)では"他"［彼］と"钱包"［財布］はそれぞれ，主語と賓語の位置を占めている。例(1)，例(2)は，「彼と泥棒の間に，〈財布を盗む／盗まれる〉という事態が発生した」という点で，客観的には同一の事態を表している[1]。

本節では，例(2)タイプの"被"構文を考察の対象とし，先ず主語と賓語の間に具体的にどのような領属関係が存在するかについて，第2章2.2.で下位分類した領属タイプ（全体－部分関係，本体－属性関係，相互依存関係，任意的領属関係）に依拠し，検証していく。また，これら

の領属関係がそれぞれ独立して存在するのではなく，連続的・階層的な傾斜（cline）を成していることを，可譲渡／不可譲渡所有（alienable／inalienable possession）の概念を援用しながら論証していく。

5.1.2. 領属性"被"構文における主語と賓語の意味関係

賓語を伴う"被"構文を記述の便宜上，以下のように記号化する。

〈文型1〉
　　Na［受事］+ 被 + Nb［施事］+ V + Nc［受事の領属物］

以下に挙げる例(3)において，賓語の位置にある"腿"［足］は主語位置にある受事（行為・作用を受ける側）の"他"［彼］のものであることは誤解の生ずることなく読み取れる。従って，例(3)は「"他"が"敵人"［敵］に"打"［殴る］され，その結果彼の身体の一部である"腿"が"伤"［負傷する］した」ことを表している。同様に，例(4)からは「張力は誰かに自転車を乗って行かれてしまった」という被害義（adversity）が読み取れる以上，通常"自行车"［自転車］は張力の領属物であると解釈される。

(3)　他被敌人打伤了腿。
　　　［彼は敵に足をやられた］
(4)　张力被人骑走了自行车。
　　　［張力は誰かに自転車を乗って行かれてしまった］

賓語を伴う"被"構文において，主語と賓語の間に領属関係が存在することを指摘した先行研究は少なくない（呂叔湘1965，李临定1980，王力1944，中島1992，Chappell1986等）。

例えば，呂叔湘1965は徹底した形式主義の立場から，賓語を伴う

"被"構文を5つのカテゴリーに分類し，その中で以下の例(5)～例(7)において主語と賓語の間に領属関係の認められることを指摘してはいるが，それが具体的にどのような領属関係であるかについては言及していない[2]。

(5) 他在睡梦中叫人家捆住了手和脚。　　　　　　（呂叔湘 1965:289）
　　［彼は夢の中で誰かに手と足を縛られた］
(6) 有一天，他果然被人剪去了辫子。　　　　　　（呂叔湘 1965:289）
　　［ある日，彼は案の定辮髪を切り取られた］
(7) 尤老二被酒劲催开了胆量。　　　　　　　　　（呂叔湘 1965:289）
　　［龍老二は酒に酔って気が大きくなった］

また呂叔湘 1965 は，別のカテゴリーで"扣帽子"［帽子をかぶせる→レッテルを貼る］や"打耳光"［横面を殴る→びんたを食らわす］のような VO 構造のイディオム表現を例に挙げているが，これらは本節が考察対象とする賓語を伴う"被"構文とは異質のものと捉え，区別して扱う。以下の例文を見てみよう。

(8) 他胡里胡涂地叫人家扣上一顶大帽子。　　　　（呂叔湘 1965:289）
　　［彼は訳の分からないままレッテルを貼られた］
(9) 我经过四川路桥时忘了对站岗的鬼子兵鞠躬，就被打了耳光。
　　　　　　　　　　　　　　　　　　　　　　（呂叔湘 1965:289）
　　［私は四川路橋を渡るとき，見張りの兵士にお辞儀をするのを忘れ，びんたを食らった］

例(8)の"他"［彼］と"帽子"［帽子］，例(9)の"我"［私］と"耳光"［横面］の間には，一見，領属関係が成立しているように見えるが，実はそうではない。上の例では，"扣帽子"［レッテルを貼る］，"打耳光"［横っ面を張る］という VO 構造ではじめて一つの動作・行為を表しており，

よって賓語（"帽子"，"耳光"）が受動的な出来事によって影響を受ける，より大きな全体の一部であると考えることはできない。その統語的証拠として，VO構造における賓語を主語位置にもってくることはできず，また主語位置において"的"を用いて領属を表す名詞句を構成することもできない。

（8'）＊<u>他的大帽子</u>胡里胡涂地被人家扣上了。
（9'）＊<u>我的耳光</u>经过四川路桥时忘了对站岗的鬼子兵鞠躬，就被打了。

このタイプは，主動文にすると二重賓語の形式をとるという点からも，本節の考察対象である賓語を伴う"被"構文とは異質であることは明らかである。従って，このようなVO構造のイディオム表現は，考察対象から除外する。以下，考察の対象を明確にするために，本節が考察の対象とする賓語を伴う"被"構文を「領属性"被"構文」と呼ぶことにする。

　李临定1980は，賓語を伴う"被"構文をさらに詳細に9つのカテゴリーに類分けし，その中で主語と賓語の間に領属関係が成立しているものとして，以下の例を挙げている。

（10）　他被敌人炸断了<u>左腿</u>。　　　　　　　（李临定1980:402）
　　　　［彼は敵に左足を吹き飛ばされた］
（11）　在那次动乱中，<u>有的人</u>被夺去了<u>生命</u>。　（李临定1980:402）
　　　　［その動乱で命を奪われた人がいる］

李临定1980はこの領属関係に対し，「賓語は身体のある一部を指す」と特に主張しており，また「身体部分以外にも他人や事物を指すこともある」（p.402）として以下の例を挙げている。

(12) 你给地主害死爹，我给地主害死娘[3]。　　　　（李临定 1980:402）
　　［あなたは地主に父親を殺され，私は地主に母親を殺された］

　Chappell1986 は賓語を伴う"被"構文を，意味を根拠に 2 つのカテゴリーに分類し，その一方（本節の考察対象である領属性"被"構文）について，主語と賓語の間には所謂不可譲渡所有の関係が成立しており，賓語は「通常ヒトの身体の一部」であると指摘している。
　しかし，先行研究で強調されているように，領属性"被"構文における賓語は主語に対して「身体の一部」でしかないのであろうか。従来の研究では，その例文のほとんどが身体部位に限定されているが，言語実態としては例(2)，例(4)のように，「身体の一部」以外の事物――所謂任意的な領有物が賓語となることもある。領属性"被"構文において，主語と賓語の間に存在する領属関係とは，一体どのような関係なのであろうか。
　領属性"被"構文において，具体的にどのような領属関係がその主語・賓語の位置を占めるのかについて，可譲渡／不可譲渡所有の概念を援用しながら，以下の例を見てみよう。

(13) 阿多被他哥哥抱住了头，只能荷荷地哼。陆福庆想扭开他们也不成功。　　　　　　　　　　　　　　　　　　　　　　《秋收》
　［阿多は兄に頭を抱え込まれ，ハァハァと苦しそうに唸ることしかできなかった。陸福慶は彼らを引き離そうとしたがどうしてもできなかった］

　例(13)では，"他哥哥抱住了头"［彼の兄は頭を抱え込んだ］の"头"［頭］はノーマークで表れているが，この"头"の領属主は主語"阿多"である。従って，例(13)は他動詞文"他哥哥抱住了阿多的头"［彼の兄は阿多の頭を抱え込んだ］における"头"の領属主"阿多"が主題化され，文頭に立った領属性"被"構文である。"头"は"阿多"の身体の一部であり，身体部位"头"はその領属主を抜きにしては語れない。つまり，

"头"と"阿多"は密接不可分の関係にあると言うことができる。従って，例(13)"阿多被他哥哥抱住了头"［阿多は兄に頭を抱え込まれた］の表す動作内容は，"阿多被他哥哥抱住了"［阿多は兄に抱え込まれた］の表す動作内容を含意しているとみてよい。

〈図1〉 例(13)における領属関係（全体－部分）：

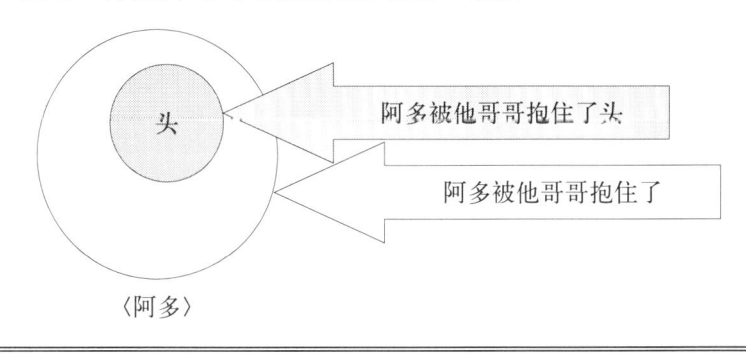

头

阿多被他哥哥抱住了头

阿多被他哥哥抱住了

〈阿多〉

これをデキゴトの経験という観点から考察すると，例(13)では領属主"阿多"が自分の身体部位"头"を通じてデキゴトに直接関与[4]しており，身体部位に与えられた影響を直接経験していると言える。領属性"被"構文は領属先に関する叙述であるが，直接受身である例(13′)は領属物についての叙述であり，領属先がそのデキゴトの影響を受けているかどうかについては述べていない。

(13′)　阿多的头被他哥哥抱住了，(他)只能荷荷地哼。
　　　［阿多の頭は兄に抱え込まれ，彼はハァハァと苦しそうに唸ることしかできなかった］

例(14)，例(15)においても同様に解釈することができる。例(14)における賓語"辫子"［辮髪］は主語"他"の，例(15)における賓語"鼻子"［鼻］は省略された主語"他"の身体部位であり，主語と賓語の間には不可譲

渡所有の関係が認められる。

(14) <u>他</u>偏要死进城去，滚进城去，进城便被人剪去了<u>辫子</u>。从前是绢光乌黑的辫子，现在弄得僧不僧道不道的。　　　　《风波》
［彼はどうしても街に行くといい，街に転がり込むと辮髪を切られてしまった。以前のつやつやとした真っ黒の辮髪は，今となっては跡形もない］

(15) 只是在偶然的情况下，<u>他</u>模胡地感觉到自己的生活要听从美兰的安排。有时简直是被美兰牵着<u>鼻子</u>走。这使他有些不快。《蝴蝶》
［ただ，彼はたまに漠然と自分の生活が美蘭の采配に服従しなくてはならないように感じた。時にはまるで美蘭に鼻を引っ張られて歩いているように感じた。これは彼を些か不快にさせた］

身体部位について言及することは，その領属主について言及することでもある。例(15)において，実際引っ張られたのは"鼻子"であるが，これは「鼻」の領属主である"他"自身が引っ張られたことをも含意している。これは，身体部位に加えられた行為を，身体そのものに加えられた行為と認識するからであり，身体部位が全体に対する部分という密接な関係を表しているからに他ならない。

次に，以下のような表現例はどのように解釈すべきであろうか。

(16) 一向自信力很强的<u>潘副书记</u>，现在完全被剧烈地刺伤了<u>自尊心</u>。
　　　　　　　　　　　　　　　　　　　　　　　　　　《班主任》
［いつもは自信満々の潘副書記も，今ではすっかりプライドをズタズタにされてしまった］

(17) <u>钱太太</u>本来已经止了悲，却又被儿子的话引起了<u>心事</u>。　　《家》
［銭夫人の悲しみはもともと既に収まっていたのだが，息子の言葉にまた心配がぶり返してしまった］

(18) 同伴们知道，<u>他</u>是被那远处人家的景色，勾引起深沉的<u>怀乡病</u>了，但却没有谁来安慰他，只是一阵地瞎打趣。　　　　　　　《山峡中》

［彼があの遠くの人家の景色に深い望郷の念を募らせていることを仲間たちは知っていた。しかし，誰も彼を慰めはせず，ただひとしきり冷やかした］

例(16)における賓語"自尊心"［プライド］の領属先は"藩副書記"である。従って，例(16)は他動詞文"剧烈地刺伤了藩副书记的自尊心"［藩副書記のプライドをズタズタにした］における"自尊心"の領属主"藩副書記"が主題化され，文頭に立った領属性"被"構文である。

しかしこの例文における主語と賓語の関係は，例(13)～例(15)における関係とは異なる。例(16)～例(18)における"藩副书记"と"自尊心"，"钱太太"と"心事"［心配事］，"他"と"深沉的怀乡病"［深い望郷の念］の関係は身体とその一部（全体－部分）という関係ではなく，賓語は主語のある側面的特徴である「属性」を表している。

「属性」には身長，体重，健康状態といった準身体的な領属関係や，性質，感情，意識といった精神的な領属関係が含まれる。この「属性」の類も，程度や内容の差こそあれ，それが原則として人間全てに等しく，且つ不可分に領有されているという点で，不可譲渡の関係にあると言うことができる。例(16)の"自尊心"，例(17)の"心事"，例(18)の"深沉的怀乡病"は全てある種の「感情」を表しているが，感情は人間であれば等しく領有している属性の一つである。その感情が何らかのデキゴトにより様々に形（ここでは「プライド／心配事／ホームシック」）を変えて現れるのであるが，これらの感情を感知・認識するのは本体である領属主であり，この点で領属主はデキゴトに直接関与しており，その影響を直接経験していると言える。

ここまで，領属性"被"構文における主語と賓語が身体部位（第2章2.2.1.「全体－部分関係」を参照）と属性（第2章2.2.2.「本体－属性関係」を参照）の関係にある場合を検証してきたが，領属関係はこれだけではない。例えば，祖父母，両親，兄弟姉妹をはじめとする人間関係（第2章2.2.3.「相互依存関係」を参照）も領属関係に含まれ，世界の多くの言語において不可譲渡所有として扱われることが多い。また，カバンや眼鏡，

本，自転車など一般的な領属物（第2章 2.2.4.「任意的領属関係」を参照）も領属関係に含まれる。

　日本語には，次の例(19a)，例(20)のような間接受身やはた迷惑の受身（三上 1972）と呼ばれる受身が存在する。日本語の間接受身文の特徴は，対応する例(19b)のような能動文より項を一項増やし，「迷惑」の意味を生じるところにある。

(19) a. 田中さんは事故で弟に死なれた[5]。
　　 b. 田中さんの弟は事故で死んだ。
(20) 　私は昨晩，隣人にピアノを弾かれて一睡もできなかった。

　さらに，受身の主語と目的語の間に領属関係が存在する例(21a)のような受身文は，持ち主の受身（仁田 1997）や所有受身（森山 1988），中間受身などと呼ばれ，対応する能動文よりも項を一項増やす点で間接受身と共通するが，再帰代名詞支配や迷惑の意味の有無などの点で異なる振る舞いを見せることが指摘されている[6]。

(21) a. 太郎は知らない男に頭を殴られた。
　　 b. 知らない男は太郎の頭を殴った。

　持ち主の受身における領属物には，例(21a)のような身体部位「頭」だけではなく，例(22)の「弟」のような親族関係や，例(23)の「財布」のような持ち物なども含まれる。

(22) 　太郎は通り魔に弟を殺された。
(23) 　太郎は泥棒に財布を盗まれた。

例(21a)のような例は，中国語では"太郎被陌生人打伤了头。"のように表現できることは既に見てきたが，例(22)や例(23)のようなタイプはど

のように表現するのであろうか。呂叔湘 1965 が指摘するように，領属性"被"構文における主語と賓語の間に領属関係が認められるとするならば，例(22)や例(23)に挙げるような受身文に対応する表現が，現代中国語においても存在するはずである。

以下では，第2章 2.2. において下位分類した領属関係の4つのタイプ——全体−部分関係，本体−属性関係，相互依存関係，任意的領属関係がそれぞれ領属性"被"構文の成立にどのように関与しているかについて考察していく。

5.1.3. 領属性"被"構文における領属関係

分析の対象とした例文は，大多数が小説から抽出したものに改変を加えており，一部作例も加えた。尚，考察条件をできる限り一定にするため，以下の条件を満たしている表現例だけを分析の対象とする。

〈分析対象〉
 ⅰ）〈Na＋的＋Nc＋被＋Nb＋VR 了〉の形に書き換え可能な表現（Na は受事，Nc は受事の領属物，Nb は施事を表す）。
　　e.g.）他被敌人打伤了腿。　　［彼は敵に足をやられた］
　　　⇒他的腿被敌人打伤了。　　［彼の足は敵にやられた］
 ⅱ）Na は人物に限定する。
 ⅲ）"被"の後には，必ず施事を含む。
 ⅳ）動詞句は〈VR 了〉の形をとり，"被"構文が〈被害・迷惑〉の意味を表す。

5.1.3.1. 全体−部分

(24) 他被人家紧紧地绑住了<u>手和脚</u>。　　　　　　　　　　【1.00】
　　　［彼は手と足をきつく縛り上げられた］

(25) 他被人剪去了<u>辫子</u>。　　　　　　　　　　　　　　　【1.00】
　　　［彼は（人に）辮髪を切られた］

(26) 他被炮弹炸掉了<u>手指头</u>。　　　　　　　　　　　　　【1.00】
　　　［彼は爆弾に指を吹き飛ばされた］

(27) 他被机器的噪音震坏了<u>耳朵</u>。　　　　　　　　　　　【1.00】
　　　［彼は機械の騒震音で耳をやられた］

　領属性"被"構文において，賓語の位置に身体部位がくる場合，インフォーマントの全てが適格な表現であると判断した。この結果は，先行研究における分析結果とも一致する。

　例(24)における賓語"手和脚"［手と足］の領属先は主語"他"である。"手和脚"は"他"の身体の一部であり，両者は不可譲渡の関係にある。つまり，"他被人家紧紧地绑住了手和脚"［彼は手と足をきつく縛り上げられた］が表す動作内容は"他被人家紧紧地绑住了"［彼はきつく縛り上げられた］ことを含意しており，"人家紧紧地绑住了"［（ある）人がきつく縛り上げた］という行為の影響（被害・迷惑）が直接的に主語"他"に及んでいるのである。これは例(25)〜例(27)においても同様に解釈することができる。

　身体部分とその領属先とは密接不可分の関係にあり，身体部分に加えられた動作が，その領属主自体に加えられた動作と認知されるのは極めて自然なことである。領属性"被"構文における主語（領属主）が直接的に影響を蒙る受事であると解釈することができるのはこのためである。

5.1.3.2. 本体－属性

(28) 她觉得好像被人窥到了<u>心里的隐私</u>似的。　　　　　【1.00】
　　　［彼女は人に心の中の秘密を覗かれたように感じた］

(29) 警察显现出被人触痛了<u>伤疤</u>似的痛苦表情。　　　　【0.95】
　　　［警官は誰かに傷を触れられたかのような苦痛の表情を浮かべた］

(30) 我们部队被这一暴行激起了<u>更强烈的仇恨</u>。　　　　【0.80】
　　　［我々部隊はこの暴行に更なる強烈な憎しみが沸き起こった］

(31) 他被鸦片弄坏了<u>健康</u>。　　　　　　　　　　　　　【0.80】
　　　［彼はアヘンで健康を損なった］

　賓語に属性がくる場合，領属性"被"構文が成立する容認度は，身体部位の場合と比較すると若干低い[7]。身体部位が全体－部分関係を表す不可譲渡所有であったのに対し，属性は領属主のある側面的特徴や性質／状態を表し，身体部位と同様に密接不可分な不可譲渡所有である。

　例(28)における賓語"心里的隐私"［心の中の秘密］の領属主は主語"她"である。"心里的隐私"は「感情」や「意識」といった誰もが等しく領有し得る精神的属性であり，この点で主語"她"にとって不可譲渡な領属物であると言うことができる。従って，"她被人窥到了心里的隐私"［彼女は人に心の中の秘密を覗かれた］が表す動作内容は"她被人窥到了"［彼女は人に覗かれた］が表す事柄を含意しているとみなすことができる。しかし，その含意性，一体性は，主語と賓語が全体－部分関係の場合ほど高くはない。例(29)，例(30)も同様に解釈することができる。不可譲渡性の高い領属物とされる「性格」や「思想」，「感情」のような属性の場合，施事による行為によって影響を受けたとしても，身体部位ほど義務的に領属主がその影響を直接経験するとは考えられない。この点で，身体部位のほうが属性よりも不可譲渡性が高いといえよう。

　また，例(31)の賓語"健康"は「健康状態」という，人間全てに等しく，且つ不可分に領有されている準身体的属性であり，不可譲渡所有であると言うことができるが，例(31)を"他被鸦片弄坏了<u>身体</u>。"［彼はア

ヘンで体を壊した]のように主語と賓語を全体 − 部分関係にするとより自然な表現となる。このことからも，属性よりも身体部位の方が領属主との関係がより密接であり，領属主の領有意識の強いことが窺い知れる。

5.1.3.3. 人間関係

(32) ??太郎被歹徒杀死了弟弟。　　　　　　　　　　　　　　【0.25】
　　　[「太郎は通り魔に弟を殺された」の意]

(33) *王五被邻居打伤了孩子。　　　　　　　　　　　　　　【0.20】
　　　[「王五は近所の人に子供を殴られた」の意]

(34) *张三被某人拐骗了女儿。　　　　　　　　　　　　　　【0.20】
　　　[「張三は何者かに娘を誘拐された」の意]

親族関係に代表される相互依存関係が世界の諸言語では不可譲渡所有として扱われることが多いことは第1章で指摘したが，現代中国語の領属性"被"構文においては，例(32)～例(34)のように限りなく非文に近い表現となる。

これら人間関係の領属タイプは，日本語と中国語とでは統語的振る舞いが異なる。例えば，例(32)において，日本語で「太郎は通り魔に弟を殺された」といった場合，「太郎は弟を通り魔に殺されたことによって（間接的に）被害を受けた受事である」と捉えられ，「通り魔が殺害する」というデキゴトに直接関与していなくても（直接関与するのは「弟」）成立する。

一方，中国語ではこの「『通り魔が殺害する』というデキゴトに『太郎』が直接関与していない」ことが，"*太郎被歹徒杀死了弟弟。"が非文となる要素となっている。"歹徒杀死了"の表す動作行為の影響（被害・迷惑）は賓語"弟弟"には直接及んでいるが，主語"太郎"には及んでいない。即ち，"*太郎被歹徒杀死了弟弟。"の表す動作内容は"太郎被歹徒杀死了"[太郎は通り魔に殺された]が表す事柄を全く含意していな

いため，主語"太郎"が直接的に影響を受ける受事であるとは認識されないのである。従って，上記の内容を"被"構文で表現するならば，受事である"太郎的弟弟"［太郎の弟］が主題化され文頭に立った例(32′)のようになる。例(33)，例(34)も同様に，例(33′)，例(34′)ならば成立する。

(32′)　太郎的弟弟被歹徒杀死了。
　　　　［太郎の弟は通り魔に殺された］
(33′)　王五的孩子被邻居打伤了。
　　　　［王五の子供は近所の人に殴られた］
(34′)　张三的女儿被某人拐骗了。
　　　　［張三の娘は何者かに誘拐された］

5.1.3.4. その他の領属関係

その他の領属関係については，構文成立の容認度と主語・賓語間の領属形態の相違，即ち領属物を領属主が装着しているか否かを基準に，〈タイプⅠ〉と〈タイプⅡ〉に大別することができる。

先ず，〈タイプⅠ〉について見てみよう。

〈タイプⅠ〉
(35)　他被小偷偷走了钱包。　　　　　　　　　　　　　【1.00】
　　　　［彼は泥棒に財布を盗まれた］
(36)　我被太郎撕破了衣服。　　　　　　　　　　　　　【0.95】
　　　　［私は太郎に服を破られた］
(37)　她被大风吹走了帽子。　　　　　　　　　　　　　【0.90】
　　　　［彼女は大風に帽子を吹き飛ばされた］
(38)　?张三被李四打坏了眼镜[8]。　　　　　　　　　　【0.55】
　　　　［「張三は李四に眼鏡を殴られ壊れた」の意］

〈タイプⅠ〉における賓語"钱包／衣服／帽子／眼镜"［財布／服／帽子／眼鏡］は全て任意的な一般領属物であるが，領属性"被"構文の成立容認度は属性と同等であるという結果が得られた。但し，この賓語の位置にある領属物は身に付けた状態——即ち装着中であると解釈される傾向にある。例(35)について言えば，「携帯していた財布を盗まれた」という意味であり，「どこかに置いてあった財布が盗まれた」わけではない。"他被小偷偷走了钱包。"［彼は泥棒に財布を盗まれた］が表す動作行為は，"他被小偷偷走了"［彼は泥棒に盗まれた］を含意しており，"小偷偷走了"［泥棒が盗み去った］が表すデキゴトの影響は，直接的に主語"他"［彼］に及んでいる。このことから，現代中国語においては，装着中の衣類や財布などはヒトの身体の一部に準ずる領属物として認識されていることが窺い知れる。

次に，主語と賓語の領属関係が以下の例(39)～例(45)に挙げるような一般領属物〈タイプⅡ〉である場合，インフォーマントの大多数がこのような領属性"被"構文を不自然であると判断した。

〈タイプⅡ〉

(39) ?我被妻子偷看了日记。　　　　　　　　　　　　　【0.70】
　　　［「私は妻に日記をこっそり読まれた」の意］

(40) ?他被李四盗用了作品。　　　　　　　　　　　　　【0.65】
　　　［「彼は李四に作品を盗用された」の意］

(41) ??她被大卡车撞坏了车。　　　　　　　　　　　　　【0.45】
　　　［「彼女はトラックに車をぶつけられた」の意］

(42) ??他被洪水淹没了房子。　　　　　　　　　　　　　【0.45】
　　　［「彼は洪水で家を水浸しにされた」の意］

(43) ??我被太郎撕破了情书。　　　　　　　　　　　　　【0.25】
　　　［「私は太郎にラブレターを破られた」の意］

(44) *我被妻子偷看了保险单。　　　　　　　　　　　　【0.00】
　　　［「私は妻に保険証券をこっそり見られた」の意］

（45）＊我被太郎撕破了报纸。【0.00】
　　　［「私は太郎に新聞を破られた」の意］

　例えば，例(42)が不自然な表現であると判断されるのは，"洪水淹没了"［洪水が水浸しにした］の表すデキゴトの影響（被害・迷惑）は賓語"房子"［家］には直接及んでいるが，主語"他"には及んでいないためである。「洪水によって水浸しになった」のは「家」であって，「彼」ではない。"??他被洪水淹没了房子。"の表す内容は"他被洪水淹没了"［彼は洪水に水浸しにされた］が表す事柄を含意していないため，主語"他"が直接的に影響を受ける受事であるとは認識されないのである。

　しかしながら，上に挙げた例文の成立容認度からも分かるように，同じ一般領属物であっても，限りなく自然に近い表現から非文まで，その容認度には幅が見られる。例えば，例(39)の主語"我"と賓語"日記"，例(40)の主語"他"と賓語"作品"の領属関係は，いずれも「作者」と「その作品」という，比較的緊密且つ具体的な領属関係であると言うことができる[9]。一方，例(44)が例(39)と同じ動詞と施事（"我被妻子偷看了……"）をとりながらも非文と判断されるのは，主語"我"と賓語"保险单"の領属関係が「作者」と「その作品」という関係に比べ，暗示的であり不可分性に乏しいためであると考えられる。例(43)と例(45)を比較した際，不自然ながらも例(43)の方が若干容認度が高い理由も，同様に解釈することができる。

　以上の判定結果から，本来任意的な一般領属物であっても，〈装着類〉や〈作品〉など領属先との関係が想定しやすく，且つ緊密性が高い領属物であると認識されれば比較的容認度が高くなるなど，〈その他の領属関係〉の中には，不可譲渡性の高いものから低いものまでいくつもの階層が存在することが明らかとなった。

5.1.4. まとめ

　本節では，現代中国語の"被"構文（介詞"被"を用いた受動文）の

中でも，特に領属性"被"構文を考察の対象とし，当該構文中における主語と賓語との間に領属関係が成り立つことを具体的な用例を挙げながら検証してきた。そして考察の結果，領属主が自らの領属物を通じてデキゴトに直接関与しており，その影響を直接経験する場合，領属性"被"構文が成立することを指摘した。

また，第2章2.2.において下位分類した領属関係の4つのタイプ——全体－部分関係，本体－属性関係，相互依存関係，任意的領属関係を領属性"被"構文の主語と賓語に組み入れ，それぞれ構文成立の容認度について平均値を示しながら考察した。これを図示すると〈図2〉のようになる。

〈図2〉 領属性"被"構文 各例文の容認度平均値：

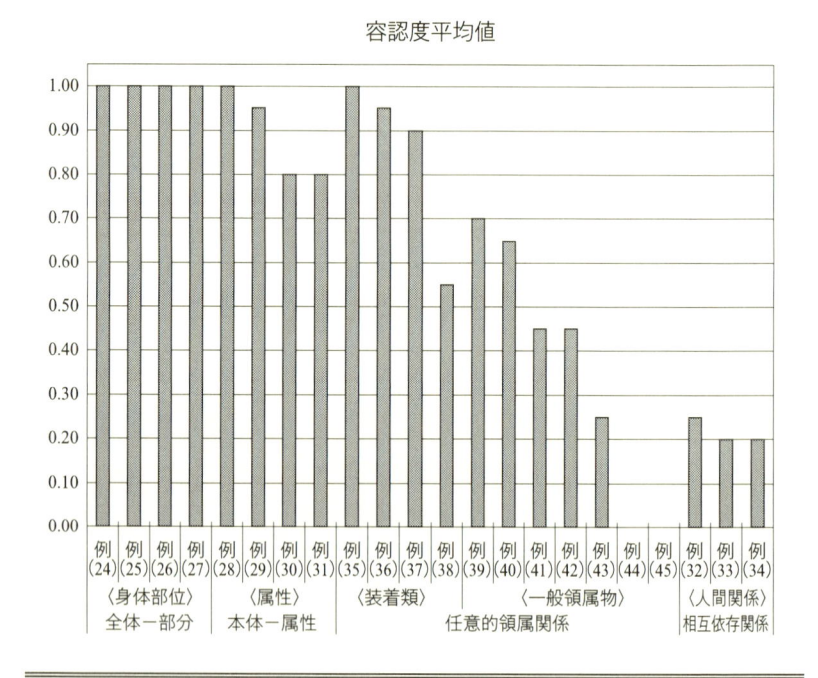

容認度平均値

〈図2〉からは，上に挙げた全ての領属関係において領属性"被"構文が成立するわけではなく，〈身体部位〉，〈属性〉，〈装着類〉，〈一般領属物〉／〈人間関係〉[10]の順に構文成立の容認度が低くなっていくことが分かる。また，これら領属関係はそれぞれ独立して存在するのではなく，不可譲渡から可譲渡へと連続的・階層的な傾斜（cline）を成していることが見て取れる。

5.2. "領主属賓句"における主語・賓語間の意味関係

5.2.1. 本節の視点

第4章4.3.では，"領主属賓句"の意味機能及び主語・賓語間の領属関係について，認知的な観点から考察し，"領主属賓句"が領属先（主語）の意志やコントロールを離れたところで，領属物（賓語）が自発的に〈出現〉，〈消失〉することを表す構文であることを論証した。

以下に挙げる例(46)と例(47)を比較してみよう。文脈などを考慮に入れず以下の例文が提示される場合，例(46)は問題なく成立するのに対し，例(47)は容認度の低い不自然な文であると判断される。両者は賓語が異なるだけである。

(46) 张三死了一个儿子。
　　　［張三は息子が死んだ］
(47) ˀ张三死了一条狗。

例(46)において，"一个儿子"が"张三"の息子であることは自明であり，"他的一个儿子"［彼の息子］のように領属先を統語的に明示（overt）する必要はない。換言すれば，当該構文が成立する背景には，主語と賓語の間に領属先と領属物という関係が存在しなければならない（第4章4.3.を参照）。しかし，この定義では，例(47)が不自然な表現となる理由

を説明することができない。なぜなら、"張三"と"一条狗"［1匹の犬］の間に、「飼主」と「飼い犬」という領属関係が存在する可能性を否定できないからである。然らば、如何なる領属関係が当該構文の成立に関与しているのであろうか。

本節では、"領主属賓句"において、先ず主語と賓語の間に具体的にどのような領属関係が存在するかについて、第2章2.2.で下位分類した領属タイプ（全体－部分関係、本体－属性関係、相互依存関係、任意的領属関係）を基準に検証していく。また、5.1.における考察と同様に、これらの領属関係がそれぞれ独立して存在するのではなく、ある一定の連続体を形成していることを、可譲渡／不可譲渡所有の観点から論証していく。

5.2.2. "領主属賓句"における主語と賓語の意味関係

(48) 在一次事故中，张三的儿子死了。
　　　［張三の息子が事故で死んだ］
(49) 在一次事故中，张三死了一个儿子。
　　　［張三は息子が事故で死んだ（張三は息子に事故で死なれた）[11]］

先ず、例(48)と例(49)を比較してみよう。「張三の息子が事故で死んだ」という意味では、例(48)と例(49)は客観的に同一の事態を表しているが、話題の焦点（focus）が異なる。つまり、例(48)の話題の焦点は"儿子"であり、"张三"は"儿子"の領属先を限定する副次的な成分でしかないのに対し、例(49)の話題の焦点は"张三"であり、「張三は息子が事故で死ぬことにより、（間接的に）被害を受けた」と解釈されるように、あくまでも「張三がどうした」かについて述べることに主眼が置かれている。これを本節の関心に即して言うと、例(49)のような"領主属賓句"が成立するには、領属先にとって領属物の〈出現〉、〈消失〉が認知的に際立った、目を向けるに値する情報でなければならず、換言すれば、当該構文のVO部分が、領属先に本質的な影響を与えるコトガラ

でなければならないことを示唆している。例えば、文脈などを考慮に入れない場合、例(49′)のように"张三死了一条狗。"とすると、「犬が死ぬ」ことが「张三」にどのような本質的な影響を与えるかが不明瞭で不自然となる。一方、例(50)では「猟犬が死ぬ」ことは「猟師」にとって認知的に突出した事態であり、直接的な影響を与えるコトガラとして理解されるため成立する。

(49′) ?在一次事故中，<u>张三</u>死了<u>一条狗</u>。
(50) 在一次事故中，<u>那个猎人</u>死了<u>一条狗</u>。
　　　[その猟師は事故で猟犬に死なれた]

然らば、どのような領属物の〈出現〉、〈消失〉が領属先に直接的な影響を与えるのであろうか。そこで、本節では以下のような仮説を立ててみる。

〈仮説〉
　　<u>領属先と密接不可分な領属物が〈出現〉、〈消失〉するとき、領属先に直接的な影響を与えるコトガラと成り得る</u>。従って、"領主属宾句"は、領属先（主語）と密接不可分な領属物（賓語）の〈出現〉や〈消失〉を描く構文である。

以下ではこの仮説の妥当性を検証し、"領主属宾句"において如何なる領属関係が当該構文の成立に関与しているかについて考察する。

5.2.3. "領主属宾句"における領属関係

第2章2.2.における領属の下位分類に拠れば、領属先と密接不可分な領属物には、以下の3タイプが挙げられる。これら名詞群は、自らの存在が他者との関係（参照点）によってのみ規定され得る名詞であり、依存性名詞もしくは不可譲渡名詞（inalienable noun）と呼ばれている。

〈表1〉 不可譲渡名詞（IAN）：
① 全体－部分：（身体部位）手，足，髪，尻尾，目，頭　など
② 本体－属性：性質，特徴，感情，意識，形状　など
③ 相互依存：（親族関係）夫，妻，父，母，子，兄弟姉妹　など

(第3章 3.3.3.〈表2〉を再掲)

〈表1〉に挙げるような，領属物が領属先の存在を前提とし，互いに規定し合う密接不可分な領属物は，例えば「本」や「カバン」のような任意的（optional）な領属物とは統語的にも意味的にも区別される。以下では，実際にこれらの領属関係が"領主属賓句"の成立にどのように関与しているか，それぞれ具体的に考察していく。

5.2.3.1.　全体－部分

先ず，主語・賓語間が全体－部分関係にある場合について考察していく。

次の例(51)～例(54)における領属物（賓語）は全て領属先（主語）の身体部位，もしくは全体の一部である。

(51)　张三折了一条胳膊。　　　　　　　　　　　　　　　【1.00】
　　　［張三は腕が（1本）折れた］

(52)　婴儿已经长全了奶牙。　　　　　　　　　　　　　　【1.00】
　　　［赤ん坊は乳歯が全部生えそろった］

(53)　那家工厂塌了一堵墙。　　　　　　　　　　　　　　【1.00】
　　　［その工場は壁が崩れた］

(54)　这把茶壶碎了个盖儿。　　　　　　　　　　　　　　【0.95】
　　　［この急須は蓋が割れた］

例(51)を例に考えてみると,「張三と密接不可分な身体部位である腕が折れる」ことは張三に直接的な(不如意の)影響を与えるコトガラ(〈消失〉)であり,また同様に,例(52)において「乳歯」が全て生えそろうことは領属先である「赤ん坊」にとって認知的に突出した身体変化(〈出現〉)である。例(53),例(54)のように領属先がモノである場合も同様に,その一部が〈出現〉,〈消失〉することに認知的な際立ちが与えられる。

このように,"一条胳膊／奶牙／一堵墙／(一)个盖儿"[腕／乳歯／壁／蓋]のような部分名詞はその母体となる全体名詞"张三／婴儿／那家工厂／这把茶壶"[張三／赤ん坊／その工場／この急須]の存在を前提としており,その一部分が〈出現〉,〈消失〉することは,領属先に直接的な影響を与えるコトガラになり得ると考えられる。

5.2.3.2. 本体－属性

次に,主語・賓語間が本体－属性関係にある場合について考察していく。

以下に挙げる例(55)～例(58)における領属物(賓語)は,領属先(主語)が普遍的に兼ね備える側面的特徴,即ち属性である。このタイプは,全体－部分関係より構文成立度が若干低いものの,問題なく成立する。

(55) 我奶奶最近又犯了关节炎。　　　　　　　　　　　【1.00】
　　　[祖母は最近また関節炎が再発した]
(56) 可是,在美国,她就产生了这样一种认识：美国,就应该如此。
　　　　　　　　　　　　　　　　　　　　　　　　　【0.95】
　　　[しかし,アメリカで彼女にこのような認識が芽生えた。「アメリカはこうでなくては。」]
(57) 他又一次破灭了建立家庭的希望。　　　　　　　　【0.80】
　　　[彼はまたもや家庭を築き上げる希望が消え失せてしまった]
(58) (父亲一死)家里的生活立刻就断了来源。　　　　　【0.80】

[(父の死により) 家の生活はすぐにその (経済的) 根源を絶たれてしまった]

例(55)は"我奶奶"[祖母] において持病という属性"关节炎"[関節炎] が再発 (〈出現〉) したことを表しており, 例(57)では"他"の中から"(建立家庭的)希望"[(家庭を築く)希望] が消え失せた (〈消失〉) ことを表す。例(56)の"认识"や例(57)の"希望"はある種の「意識」を表しているが, 意識や感情は人間であれば等しく領有している属性の一つである。また, 例(58)の"来源"[経済的根源] は"(家里的)生活"が兼ね備える属性であり, これが断たれることは,「家の生活」に直接的な影響を与え得ると解釈できる。

このように, "关节炎／(这样一种)认识／(建立家庭的)希望／来源" [関節炎／(このような)認識／(家庭を築く)希望／根源] のような属性名詞は, その本体である"我奶奶／她／他／家里的生活"[祖母／彼女／彼／家の生活] が存在して初めて属性たり得る密接不可分な関係にあり, このような属性の〈出現〉, 〈消失〉はその本体にとっても直接的な影響を引き起こすと考えられる。

5.2.3.3. 人間関係

次の例(59)～例(62)における領属先 (主語) と領属物 (賓語) は相互依存関係であり, ある種の人間関係を表している。相互依存関係では, 全体－部分関係, 本体－属性関係に続き, 構文成立度が若干劣るが, ほぼ自然な表現として成り立つ。

(59) 他 30 岁那年死了媳妇, 到现在还没娶上。　　　　【0.95】
　　　　[彼は 30 歳で嫁に死なれてから, いまだ嫁を娶っていない]
(60) 李四为学费而困惑的时候, 出现了一个乐于资助他的人。【0.80】
　　　　[李四は学費の工面に困っていた時, 資金援助をしてくれる人が現れた]

(61)　去年，我又多了个弟弟。　　　　　　　　　　　　　【0.80】
　　　［去年，私はまた弟が 1 人増えた］
(62)　[?]王五来了三位外国客人。　　　　　　　　　　　　【0.70】
　　　［「王五に外国人の客が 3 人やって来た」の意］

　例(59)では，領属物が"媳妇"［嫁］であることから，領属先"他"は「夫」であると規定される。また，「嫁に死なれる」ことは"他"にとって重大な〈消失〉であると言えよう。このように "媳妇／一个乐于资助他的人／（一）个弟弟／三位外国客人"［嫁／資金援助をしてくれる人／弟／3 人の外国人客］は"他（＝夫）／李四（＝資金援助を受ける側）／我（＝兄／姉）／王五（＝ホスト側）"［彼／李四／私／王五］の存在を前提として規定される人間関係であり，このような対象が領属先の眼前から〈出現〉，〈消失〉することは，やはり領属先に直接的な影響を与えるコトガラと認識される。

5.2.3.4. その他の領属関係

　領属物には以上の 3 タイプ以外にも，所謂任意的（optional）な一般領属物がある。これらは"领主属宾句"の成立に関与しているのであろうか。以下の例を見てみよう。

(63)　[?]老梁死了一条狗。　　　　　　　　　　　　　　　【0.65】
　　　［梁さんは犬が（1 匹）死んだ］の意］
(64)　[?]老张最近黄了买卖。　　　　　　　　　　　　　　【0.65】
　　　［「張さんは最近商売がだめになってしまった」の意］
(65)　^{??}张三烂了一筐梨。　　　　　　　　　　　　　　　【0.45】
　　　［「張三は梨がひとかご腐ってしまった」の意］
(66)　^{??}他跑了三只蛐蛐儿。　　　　　　　　　　　　　　【0.45】
　　　［「彼は 3 匹のこおろぎが逃げてしまった」の意］

前述したように，文脈を考慮しない場合，例(63)"?老梁死了一条狗。"とすると，たとえ"老梁"と"一条狗"の間に「飼主」と「飼い犬」という領属関係が存在したとしても不自然な表現となる。これは，"老梁"と"一条狗"の領属関係が任意的であり，「犬が死ぬこと」が「老梁」にどのような直接的な影響を与えるかが不明瞭なためである。同様に，例(64)"老张"と"买卖"[商売]，例(65)"张三"と"一筐梨"[ひとかごの梨]，例(66)"他"と"三只蛐蛐儿"[3匹のこおろぎ]における領属関係も任意的なものであり，偶有的な領属物が領属先に直接的な影響を与えるとは考えにくい。従って，不自然であると判断されるのである。

しかし，これらは文脈支持や修飾成分を付加することで成立可能となる。

(63′) 老梁死了他那条心爱的养了十几年的狗。　　（杉村 1981）【0.85】
　　　[梁さんは彼が十数年可愛がって飼っていた犬に死なれた]

(64′) 老张最近黄了一个很大的买卖。　　　　　　　　　　　【0.95】
　　　[張さんは最近大きな商売がだめになってしまった]

(65′) 张三烂了辛辛苦苦背回来的一筐梨。　　　　　　　　　【0.80】
　　　[張三は苦労して担いできた梨がひとかご腐ってしまった]

(66′) 他跑了精心饲养的三只蛐蛐儿。　　　　　　　　　　　【0.90】
　　　[彼は大事に飼っていた3匹のこおろぎが逃げてしまった]

例えば，例(63′)のように領属物を"他那条心爱的养了十几年的狗"[彼が十数年可愛がって飼っていた犬]とすることで，文としての容認度が高くなる。これは，文脈支持や賓語に修飾成分を加えることにより，主語・賓語間における領属関係の不可譲渡性が高まるからであり，そのような依存性（dependency）の高い領属物が〈出現〉，〈消失〉することは，領属先にとっても直接的な影響を与えるコトガラとなり得ると判断されるからである。本来任意的な領属物も文脈や修飾成分などにより，領属先にとって不可欠な領属物であると認識されれば，成立可能となるので

ある。

5.2.4. まとめ

　以上本節では，全体－部分，本体－属性，人間関係のような領属先の存在を前提とする依存性の高い領属物が"領主属賓句"の成立に大きく関与していることを検証し，5.2.2. で立てた仮説の妥当性を論証した。しかし一方で，任意的な一般領属物であっても，文脈支持や賓語に修飾成分を加えることで主語・賓語間における領属の不可譲渡性が高まれば，VO 部分が主語に直接的な影響を与えるコトガラであると解釈され，成立可能となることを指摘した。

　また，第 2 章 2.2. において下位分類した領属関係の 4 タイプ——全体－部分関係，本体－属性関係，相互依存関係，任意的領属関係を"領主属賓句"の主語と賓語に組み入れ，それぞれ構文成立の容認度について考察してきた。構文成立の平均値を図示すると，次頁の〈図 3〉のようになる。

　〈図 3〉からは，上に挙げた全ての領属関係において"領主属賓句"が等しく成立するわけではなく，〈身体部位（モノの一部分）〉，〈属性〉，〈人間関係〉，〈一般領属物〉の順に構文成立の容認度が低くなっていくことが分かる。また，〈表 3〉からはこれら領属関係がそれぞれ独立して存在するのではなく，不可譲渡から可譲渡へと連続体を成していることが見て取れる。

〈図3〉 "領主属宾句" 各例文の容認度平均値：

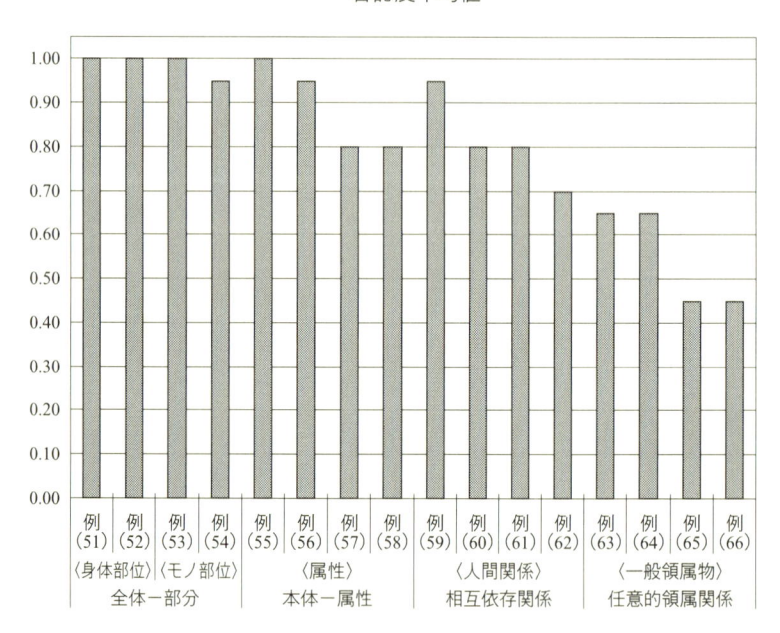

容認度平均値

| 例(51) | 例(52) | 例(53) | 例(54) | 例(55) | 例(56) | 例(57) | 例(58) | 例(59) | 例(60) | 例(61) | 例(62) | 例(63) | 例(64) | 例(65) | 例(66) |

〈身体部位〉〈モノ部位〉　〈属性〉　　〈人間関係〉　　〈一般領属物〉
　全体－部分　　本体－属性　相互依存関係　任意的領属関係

5.3. 〈N_1＋V 得＋N_2＋VP〉構文における N_1・N_2 間の意味関係

5.3.1. 本節の視点

　本節では〈N_1＋V 得＋N_2＋VP〉構文について，N_1 と N_2 の意味関係に着目し，特に N_1 と N_2 の間に領属関係が存在する表現形式について，その統語的・意味的特徴を抽出していく。また，具体的にどのような領属関係が〈N_1＋V 得＋N_2＋VP〉構文の成立に関与しているかについて，第 2 章 **2.2.** で下位分類した領属タイプ（全体－部分関係，本体－属性関係，相互依存関係，任意的領属関係）を基準にそれぞれ当てはめ，構文成立の容認度と領属タイプの相関性について検証していく。

　考察対象とする〈N_1＋V 得＋N_2＋VP〉構文とは，所謂"得"補語文[12]における補語成分〈N_2＋VP〉が主述構造をなす表現形式を指す。具体的には以下のような例が挙げられる。

(67)　小李害得我那天晚上连觉也没睡好。
　　　［李さんのせいで，私はその晩一睡もできなかった］
(68)　这杯酒喝得他晕头转向。
　　　［この酒を飲んで，彼は頭がクラクラした］
(69)　世界很大，大得你永远无法知道自己是在哪里。
　　　［世界は君が自分がどこにいるのか永遠に知るすべがないくらい大きい］
(70)　她紧张得手直发抖。
　　　［彼女は緊張して手がブルブル震えた］

　例(67)～例(70)における補語成分〈N_2＋VP〉は全て名詞性成分 N_2 と述詞性成分 VP から構成されており，両者の間には陳述・被陳述の関係——即ち主述関係が存在している。本節では，このような主述フレーズ

を伴う "得" 補語文を、記述の便宜上、⟨N_1＋V 得＋N_2＋VP⟩ と表記することにする。

これに対し、次の例(71)、例(72)における VP "好苦哇／牙痒痒的" [苦労する／歯がムズムズする] は、N_1 "我／老百姓" [私／民衆] を叙述しており、⟨N_2＋VP⟩ は主述構造をなさない。従って、本節ではこのような表現形式は考察対象からは除外する。

（71） 我找得你们好苦哇！
[君たちを探すのに私は随分苦労したよ！]
（72） 老百姓都恨得他牙痒痒的。
[民衆は彼が憎くてたまらない]

5.3.2. ⟨N_1＋V 得＋N_2＋VP⟩ 構文における N_1 と N_2 の意味関係

曹逢甫 2005 の指摘にもあるように、所謂 "得" 補語文はその意味構造の相違に基づき、以下の 2 種類に分類することができる。

（73） 他跑得很快。
[彼は走るのが速い／速かった]
（74） 他跑得全身是汗。
[彼は走って、全身汗でびっしょりになった]

例(73)は動作 "跑" [走る] の様態を補語成分 "很快" [とても速い] が描写する表現形式であるのに対し、例(74)は 2 つの節 ("分句") から構成されており、その間には因果関係が存在する。つまり、例(74)は、「彼は走った (コトガラ①) 結果、全身汗びっしょりになった (コトガラ②)」と解釈されるのである。例(73)のタイプには、このような因果関係は存在しない。

例(74)における因果関係を図示すると以下のようになる。

〈図 4〉　例(74)の意味構造：
　　コトガラ①［原因］　他跑　［彼は走る］　　　　　　⎫
　　コトガラ②［結果］　　　　　　　　　　　　　　　　⎬　因果関係
　　　　　　(他)全身是汗［(彼は) 全身汗びっしょりだ］⎭

　本節が考察対象とする〈N_1＋V 得＋N_2＋VP〉構文は，例(74)タイプの"得"補語文に相当する。即ち，コトガラ①〈N_1＋V〉の動作・行為の結果，コトガラ②〈N_2＋VP〉が発生したことを表し，コトガラ①とコトガラ②の間には因果関係が成立する。ここで，コトガラ①の主語 N_1 とコトガラ②の主語 N_2 に注目すると，N_1 は N_2 に対し何らかの影響を与える側であり，逆に N_2 は N_1 の影響を受ける成分であることが分かる。

　ここでいま一度，例(67)～例(70)（いずれも再掲）を見てみよう。これらの例文は全てコトガラ①とコトガラ②の間に因果関係が成り立っている。例(67)は「李さんが邪魔した」（コトガラ①）ことにより，「私はその晩一睡もできなかった」（コトガラ②）ことを表し，例(68)は「この酒を飲んだ」（コトガラ①）ことにより，「彼は頭がクラクラした」（コトガラ②）ことを表している。

(67)　小李害得我那天晚上连觉也没睡好。
　　　［李さんのせいで，私はその晩一睡もできなかった］
(68)　这杯酒喝得他晕头转向。
　　　［この酒を飲んで，彼は頭がクラクラした］

　一方，例(69)における因果関係は例(67)，例(68)ほど直接的／必然的ではない。コトガラ②「君は自分がどこにいるのか永遠に知るすべがな

い」はコトガラ①「世界は大きい」ことの影響を間接的に受けてはいるものの,その結びつきは例(67),例(68)ほど密ではない。また,例(70)のコトガラ①「彼女は緊張した」とコトガラ②「手がブルブル震えた」は例(67),例(68)と同様,直接的な因果関係にあるが,N_1 "她" と N_2 "手" が領属関係にある点で他の3例とは大きく異なる。

(69) 世界很大,大得你永远无法知道自己是在哪里。
　　　[世界は君が自分がどこにいるのか永遠に知るすべがないくらい大きい]
(70) 她紧张得手直发抖。
　　　[彼女は緊張して手がブルブル震えた]

以上の考察を踏まえ,次節では以下に挙げる(ⅰ),(ⅱ)を分類基準として設け,〈N_1+V 得+N_2+VP〉構文をA類,B類,C類の3つのタイプに大別し,それぞれの統語的・意味的特徴について考察していく。

――――――――――――――――――――――――――

〈分類基準〉　N_1 と N_2 の意味関係:
　（ⅰ）　N_1 と N_2 が同一体であるか否か
　（ⅱ）　N_1 が N_2 に直接的な影響を及ぼすか否か

――――――――――――――――――――――――――

分類基準(ⅰ)の「N_1 と N_2 が同一体であるか否か」とは,コトガラ①〈N_1+V〉の動作・行為の結果,コトガラ②〈N_2+VP〉が同一体内で発生するか否かを指す。コトガラ①とコトガラ②が同一体内で発生するということは,それぞれのコトガラの主語 N_1 と N_2 が領属関係にあることが想定できる。また,分類基準(ⅱ)はコトガラ①の影響を受けて,コトガラ②が必然的に引き起こされるか否か,N_1 が N_2 に直接的な影響を与えるか否かを指す。これらの分類基準に則り,〈N_1+V 得+N_2+VP〉構文を下位分類すると〈図5〉のようになる。

〈図 5〉〈$N_1 + V$ 得 $+ N_2 + VP$〉構文の下位分類：

$N_1：N_2$
- 非同一体
  - 直接的影響関係（A 類）
    - 施受関係
    - 受施関係
  - 間接的影響関係（B 類）
- 同一体 —— 直接的影響関係（領属関係）（C 類）

5.3.2.1. 非同一体／直接的影響関係（A 類）

A 類は，N_1 と N_2 が非同一体であり，且つ N_1 が N_2 に直接的影響を及ぼす——即ちコトガラ①の直接的な影響を受けて，コトガラ②が引き起こされるタイプである。従って，コトガラ①とコトガラ②の間には必然的な因果関係が存在する。

先ず，例(75)における N_1 "小李"は動詞"害"[損害を与える]の施事であり，N_2 "我"は受事である。従って，N_1 と N_2 の間には「施受関係」が見出される。コトガラ①"小李害我"[李さんが私に損害を与える]の直接的な影響を受けて，コトガラ②"我那天晚上連覚也没睡好"[私はその晩一睡もできなかった]が引き起こされたことが読み取れる。例(76)，例(77)における N_1 と N_2 もこのタイプに属する。

〈$N_1：N_2$　施受関係〉
(75)　<u>小李</u>害得<u>我</u>那天晚上连觉也没睡好。　　　　　（例(67)再掲）
　　　[李さんのせいで，私はその晩一睡もできなかった]
(76)　<u>狗的主人</u>骂得<u>黄狗</u>垂头丧气，诚惶诚恐。
　　　[犬の飼主は赤犬を叱り，（赤犬は）うなだれ，びくびくしていた]

(77) 沉重的悲哀压得他喘不出气来。
[重い悲しみが彼を押しつぶし，彼は息ができなかった]

また，次の例(78)における N_1 "这杯酒" [この酒] は動詞 "喝" [飲む] の受事であり，N_2 "他" はその施事である。従って，N_1 と N_2 の間には「受施関係」が存在する。例(79)も同様に N_1 "裸体雕塑艺术" [裸体の彫刻芸術] は見られる対象（受事）であり，それを見る施事は N_2 "我" である。例(80)における N_1 と N_2 もこのタイプに属する。

〈N_1：N_2　受施関係〉

(78) 这杯酒喝得他晕头转向。　　　　　　　　　　　　(例(68)再掲)
[この酒を飲んで，彼は頭がクラクラした]
(79) 裸体雕塑艺术直看得我怪不好意思的。
[裸体の彫刻芸術をじっと見て，私は非常に恥ずかしくなった]
(80) 这顿饭吃得我太饱了。
[この飯を食って私は腹いっぱいになった]

A類は，当該構文中において施事と受事が同時に存在することからも明らかなように，Vには必ず他動詞が用いられる。またVの他動性の高さから，例(75′)，例(78′)のように N_2 を "把" で導き，"把" 構文に置き換えることができるのがこのタイプの統語的特徴である[13]。

(75′) 小李把我害得那天晚上连觉也没睡好。
[小李は私を邪魔してその晩は一睡もさせなかった]
(78′) 这杯酒把他喝得晕头转向。
[この酒は彼を飲んでクラクラにさせた]

5.3.2.2. 非同一体／間接的影響関係（B類）

B類はA類と同様，N_1 と N_2 は非同一体であるが，N_1 が N_2 に直接的

影響を及ぼす関係にはない。つまり、コトガラ①とコトガラ②は間接的な緩い結びつきであり、両者の間には任意的な因果関係が存在する。

　例えば、次の例(81)におけるN_1"世界"は形容詞"大"の陳述対象ではあるが、N_2"你"とは無関係である。つまり、コトガラ①"世界很大"［世界は大きい］とコトガラ②"你永远无法知道自己是在哪里"［自分がどこにいるのか永遠に知るすべがない］はA類に見られるような必然的な因果関係にあるわけではなく、その結びつきは間接的な影響を受けてはいるものの、かなり任意的であると言える。このタイプの表現形式は極めて多様であり[14]、以下に挙げる例(82)～例(84)などもB類に含まれる。例(82)は、コトガラ①"(她)还整夜的哭"［(彼女は)夜通し泣く］により、N_2"长富"が何らかの影響を受けた結果、コトガラ②"长富也忍不住生气"［長富も怒りを抑えることができない］が引き起こされたことを表す。

(81)　世界很大，大得你永远无法知道自己是在哪里。　　　（例(69)再掲）
　　　［世界は君が自分がどこにいるのか永遠に知るすべがないくらい大きい］

(82)　有时(她)还整夜的哭，哭得长富也忍不住生气。
　　　［時折（彼女は）夜通し泣き，長富も怒りを抑えることができなかった］

(83)　(你)喝这么点酒就醉了，吐得满屋子都是味。
　　　［(君は) 少し飲んだだけで酔ってしまい，吐いて部屋中嫌な匂いがしたよ］

(84)　他们两个打架打得我无法安心看书。
　　　［彼ら2人の喧嘩のせいで，私は落ち着いて本を読むことができなかった］

　B類におけるN_1とN_2はA類のような「施受／受施関係」ではなく、Vには自動詞や形容詞が用いられる。従って、B類は例(83′)，例(84′)のように、N_2を"把"で導き、"把"構文に置き換えることはできない。上述のようなB類の意味特徴は、このように統語面においても反映さ

れているのである。

(83′) *(你)喝这么点酒就醉了，把满屋子吐得都是味。
(84′) *他们两个打架把我打得无法安心看书。

5.3.2.3. 同一体／直接的影響関係（領属関係）（C 類）

　コトガラ①とコトガラ②が同一体内で発生することが，C 類と A 類，B 類とを明確に弁別する意味的特徴として挙げられる。コトガラ①とコトガラ②が同一体内で発生するということは，コトガラ①の動作・行為の影響を受け，コトガラ①が発生した同一箇所においてコトガラ②が引き起こされることを示す。従って，N_1 がヒトである場合，N_2 はヒトの身体の一部であることが多く，N_1 と N_2 の間には領属関係が存在する。具体例を見てみよう。

　例(85)からは，コトガラ①"她紧张"［彼女が緊張する］の影響が，N_1"她"の身体の一部である"手"——即ち N_2 上に現れ，コトガラ②"（她的）手直发抖"［手が震える］が発生したことを表しており，N_1 と N_2 の間にはヒトとその身体部位という領属関係が存在することがわかる。

(85)　她紧张得手直发抖。　　　　　　　　　　（例(70)再掲）
　　　［彼女は緊張して手がブルブル震えた］
(86)　他回到屋里，气得满身哆嗦。
　　　［彼は部屋に戻ると，怒りで全身が震えた］
(87)　寿生吓得脸都紫了，呆了半响，方才问道。
　　　［寿生は驚いて顔が青白くなり，しばらくぽかんとして，やっと尋ねた］
(88)　他饿得肚子咕噜咕噜叫了。
　　　［彼は腹が減ってお腹がグウグウと鳴った］
(89)　她笑得眼睛眯成了一条逢儿。
　　　［彼女は笑って目が線のように細くなった］

上に挙げる例(85)〜例(89)における N_1 と N_2 は,全て領属関係にあり,コトガラ①の動作・行為の影響が,そのまま N_1 の身体の一部である N_2 上にコトガラ②として発生している。このことから,C類におけるコトガラ①とコトガラ②は密接な因果関係にあることが分かる。

C類の統語的特徴としては,以下の例(87′)〜例(89′)のように,主述述語文に変換することができる[15]ことが挙げられる。現代中国語では,所謂主述述語文 ("我胳膊疼" [私は腕が痛い]) において,S (全文主語 "我") と S′(述語部分の主語 "胳膊")の間に領属−被領属,全体−部分の関係が認められる[16]ことからも,C類の意味特徴と一致する。

(87′) 寿生脸吓得都紫了,呆了半响,方才問道。
[寿生は顔が驚いて青白くなり,しばらくぽかんとして,やっと尋ねた]

(88′) 他肚子餓得咕嚕咕嚕叫了。
[彼はお腹が減ってグウグウと鳴った]

(89′) 她眼睛笑得眯成了一条逢儿。
[彼女は目が笑って線のように細くなった]

5.3.3. 〈N_1＋V 得＋N_2＋VP〉構文における N_1 と N_2 の領属関係

以上では,(ⅰ) N_1 と N_2 が同一体であるか否か,(ⅱ) N_1 が N_2 に直接的な影響を及ぼすか否かを分類基準として設け,〈N_1＋V 得＋N_2＋VP〉構文を,A,B,Cの3つのタイプに大別した。その中でC類は,コトガラ①とコトガラ②が同一体内で発生する点において,A類,B類と明確に区別され得る意味特徴を有しており,N_1 と N_2 の間にはヒトとその身体の一部に代表される領属関係が存在することを見てきた。

〈N_1＋V 得＋N_2＋VP〉構文において,N_1 と N_2 の間に領属関係が存在することを指摘した先行研究は少なくない(程丽丽 2000,李芳杰 1992,丁恒順 1989,森山 1999 等)。しかしこれら先行研究も,5.3.2.3.における

考察と同様，ヒトとその身体の一部といった領属関係のみを考察対象に限定している。しかし領属関係には，具体的に，手／足／目／鼻などの身体部位以外にも，身長／体重／健康状態／性質／感情などといった属性や，カバン／眼鏡／本など任意的な領属物など様々なレベルの領属物が含まれる。これらの領属関係は，当該構文の成立に関与していないのであろうか。

以下では，第2章2.2.において下位分類した領属関係の4つのタイプのうち，全体－部分関係，本体－属性関係，任意的領属関係を取り上げ[17]，〈N_1＋V得＋N_2＋VP〉構文のN_1とN_2に組み入れて，それぞれ構文成立の容認度を考察していく。

5.3.3.1. 全体－部分

先ず，例(90)～例(93)に挙げるように，〈N_1＋V得＋N_2＋VP〉構文においてN_2がN_1の身体部位であるとき，全て自然な表現として成立する。これは，先行研究における分析結果とも一致する。

(90) 李四急得脸都红了。　　　　　　　　　　　　　　【1.00】
　　　[李四は焦って，顔が赤くなった]

(91) 她哭得眼睛红肿了。　　　　　　　　　　　　　　【1.00】
　　　[彼女は泣いて目が真っ赤に腫れた]

(92) 她热得头脑发昏了。　　　　　　　　　　　　　　【0.95】
　　　[彼女は暑くて，頭がボーっとした]

(93) 千代子吓得心脏咚咚响。　　　　　　　　　　　　【0.90】
　　　[千代子は驚いて，心臓がドキドキ鳴った]

例えば，例(90)はコトガラ①"李四急"[李四が焦る]の影響が，N_1"李四"の身体の一部であるN_2"脸"の上に，コトガラ②"脸都红了"[顔が赤くなった]という形で現れたことを示している。身体部位（N_2）はその領属先（N_1）の存在なくしては存在し得ない。また，コトガラ②

〈N₂＋VP〉がN₁内で発生する以上，N₁とN₂は全体－部分という不可譲渡所有の関係にあると言うことができる。従って，N₁とN₂は同一体であると認識され，当該構文が成立するのである。例(91)～例(93)も同様に解釈することができる。

5.3.3.2.　本体－属性

〈N₁＋V 得＋N₂＋VP〉構文においてN₂がN₁の属性であるとき，身体部位よりは容認度が若干劣るものの，全て自然な表現として成立した。

(94)　老张气得血压升高了。　　　　　　　　　　　　　【1.00】
　　　［張さんは怒って血圧が上がった］

(95)　她吃得体重增加了。　　　　　　　　　　　　　　【0.90】
　　　［彼女は食べて体重が増えた］

(96)　他被欺负得性格变坏了。　　　　　　　　　　　　【0.80】
　　　［彼はいじめられて性格が悪くなった］

属性には，身長，体重，身体機能などといった準身体的領属物や，性質，感情，意識といった精神的な領属物が含まれる。例えば，例(94)はコトガラ①"老张气"［張さんが怒る］の結果，"老张"(N₁)の身体機能である"血压"(N₂)において，コトガラ②"血压升高了"［血圧が上がった］が発生したことを示しており，同様に，例(96)はコトガラ①"他被欺负"［彼がいじめられる］の影響を受けて，"他"(N₁)の本質的な性質である"性格"(N₂)面において，コトガラ②"性格变坏了"［性格が悪くなった］が引き起こされたことを表している。例(95)も同様に解釈することができる。

属性の類も，程度や内容の差こそあれ，それが原則として人間全てに等しく，且つ不可分に領属されているという点で，不可譲渡所有の関係にあると言うことができる。従って，N₁とN₂は同一体であると認識され，〈N₁＋V 得＋N₂＋VP〉構文が成立すると考えることができる。

5.3.3.3. その他の領属関係（装着類）

例(97)～例(100)に挙げる N_2 "衣服／鞋／帽子／眼鏡"［服／靴／帽子／眼鏡］は全て N_1 にとって任意的な一般領属物であり，通常 N_1 と N_2 は同一体であるとは認識されないが，構文成立の容認度は身体部位や属性よりは低くなるもののほぼ成立するという結果が得られた。但し，領属物 N_2 は全て身に付けた状態——即ち装着中のものに限られる。

(97) 李军被雨淋得衣服都湿透了。　　　　　　　　　　【0.90】
　　　［李軍は雨に降られて服がぐっしょり濡れてしまった］
(98) 他摔得鞋都飞了。　　　　　　　　　　　　　　　【0.80】
　　　［彼は転んで靴が飛んだ］
(99) 晓燕跳得帽子掉在地上了。　　　　　　　　　　　【0.75】
　　　［暁燕は飛び跳ねて帽子が地面に落ちた］
(100) ?小王被打得眼镜碎了。　　　　　　　　　　　　【0.70】
　　　［「王さんは殴られて眼鏡が壊れた」の意］

5.1.3. では，装着類——即ち身につけた状態の衣類や小物類等が，身体部位や属性に準ずる不可譲渡性の高い領有物であるとみなされることを指摘したが，これは〈N_1＋V 得＋N_2＋VP〉構文においても適用できる。

例えば，例(98)について言えば，「彼が転んだ」（コトガラ①）結果，「履いていた靴が脱げて飛んだ」（コトガラ②）という意味であり，「どこかに置いてあった靴が飛んだ」とは解釈されない。例(99)，例(100)も同様に，コトガラ①により，N_1 が身に付けていた N_2 にコトガラ②が起こったと読み取ることができる。このように解釈して初めて N_1 と N_2 が同一体であると認識され，コトガラ①とコトガラ②の間に因果関係を見出すことができるのである。

5.3.3.4. その他の領属関係

(101) ?那帮家伙笑得酒都洒了。　　　　　　　　　　　　【0.40】
　　　［「あいつらは笑いすぎて酒がみなこぼれてしまった」の意］

(102) ??他紧张得杯子摔碎了。　　　　　　　　　　　　【0.25】
　　　［「彼は緊張してグラスが落ちて割れてしまった」の意］

(103) ??老师气得竹棍直打颤。　　　　　　　　　　　　【0.25】
　　　［「先生は怒って竹棒がぶるぶる震えた」の意］

〈N_1＋V得＋N_2＋VP〉構文においてN_2がN_1の一般領属物であるとき，全て不自然な表現となってしまう。これは，N_2がN_1の単なる偶有的な領属物である以上，N_1とN_2が同一体であるとは認識され得ず，コトガラ①とコトガラ②の間に如何なる因果関係をも見出すことができないからに他ならない。例えば，例(102)はコトガラ①"他紧张"［彼が緊張する］とコトガラ②"杯子摔碎了"［グラスが割れる］の間に何ら因果関係が存在しないため，極めて容認度の低い表現となる。例(103)も同様に，コトガラ①"老师气"［先生が怒る］こととコトガラ②"竹棍直打颤"［竹棒がブルブル震える］ことの間に因果関係を見出しにくいため不自然な表現と判断される。例(101)も同様に解釈できる。

しかしながら，例(101)～例(103)は以下に挙げるように，領属物N_2をN_1の身体の一部に付着させることで成立する。5.3.3.3.で考察した〈装着類〉に準ずる領属物として解釈されるためであると考えられる[18]。

(101′)　那帮家伙笑得手里的酒都洒了。　　　　　　　【0.80】
　　　　［あいつらは笑いすぎて，手に持っていた酒がみなこぼれてしまった］

(102′)　他紧张得手里的杯子摔碎了。　　　　　　　　【0.80】
　　　　［彼は緊張して，手に持っていたグラスが落ちて割れてしまった］

(103′)　老师气得手里的竹棍直打颤。　　　　　　　　【0.75】
　　　　［先生は怒って，手に持っていた竹棒がぶるぶる震えた］

5.3.4. まとめ

以上本節では，第2章 2.2. における領属関係の下位分類に基づき，〈N_1 + V 得 + N_2 + VP〉構文の成立にどのような領属関係が関与しているかについて N_1 と N_2 の意味関係を中心に考察してきた。その結果，ヒトと身体の一部といった全体 – 部分関係だけでなく，属性や装着類等も〈N_1 + V 得 + N_2 + VP〉構文成立に関与していることが明らかとなった。

〈N_1 + V 得 + N_2 + VP〉構文の成立容認度について平均値を示すと，以下の〈図6〉のようになる。〈図6〉からは，上に挙げた領属関係において等しく〈N_1 + V 得 + N_2 + VP〉構文が成立するわけではなく，〈身体部位〉，〈属性〉，〈装着類〉，〈一般領属物〉の順に構文成立の容認度が低くなっていくことが分かる。また，これら領属関係はそれぞれ独立して存在するのではなく，連続的・階層的に繋がっており，この領属関係の階層性と〈N_1 + V 得 + N_2 + VP〉構文の成立容認度に相関関係があることが明らかとなった。

〈図6〉 〈N_1＋V 得＋N_2＋VP〉構文　各例文の容認度平均値：

容認度平均値

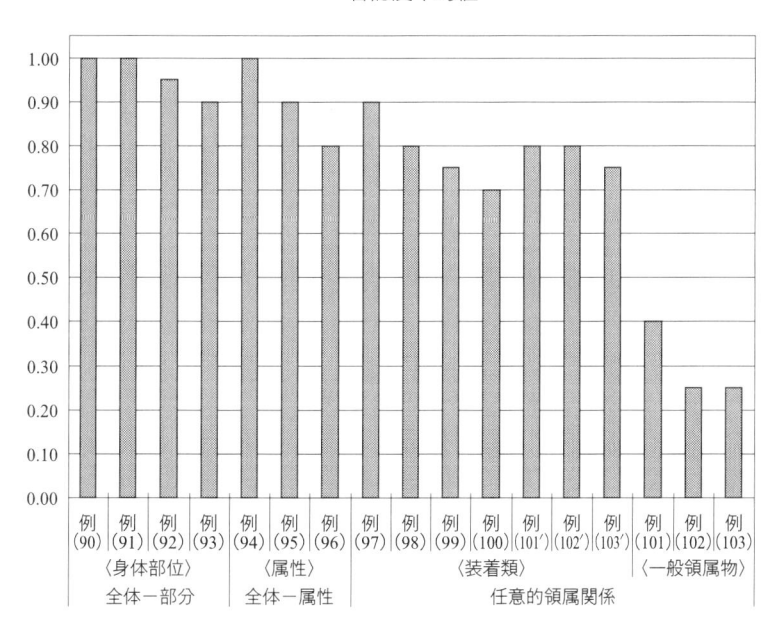

例(90)	1.00
例(91)	1.00
例(92)	0.95
例(93)	0.90
例(94)	1.00
例(95)	0.90
例(96)	0.80
例(97)	0.90
例(98)	0.80
例(99)	0.75
例(100)	0.70
例(101′)	0.80
例(102′)	0.80
例(103′)	0.75
例(101)	0.40
例(102)	0.25
例(103)	0.25

〈身体部位〉全体－部分／〈属性〉全体－属性／〈装着類〉任意的領属関係／〈一般領属物〉

5.4.　第5章のまとめ

　第5章では，第4章の構文レベルにおける領属構造の考察に続き，領属性"被"構文，"領主属賓句"，"得"補語文を取り上げ，領属関係の密接不可分性と構文成立の容認度の相関性について考察してきた。

　先ず5.1.では，領属性"被"構文が成立するには，主語・賓語間に領属関係が存在し，且つ領属主（主語）が自らの領属物（賓語）を通じてデキゴトに直接関与し，その影響を直接経験しなければならないこと

を指摘した。しかし，第2章2.2.で下位分類した全ての領属タイプにおいて領属性"被"構文が成立するわけではなく，考察の結果，〈身体部位〉，〈属性〉，〈装着類〉，〈一般領属物〉/〈人間関係〉の順に構文成立の容認度が低くなっていくことが明らかとなった。

5.2.では，第4章4.3.の考察をベースに，"領主属賓句"が領属先（主語）の意志やコントロールを離れたところで，密接不可分な領属物（賓語）が自発的に〈出現〉，〈消失〉することを表す構文であることを論証した。しかし一方で，可譲渡性の高い任意的な領属物であっても，文脈支持や賓語に修飾成分を付加することで主語・賓語間における領属の不可譲渡性が高まれば，VO部分が主語に直接的な影響を与えるコトガラであると解釈され，成立可能となることを指摘した。また，領属先と最も密接不可分な領属物としては〈身体部位（モノの一部分）〉が挙げられ，〈属性〉，〈人間関係〉，〈一般領属物〉の順に構文成立の容認度が低くなっていくことを明らかにした。

次に5.3.では，〈N_1＋V得＋N_2＋VP〉構文の成立にどのような領属関係が関与しているかについてN_1とN_2の意味関係を中心に考察し，その結果，ヒトと身体の一部といった，全体－部分関係だけでなく，属性や装着類等も構文成立に大きく関与していることが明らかとなった。しかし，上に挙げた領属関係において等しく成立するわけではなく，〈身体部位〉，〈属性〉，〈装着類〉，〈一般領属物〉の順に構文成立の容認度が低くなっていくことを指摘した。

以上，第5章の考察からは，領属性"被"構文，"領主属賓句"，〈N_1＋V得＋N_2＋VP〉構文の3つの構文には共通して，構文成立の容認度と領属関係の不可譲渡性との間に密接な相関関係が存在することが分かる。また，本章ではそれぞれの構文の成立容認度を〈図2〉，〈図3〉，〈図6〉に示したが，これらの図からは，領属関係の下位タイプがそれぞれ独立して点的に存在するのではなく，不可譲渡と可譲渡の間には連続的な階層（hierarchy）が存在することが見て取れる。

本研究ではここまで，現代中国語における領属範疇について，先ずそ

の定義と分類を行い（第2章），これを柱にフレーズレベル（第3章），構文レベル（第4章，第5章）で領属に関わる表現を取り上げ考察してきた。第6章では，これまでの考察で明らかとなった結論を総括し，現代中国語における領属範疇を体系化していく。また，領属の譲渡可能性の観点から，領属タイプを連続的に位置付け，これを「領属モデル」として提示する。

注

1) この2つの表現例の違いについては，機能主義の立場では，視点や共感の相違という観点から説明されてきているが，この問題は本節の目的とするところではないため，ここでは論及しない。
2) 呂叔湘1965は賓語を伴う"被"構文が"中性句"（所謂「能動文」）や"把"構文に書き換え可能であることを指摘している。現代中国語において，"被"構文の対極にある構文には，能動文よりはむしろ，受事に対する積極的な働きかけを含意する"把"構文が挙げられる。"被"構文と"把"構文は作用の方向が逆であるという点で一対をなし，文法的にも多くの特徴を共有することが指摘されている。詳細は，Chao1968:75, 705を参照。
3) 例(12)の文成立の容認度については意見が分かれた。また文面語色の強いことも否めない（例(12)は刘白羽の作品より）。領属性"被"構文における領属関係が親族関係である場合については，5.1.3.3.で後述する。
4) 益岡1987は日本語の総主文（二重主語構文）でのデキゴトの経験について，経験主体が所与のデキゴトに直接的に関与しているか否かにより，「直接関与の経験」と「間接関与の経験」を区別している。眞野2004はこれを日本語の受身文にあてはめ，領属主が直接関与している例(a)は直接受身にすることができないのに対し，領属主が間接関与，もしくは関与しないことも予想される例(b)は直接受身が可能である（例(a)と比べて容認度が高い）と指摘している。
   a. 太郎は花子に手をたたかれた。⇒＊太郎の手は花子にたたかれた。
   b. 太郎は花子に手紙を褒められた。⇒？太郎の手紙は花子に褒められた。

   （眞野2004:113）
5) 例(19a)のような例は，中国語では"在一次事故中，田中死了弟弟。"のように"領主属賓句"で表現される。しかしすべての間接受身文が"領主属賓句"で表現されるわけではなく，領属主にとって密接不可分な領属物が

自発的に〈出現〉,〈消失〉する意味においてのみ用いられる。詳細は,第5章 5.2. で後述する。

6) 柴谷 2000 を参照。柴谷 2000 は例(21a)のような「持ち主の受身」は,迷惑の意味における差異が基本的に動詞の意味によって決まることや,再帰代名詞支配では間接受身とは異なり,受身文の主語のみが再帰代名詞の先行詞になるという現象を指摘し,これを直接受身の一種であるとしている。

    a. 太郎$_i$は花子$_j$に自分$_{i/*j}$の部屋で死なれた。　　（間接受身）
    b. 太郎$_i$は花子$_j$に自分$_{i/*j}$の部屋で殴られた。　　（直接受身）
    c. 太郎$_i$は花子$_j$に自分$_{i/*j}$の部屋で頭を殴られた。　（持ち主の受身）

（柴谷 2000:185）

7) 本体－属性関係を表す作例として,"*他被机器的噪音淹没了声音。"[「彼は機械の騒音で声をかき消された」の意]を挙げたが非文であると判断された。その理由として,インフォーマントの多数が,この例において"声音"を「声」ではなく「物音」として捉え,主語"他"との関係に必然性がないことを指摘している。このようなことからも,領属性"被"構文の成立に主語・賓語間の領属関係が関連していることがわかる。

8) 例(38)が不自然な表現である理由として,シチュエーションが想定しにくいことが考えられる。つまり,例(38)において,結果として「眼鏡が壊れたこと」を言及する場合,動詞"打"は賓語"眼镜"のみに直接影響が及んでおり,受事であるはずの主語"张三"には及んでいない。「张三が李四に殴られること」と「眼鏡が壊れること」が直接的な関連を持つとは考えにくいからである。

9) 角田 1992 も「愛玩動物」や「作品」などが「その他の所有物」より所有者と密接な関係にあることを指摘している。角田 1992 は,日本語における「所有者敬語」表現は,被所有物によってその自然さが異なるとし,以下のような傾斜が関与していると指摘している。「所有者敬語」表現の具体例については,第1章 1.2.2. を参照。

    〈所有傾斜（角田 1992:119）〉

    身体部分＞属性＞衣類＞（親族）＞愛玩動物＞作品＞その他の所有物

角田 1992 は「親族」を括弧に入れており,「親族」が所有物である場合の調査を行っていない。その理由として,例えば「A氏の令息が大学に入られた」のように,所有者だけでなく,所有物も人間である場合,所有物（ここでは「令息」）が被尊敬者として解釈される可能性を排除できないためであると述べている。

10) 〈一般領属物〉と〈人間関係〉の構文成立容認度は順不同とした。〈図2〉

11) 例(49)のような"領主属宾句"は「張三は息子が事故で死ぬことにより，(間接的に)被害を受けた受事である」と解釈されるが，これに対応する日本語としては「張三は事故で息子に死なれた」のように被害義を明確に表す間接受身がある。
12) 一般に〈V得〉に後続する補語の名称には，程度補語，状態補語，様態補語などが挙げられるが，それぞれが規定する概念範疇は研究者によって異なる。本節では，〈V得〉の後ろに補語成分を伴う表現形式を「"得"補語文」と称することにする。
13) この点については，李临定1963，丁恒順1989に詳細な記述がみえる。また，例(75)タイプは"我被小李害得那天晚上连觉也没睡好。"［私は小李に邪魔されて，その晩は一睡もできなかった］のように"被"構文に置き換えることもできる。一方，例(78)タイプはこれができず，"*他被这杯酒喝得晕头转向。"は非文となる。
14) B類の多様性については，森山1999を参照。
15) C類を主述述語文に変換すると，文のニュアンスが変わるものもある。例えば，C類"他疼得手直抖。"［彼は痛くて手が震えた］において「痛い」のは必ずしも"手"とは限らないが，これを主述述語文に変換した"他手疼得直抖。"［彼は手が痛くて震えた］においては，「痛い」のは必ず"手"であると解釈される。詳細は，李芳杰1992を参照。
16) 主述述語文には，本節で指摘したような，SとS'が領属－被領属，全体－部分の関係にあるタイプ以外にも，S(もしくはS')が後に続く動詞の受事であるタイプ("那条鱼猫吃掉了。"［あの魚は猫が食べた］)や，Sが道具であるタイプ("这副眼镜我看书用。"［この眼鏡は本を読むのに使う］)なども含まれる。詳細は，朱德熙1982:106-108を参照。
17) 人間関係に代表される相互依存関係は，N_1とN_2が同一体ではないため考察対象から除外する。任意的領属関係も同様であるが，後述する〈装着類〉と比較するために，考察対象に取り上げた。
18) 領属物が〈装着類〉の場合，"晓燕跳得头上的帽子掉在地上了。"［暁燕は飛び跳ねて頭の帽子が地面に落ちた］のように装着先を明記しなくても例(99)のように成立するが，〈一般領属物〉の場合，"他紧张得手里的杯子摔碎了。"［彼は緊張して手に持っていたグラスが落ちて割れてしまった］のように領属物(N_2)を領属先(N_1)に付着させなければ成立しない。〈一般領属物〉を〈装着類〉としてみなすために，このような操作が必要になると考えられる。

第6章
現代中国語の領属モデル

6.0. はじめに

　本研究ではここまで，現代中国語における領属表現について，先ず定義と下位分類を行い（第2章），領属範疇とダイレクトに関わる〈NP₁＋的＋NP₂〉表現や，これまで領属範疇では扱われることのなかった諸構文を取り上げ，様々な角度から考察してきた（第3章，第4章）。また，領属関係の密接不可分性と構文成立の容認度との相関関係について指摘し，さらに可譲渡と不可譲渡の間には連続的な階層が存在することを示唆した（第5章）。

　第6章では，これまでの考察で明らかとなった結論を総括し，現代中国語における領属範疇を体系化していく。

　先ず，6.1.では，第2章～第5章における考察をもとに，領属タイプ（全体－部分関係，本体－属性関係，相互依存関係，任意的領属関係）別に，その統語的・意味的特徴を総括する。また，6.2.では，領属の譲渡可能性の観点から，領属タイプを連続的に位置付け，これを「領属モデル」として提示すると同時に，これが中国語話者の領属に対する普遍的な認知能力に依拠するものであることを述べる。

　従来，現代中国語における譲渡可能性（alienability）の階層は，世界の大多数の言語のそれとは異なると指摘されてきた。これに対し，6.3.では，本研究で提示する「領属モデル」がHaiman1985の示すモデルと似通った階層（hierarchy）を有していることを指摘する。

6.1. 構文レベルにおける領属タイプ別特徴

6.1.1. 全体−部分関係

「猫」と「尻尾」,「ハンマー」と「柄」のように,領属先と領属物が全体−部分関係にある場合,領属物の存在は領属先に先天的に含意されているため,領属関係を統語的に明示する"有"構文を用いると例(1a)のように極めて不自然な表現となる。これは,ア・プリオリに有している領属物に対して,その領属関係を統語的に明示することに情報価値を担い得ないためであり,これを構文として成立させるためには,例(1b)のように先天的に領属している部分名詞に対して属性描写を必要とする(例文下線部)。これは中国語に限らず,日本語の「モッテイル」構文［例(2)］や英語の"have"構文［例(3)］においても同様であり,領属の有り方を反映した普遍的な言語現象であると言える。

(1) a. ^{??}小王有双眼睛。
 b. 小王有双<u>圆圆的</u>眼睛。　［王さんはまん丸な目をしている］
(2) a. *彼女は髪をもっている。
 b. 彼女は<u>美しい</u>髪をもっている。
(3) a. *The boy has a nose.
 b. The boy has a <u>snub</u> nose.

全体−部分関係において,領属先が有情物である場合,その領属物には目／鼻／頭／脚／尻尾／のような身体部位[1]が挙げられる。角田1992は,あざ／白髪／ニキビのような「非普通所有物」も身体部位に含めているが,これは誰もが有する密接不可分な領属物ではなく,また厳密な意味で身体部位とは認められないため,本研究では考察の対象外とした(第2章注釈(13)を参照)。

"有"構文のように領属関係を直接的に明示する構文ではないが，深層構造において領属範疇が関与している構文もある。名詞述語文は，領属主がア・プリオリに有していると考えられる密接不可分な領属物がどのような属性を兼ね備えているかを類別し，描写する構文であるが，例(4b)のように賓語に身体部位がくる場合，"有"構文と同様，身体部位に対する属性描写が必須となる。日本語では，中国語の名詞述語文に類似する表現に〈XハYヲシテイル〉構文が挙げられるが，例(5b)に示すように中国語と同じ統語的制約が働いていることが分かる。

(4) a. *这孩子眼睛。
　　b. 　这孩子蓝眼睛。　　［この子は青い目だ］
(5) a. *あの少女は肌をしている。
　　b. 　あの少女は白い肌をしている。

また，動作・行為が自分の身体部位に及ぶ再帰フレーズを用いた場合，中国語では通常，例(6a)のように領属先を人称代名詞や再帰代名詞でマークしない。これは日本語においても同様の傾向が見られ［例(6b)］，例(6c)のように必ず領属先を人称代名詞でマークする英語とは異なる統語的振る舞いを見せる。

(6) a. 张三刷｛*他的／*自己的／φ｝牙了。
　　b. 張三は｛*彼の／*自分の／φ｝歯を磨いた。
　　c. Zhangsan brushed his teeth.

領属性"被"構文，"領主属賓句"，〈N₁＋V得＋N₂＋VP〉構文なども，直接領属関係を明示する構文ではないが，領属範疇が深く関与している。次の例(7)，例(8)は主語・賓語間に，例(9)は主語 N₁ と補語成分中の主語 N₂ の間に領属関係が成り立つ場合に成立する構文であるが，これらの構文において領属物（賓語や補語成分中の主語 N₂）は領属先の

マークを必要としない。換言すれば、領属先を明示せずとも、それが主語の領属物であることが誤解なく読み取られるのである。

(7) 他被人家緊緊地绑住了手和脚。　　　　　　　　　　【1.00】
　　　［彼は手と足をきつく縛り上げられた］

(8) 张三折了一条胳膊。　　　　　　　　　　　　　　　【1.00】
　　　［張三は腕が（1本）折れた］

(9) 他饿得肚子咕噜咕噜叫了。　　　　　　　　　　　　【1.00】
　　　［彼は腹が減ってお腹がグウグウ鳴った］

また第5章では、領属関係の密接不可分性と構文成立の容認度との相関性を検証したが、いずれの構文においても、容認度平均値が1.00ポイント満点中0.90ポイントから1.00ポイントと、領属タイプの中でも最も高い結果が得られた。これは他の領属タイプと比較しても明らかである。例(7)の領属性"被"構文は、領属主が自らの領属物を通じてデキゴトに直接関与しており、その影響を直接経験することを述べる構文であり、例(8)の"領主属賓句"は自らと不可分な領属物が自発的に〈出現〉、〈消失〉することにより、領属先が直接的に（不如意の）影響を受けることを述べる構文である。一方、例(9)の〈N₁+V 得 +N₂+VP〉構文は、コトガラ〈N₁+V〉の影響を受け、その影響が直接N₁の領属物N₂上にコトガラ〈N₂+VP〉として発生することを述べる構文であり、これら3つの構文に共通する要素は、領属主（あるいは領属物）が領属物（あるいは領属主）上に発生したデキゴト通じて何らかの直接的な影響を蒙ることである。全体－部分関係は、領属の下位タイプの中でもとりわけ一体性が高く、不可譲渡性の高い領属関係であるため、領属主（全体）と領属物（部分）は互いに直接的な影響を及ぼしあう関係にあると言える。このような意味的特徴が構文成立容認度の高さにも反映されているのである。

6.1.2. 本体－属性関係

「属性」とは，ある事物（本体）が普遍的に兼ね備えている性質や特徴を指す。例えば，「花子」という人物が存在する場合，「身長／体重／容姿／血液型／健康状態」といった身体的属性や，「性質／思考／感情」といった精神的属性が自動的に付与される。また，「国籍／年齢／身分（職業）／名前」など社会的属性もこれに含まれる。領属先が「靴」であれば，「サイズ／材質／デザイン」などが属性として挙げられ，それが売り物であれば「価格」という属性も領属物として追加される。

このように本体－属性関係では，領属物はその領属先がもつ普遍的な属性の類概念であり，領属先を描写するための参照点（reference point）として機能するため，次の例(10a)，例(10b)のような形容詞述語文では，領属物を省略しても大意は変わらず，領属先を描写することが可能である。しかし，例(11a)～例(11c)に挙げるように，同じ形容詞述語文であっても，他の領属タイプでは述語はもっぱら領属物を叙述するため，領属物を省略すると全く異なる意味になってしまう。

(10) a. 枫叶(的颜色)已经变红了。
　　　［もみじ（の色）は既に赤くなった］
　　b. 小李(的脾气)真古怪。
　　　［李さん（の性格）は本当に変わっている］
(11) a. 小王的眼睛很大。　　［王さんの目は大きい］　　〈全体－部分関係〉
　　　⇒ #小王很大。　　　［#王さんは（年が）大きい］
　　b. 他的姐姐死了。　　　［彼のお姉さんは死んだ］　　〈相互依存関係〉
　　　⇒ #他死了。　　　　　［#彼は死んだ］
　　c. 他的帽子不见了。　　［彼の帽子がなくなった］　　〈任意的領属関係〉
　　　⇒ #他不见了。　　　　［#彼はいなくなった］

本体－属性関係における領属物も，程度や内容の差こそあれ，それが

原則として領属先に等しく，且つ不可分に領有されているという点で，不可譲渡性の高い領属物である。例(12b)に挙げる名詞述語文は，先述した通り，領属主と密接不可分な領属物がどのような属性を兼ね備えているかを類別し，描写する構文であるため，例(12a)では意味を成さず，全体－部分関係と同様，領属物に対して具体的な属性描写を必要とする。

(12) a. *张三记性。
　　 b. 张三好记性。　［張三は素晴らしい記憶力だ］

また，以下に挙げる例(13)～例(15)も全体－部分関係と同様，領属物（賓語や補語成分中の主語 N_2）は領属先のマークを必要としない。これらの構文では，主語・賓語間，主語 N_1・補語成分中の主語 N_2 の間の領属関係は構文的意味によって支えられており，従って，例(14)を"*我奶奶最近又犯了她的关节炎。"のように領属先をマークすると却って非文となる。日本語においても同様の傾向が見られ［例(15b)］，例(15c)のように必ず領属先を人称代名詞でマークしなければならない英語とは異なる統語的振る舞いを見せる。

(13)　她觉得好像被人窥到了心里的隐私似的。　　　　　【1.00】
　　　［彼女は人に心の中の秘密を覗かれたように感じた］
(14)　我奶奶最近又犯了关节炎。　　　　　　　　　　　【1.00】
　　　［祖母は最近また関節炎が再発した］
(15) a. 老张气得(*他的)血压升高了。　　　　　　　　【1.00】
　　 b. 張さんは怒って(*彼の)血圧が上がった。
　　 c. Laozhang got so angry that his blood pressure went up.

領属関係の密接不可分性と構文成立の容認度との相関性（第5章を参照）については，本体－属性関係の場合，領属性"被"構文，"領主属

宾句"，〈N_1＋V 得＋N_2＋VP〉構文いずれの構文においても，構文成立の容認度平均値は 1.00 ポイント満点中 0.80 ポイントから 1.00 ポイントと，全体－部分関係に次ぐ高い結果となった。特に，領属性"被"構文における領属関係に関しては，先行研究（李临定 1980，Chappell1986 等）では「賓語は身体部位に限られる」と指摘されてきたが，言語実態としては例(13)に挙げるように本体－属性関係も構文成立に関与している。

先述した通り，これら 3 つの構文に共通する要素は，領属主（あるいは領属物）が領属物（あるいは領属主）上に発生したデキゴトを通じて何らかの直接的な影響を蒙ることである。本体－属性関係は，全体－部分関係よりも領属物の具象性や，領属先との一体性に欠けるものの，領属主と領属主が普遍的に兼ね備える属性（領属物）は互いに直接的な影響を及ぼしあう不可譲渡な関係にあると言える。

6.1.3. 相互依存関係

相互依存関係とは，例えば，［父母］という語が表す意味概念には，その前提として［子］の存在が含意されており，また同時に［子］という語が表す意味概念には，［父母］の存在が前提とされているように，互いが互いの存在なくしてはありえない二つの事物の間に成り立つ関係であり，自らの存在が他者との関係によってのみ規定され得る関係を指す。

領属関係において，領属先とその領属物とがお互いの存在を規定し合うような関係体系を構成するものの典型には通常，親族関係が挙げられるが，"老師"［先生］と"学生"［学生］，"師傅"［師匠］と"徒弟"［弟子］，"朋友"［友人］同士のような人間関係も互いに規定し合う関係にあり，相互依存関係に含まれる。

領属物の存在が領属先に先天的に含意されている場合，領属関係を統語的に明示する"有"構文を用いると上記例(1a)のように極めて不自然な表現となることは先に述べたが，以下の例(16a)も全体－部分関係と同様に不自然な表現となる。確かに，例(16a)の領属物"父亲"［父親］

は領属主"她"[彼女]にとって，原則的に誰もが有する唯一不変の存在であり，領属主の存在と同時にその領属物の存在が含意されるという点において，例(1a)の領属物"眼睛"[目]と似通った性質を有している。

(16) a. ˀ她有(一位)父亲。
　　b. 她有一位很有钱的父亲。
　　　　[彼女には（1人の）たいへん金持ちの父がいる]

(湯廷池 1987:208 改)

湯廷池 1987 はこのような統語的事実を根拠に，相互依存関係を不可譲渡性の高い領属関係であると指摘しているが，例(16a)の"父亲"を"妹妹／儿子"に変えた例(17)が問題なく成立することから，湯廷池 1987 のこの指摘には検討の余地がある。

(17)　她有(一个)妹妹／儿子。　[彼女には妹／息子が（1人）いる]

このように見てくると，"有"構文の主語・賓語間が相互依存関係にある場合，例(16b)のように賓語（領属物）が修飾成分を必要とするか否かは，前述したような語そのものが含意する意味概念に依拠するものではなく，客観的な外界的事実に依拠していることが分かる。つまり，"她"にとって自分より上の世代である親族"父亲"は，外在する客観的実在として必須の存在であり，自己の存在の前提となっているが，兄弟，子供，姻戚関係のような親族関係は，自己が存在する前提にはなり得ない[2]。例(17)の"她"と"妹妹"は語義的には[姉−妹]として互いに規定しあう密接不可分な関係にあるが，現実世界においては，"妹妹"は"她"のルーツにはなり得ないため，裸の名詞のままその領属関係を明示することができるのである。

　第 4 章 4.1. では，名詞述語文において，主語（領属主）にとって述語名詞（領属物）が想起しやすいか否か，語義的にア・プリオリな存在

か否かが構文成立の可否を左右しており，主語と述語名詞との間には不可譲渡性の高い領属関係が求められると指摘した。以下に挙げる例(19)が不自然であるのに対し，例(18)が自然な表現として成立するのは，領属主"我／我们"にとって，リンゴやみかんより息子や娘の方が想起しやすい領属物であり，不可譲渡性が高い領属物であるとみなすことができるからである。

(18) 我们两个男孩儿，一个女儿。　［私たちは息子2人と娘1人だ］
(19) ??我两个苹果，三个橘子。

相互依存関係に代表される人間関係は，例(20)のような"领主属宾句"では領属主と密接不可分な領属物として，全体－部分関係，本体－属性関係に次いで，構文成立容認度が高い領属関係であるという考察結果が得られたが，例(21)のような領属性"被"構文や〈N_1+V得+N_2+VP〉構文においては，相互依存関係は構文成立に関与していないという考察結果となった。

(20) 他30岁那年死了媳妇，到现在还没娶上。　　　【0.95】
　　　［彼は30歳で嫁に死なれてから，いまだ嫁を娶っていない］
(21) ??太郎被歹徒杀死了弟弟。　　　【0.25】
　　　［「太郎は通り魔に弟を殺された」の意］

これは，人間関係が相互依存の上に成り立つという点で，不可譲渡性が高いとはいえ，やはり領属主とは別個体として認識されやすいためであり，領属主が自らの領属物を通じてデキゴトに直接関与し，その影響を直接経験しなければならない領属性"被"構文や，〈N_1+V〉が表す動作・行為の直接的影響を受け，その同一体内において〈N_2+VP〉が引き起こされることを示す〈N_1+V得+N_2+VP〉構文とは相容れないからであると考えられる。

また，以下に挙げる例文において，主語・賓語間に領属関係が存在するとき，領属先である主語に照応する賓語に不可譲渡性が高いとされる身体部位がくる場合，通常その領属先は統語的に明示されない［例(22a)］。一方，可譲渡性が高いとされる一般領属物がくる場合は，通常，人称代名詞や再帰代名詞でその領属先をマークする傾向にある［例(22c)］が，例(22b)のような人間関係の場合，ちょうどその中間に位置する。

(22) a. 张三刷{*他的／*自己的／φ} 牙了。
　　　［張三は {*彼の／*自分の／φ} 歯を磨いた］
　　b. 张三打了{他的／自己的／φ} 儿子。
　　　［張三は {彼の／自分の／φ} 息子を殴った］
　　c. 张三弄坏了{他的／自己的／#φ} 照相机[3]。
　　　［張三は {彼の／自分の／#φ} カメラを壊した］

つまり，"儿子"はその領属先をマークしなくても"张三"の息子であることが自明である一方で，「他の誰かの息子」との混同を防ぐために領属先をマークし，領属関係を明示することも可能である。これも，人間関係が相互依存の上に成り立つという点で，不可譲渡性が高いとはいえ，やはり領属物は領属主とは別個体として認識されやすいためであると考えられる。

6.1.4. 任意的領属関係

任意的領属関係とは，領属主が何らかの働きかけをした結果，領有することになった偶有的な領属物との関係を指す。

(23) a. *小王有(一双)眼睛。
　　b. *小王不一定有眼睛。

(24) a. 小王有(一辆)摩托车。
　　　　［王さんはオートバイを（1台）持っている］
　　 b. 小王不一定有摩托车。
　　　　［王さんはオートバイを持っているとは限らない］

　例えば，例(23a)の"眼睛"［目］はヒトが等しく有する身体の一部であり，領属主"小王"［王さん］に先天的に領有されている領属物であるため，例(23b)のように"不一定"［～とは限らない］を挿入することができない。一方，例(24a)の"摩托车"［オートバイ］は"小王"が購入／譲り受ける等した結果，領有するに至った領属物であり，誰もが等しく有する領属物ではない。それは例(24b)が成立することからも明らかである。"小王"は"摩托车"を他者に譲渡することも可能であり，その点で，任意的領属関係は可譲渡性の高い領属関係であると言える。
　領属性"被"構文，"领主属宾句"，〈N_1＋V得＋N_2＋VP〉構文はいずれも，領属主（あるいは領属物）が領属物（あるいは領属主）上に発生したデキゴト通じて何らかの直接的な影響を蒙ることを表す構文であるため，領属主と領属物の間に高い不可分性が要求されることを第5章で指摘したが，任意的領属関係は，領属タイプの中でもとりわけ可譲渡性の高い領属関係であるため，次の例(25)‐例(27)は極めて不自然な表現となる。

(25) ??我被太郎撕破了情书。　　　　　　　　　　　　　　【0.25】
　　　　［「私は太郎にラブレターを破られた」の意］
(26) ??他紧张得杯子摔碎了。　　　　　　　　　　　　　　【0.25】
　　　　［「彼は緊張してグラスが落ちて割れてしまった」の意］
(27) ??他跑了三只蛐蛐儿。　　　　　　　　　　　　　　　【0.45】
　　　　［「彼は3匹のこおろぎが逃げてしまった」の意］

　しかし，領属性"被"構文と〈N_1＋V得＋N_2＋VP〉構文では，可譲

渡性の高い任意的な領属物であっても，それが身に付けた状態であれば成立容認度が高まる。例(28)は「着ていた服を破られた」と解釈される傾向にあり，例(29)も「(転んで)履いていた靴が脱げて飛んだ」と解釈される。例(26′)も「グラス」を領属先の身体部位「手」に付着させることで成立しやすくなる。これは領属物を装着することにより，領属先との一体性／不可分性が高まり，ヒトの身体の一部に準ずる領属物として認識されるためである。

(28) 我被太郎撕破了衣服。　　　　　　　　　　　　　　　【0.95】
　　　［私は太郎に服を破られた］

(29) 他摔得鞋都飞了。　　　　　　　　　　　　　　　　　【0.80】
　　　［彼は転んで靴が飛んだ］

(26′) 他紧张得手里的杯子摔碎了。　　　　　　　　　　　　【0.80】
　　　［彼は緊張して手に持っていたグラスが落ちて割れてしまった］

"領主属宾句"においても，次の例(27′)のように賓語に修飾成分"精心饲养的"［大事に飼っていた］を加えることで，本来任意的な領属物であっても領属先にとって不可欠な領属物と認識されるため，成立可能となる。

(27′) 他跑了精心饲养的三只蛐蛐儿。　　　　　　　　　　　【0.90】
　　　［彼は大事に飼っていた3匹のこおろぎが逃げてしまった］

本研究では，任意的領属関係の下位分類として〈装着類〉と〈一般領属物〉を設けたが，同じ任意的な領属物であっても，その領属のあり方・領属の状態によっては不可譲渡性が高まるなど，任意的領属関係の中でも連続的な階層が存在することが明らかとなった。

6.2. 領属関係の階層性とその連続的位置付け

以下の〈図1〉は，第5章で取り上げ考察した領属性"被"構文，"領主属賓句"，〈N_1＋V得＋N_2＋VP〉構文の構文成立容認度の平均値を一つの図に示したものである。

〈図1〉 各構文における成立容認度と階層性：

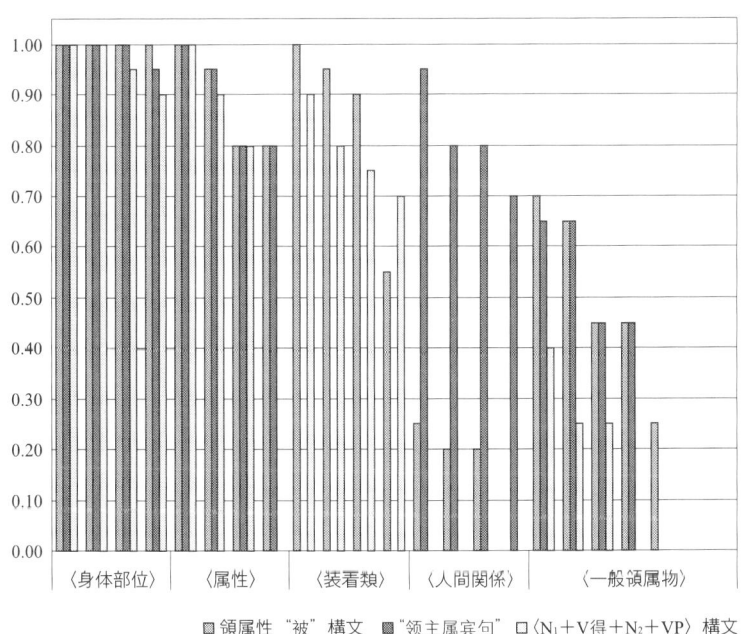

容認度平均値

■領属性"被"構文　■"領主属賓句"　□〈N_1＋V得＋N_2＋VP〉構文

第5章で取り上げた構文は，いずれも領属範疇と深く関わっており，且つ構文成立には領属の不可譲渡性が求められることを指摘した。これ

を考慮に踏まえて〈図1〉を見ると，構文成立の容認度が高いほど不可譲渡性が高く，反対に容認度が低いほど可譲渡性が高いことが読み取れる。つまり，構文成立の容認度と領属関係の譲渡可能性との間には密接な相関関係が存在するのである。また，それぞれの領属タイプにおける容認度は連続的な階層を成していることが分かるが，これは即ち，領属主と領属物との関係を譲渡可能性という観点から見た場合，不可譲渡な領属関係と可譲渡な領属関係の間にも，連続的・階層的な傾斜が存在することを示唆している。

　領属物をタイプ別に見ていくと，〈身体部位〉はいずれの構文においても容認度が他の領属物の中で最も高いが，これは即ち，〈身体部位〉や〈モノの一部分〉に代表される全体－部分関係が最も不可譲渡性の高い領属関係であることを示している。第5章で取り上げた構文を領属範疇で捉えた場合，いずれも領属主（あるいは領属物）が領属物（あるいは領属主）上に発生したデキゴト通じて何らかの直接的な影響を蒙るという要素を共通項としてもつが，全体－部分関係は，領属の下位タイプの中でもとりわけ領属主と領属物との一体性が高いことからも，領属主（全体）と領属物（部分）が互いに直接的な影響を及ぼしあう関係にあると言える。

　〈身体部位〉に次いで容認度が高いのは〈属性〉である。属性とは事物（本体）が普遍的に兼ね備えている性質や特徴を指すが，程度や内容の差こそあれ，それが原則として全てに等しく，且つ不可分に領有されているという点で不可譲渡性の高い領属物である。このような〈属性〉を領属物にもつ本体－属性関係は，全体－部分関係よりも領属物の具象性や，領属先との一体性に欠けるものの，領属主と領属主が普遍的に兼ね備える属性（領属物）は互いに直接的な影響を及ぼしあう不可譲渡な関係にあると言える。

　〈属性〉の次に容認度が高いのが〈装着類〉である。〈装着類〉は本来，任意的な一般領属物であり，可譲渡性の高い領属物であるが，それが身に付けられた状態にある場合，不可譲渡性が高まることが明らかとなっ

た（第5章を参照）。〈装着類〉は，領属性"被"構文と〈N_1+V得$+N_2+VP$〉構文において構文成立に関与しているが，可譲渡性の高い任意的な領属物であっても，それを装着することにより，領属先との一体性／不可分性が高まり，ヒトの身体の一部に準ずる不可譲渡な領属物として認識されると考えられる。

相互依存関係に代表される〈人間関係〉は，"領主属賓句"では領属主と密接不可分な領属物として，全体－部分関係，本体－属性関係に次いで，構文成立容認度が高い領属関係であると認められる。一方，領属性"被"構文と〈N_1+V得$+N_2+VP$〉構文においては，相互依存関係は構文成立に関与していないという考察結果が得られた。これは，〈人間関係〉が相互依存の上に成り立つという点で，不可譲渡性が高いとはいえ，やはり領属主とは別個体として認識されやすいためであり，領属主が自らの領属物を通じてデキゴトに直接関与し，その影響を直接経験しなければならない領属性"被"構文や，〈N_1+V〉が表す動作・行為の直接的影響を受け，その同一体内において〈N_2+VP〉が引き起こされることを示す〈N_1+V得$+N_2+VP$〉構文とは相容れないからであると考えられる。また，〈人間関係〉は〈身体部位〉や〈属性〉とは異なり，それが領属先の内部に兼ね備えられていないという点で，領属主と領属物との一体性は低く，身体に付着させることで一体性／不可分性が高まる〈装着類〉よりも容認度は若干低い。

以上の考察を踏まえ，構文成立の容認度と領属の譲渡可能性の観点から，現代中国語における領属の階層を「領属モデル」として以下に提示する。

〈図2〉　現代中国語における領属モデル[4]：
　身体部位　＜　属性　＜　装着類　＜　人間関係　＜　一般領属物

〈図2〉の「領属モデル」を領属に対する認知パターンとして捉える

と，中国語話者は〈身体部位〉や〈属性〉を不可譲渡性の高い領属物であるとみなし，〈装着類〉，〈人間関係〉，〈一般領属物〉の順に不可譲渡性が低く（可譲渡性が高く）なっていくと認識していると考えられる。また，この認知パターンに見られる階層性は，第5章全節に渡って一致する考察結果であり，中国語話者の領属に対する普遍的な認知モデルであると考えることができる。

また，この「領属モデル」を不可譲渡所有カテゴリーにおけるプロトタイプ効果（prototype effect）という観点から考察すると，現代中国語における領属の内部構造は，例えば人間や動物とその身体部位というような，領属先と先天的に不可分な領属物である〈身体部位〉をプロトタイプとしている。そして，この中心的カテゴリーから，〈属性〉，〈装着類〉といった非中心的（周縁的）カテゴリーへと同心円状に階層を成しており，このカテゴリーの分布関係にはプロトタイプ効果が認められる。

プロトタイプ効果に関して，山梨2000aは以下のように述べている。

> カテゴリー化のプロセスに見られるプロトタイプ効果自体は，言語能力に由来するものではなく，人間の一般的な認知能力に由来するものである。…(中略)…日常言語の概念体系のかなりの部分は，外部世界の客観的な反映として構築されているのではなく，我々の身体性や創造性に根ざすメタファー，イメージ形成，イメージスキーマ変換等の主観的な認知プロセスを介して構築されている。
>
> （山梨2000a:39-40）

これはつまり，日常言語における概念体系は，言語主体から独立した記号系として存在しているのではなく，人間の一般的な認知能力——即ち，知覚，記憶，情報処理の効率性等に由来しているのであり[5]，言語現象を一般的な認知能力と運用能力の発現として捉えなければならないことを示唆している。従って，〈図2〉の「領属モデル」及びそのプロ

トタイプ効果は，中国語話者の領属に対する一般的な認知能力に依拠するものであり，このような領属関係に対する認識の相違が，言語構造——即ち，領属性"被"構文，"領主属賓句"，〈N_1＋V得＋N_2＋VP〉構文に反映され，統語的振る舞いの相違として現れているのである。

また，領属概念としての不可譲渡所有と可譲渡所有は，従来，対極にある概念として明確に区分されてきたが，このようなプロトタイプ効果的な観点から考察すると，不可譲渡所有と可譲渡所有は連続的・階層的に繋がっており，決して明確に二分され得る概念ではないことは自明である。

6.3. 現代中国語における譲渡可能性

Haiman1985は言語一般における可譲渡／不可譲渡の階層性について，以下のように述べている（破線は引用者による）。

> Intuitively, the hierarchy of "alienability" is: body parts less alienable than kinsmen; kinsmen less alienable than artefacts. Languages which make no overt distinctions among these categories (like English) are not problematic for this hierarchy; neither are languages which oppose kinsmen and body parts to artefacts; nor, again, are languages which oppose body parts to both kinsmen and artefacts.
>
> （Haiman1985:135）

Haiman1985は，身体部位（body parts）は親族関係（kinsmen）より，親族関係はその他の人工物（artefacts）より譲渡可能性が低く，これらの領属関係の間には階層（hierarchy）が存在することを指摘しているのだが，これは次頁の〈図3〉のように図示することができる。

〈図3〉 the hierarchy of "alienability"
body parts ＜ kinsmen ＜ artefacts

〈図3〉において左端を占める身体部位は不可譲渡所有のプロトタイプであり，右側へ行くに従い譲渡可能性が高くなる。親族関係は身体部位と人工物の中間に位置し，各個別言語によって可譲渡所有であったり，不可譲渡所有であったりする。Haiman1985は，この階層が基本的にはあらゆる言語に適用できる普遍的なものであり，この順序が入れ替わることはないと指摘しているが，これは要するに，親族関係が不可譲渡所有として扱われる個別言語では，身体部位は必ず不可譲渡所有として扱われるという規則性が存在することを示唆している。

現代中国語の領属研究においては，従来，"我妈妈"［私の母］のように人称代名詞（Pro）と親族，集団名称（N）とが"的"を介さずに直接結合できるのは，ProとNの関係が不可譲渡な領属関係にあるためであるとされ，親族関係は不可譲渡な領属関係であるとされてきた（相原1976, 中川1976, Li & Thompson1981, Haiman1985等）。つまり，"我妈妈"のようなProN構造は，ProとNが不可譲渡な関係にあることを根拠に，ProdeN構造（"我的妈妈"）から"de"を省略した形式として成立すると主張するのである。

Haiman1985の仮説に従えば，親族関係が不可譲渡であれば，身体部位も不可譲渡でなければならない。つまり，"我妈妈"が成立するならば，"我的手"［私の手］から"的"を省略しても成立するはずであるが，実際には"*我手"は成立し得ず，Haiman1985の提唱する〈図3〉のhierarchyには当てはまらない。

現代中国語における譲渡可能性の階層（the hierarchy of "alienability"）は，世界の大多数の言語とは異なる特異な様相を呈していると，Haiman1985自身も以下のように指摘している（破線は引用者による）。

第 6 章　現代中国語の領属モデル　235

　　In Mandarin, there is a formal contrast between possession expressed by a nomino-adjectival particle *de* and simple juxtaposition: *NP de NP* vs. *NP NP*, where, in each case, the first NP represents the possessor. The motivation hypothesis predicts that the first pattern is used where possession is alienable. What actually seems to be the case, however, is that *NP de NP* expresses the relationship of possession where the possessum is anything but a kinsman: …(中略)…Mandarin violates the hierarchy, and is not alone in doing so. That is, there are other languages in which, by the morphological evidence, the hierarchy of alienability is: kinsmen less alienable than body parts; body parts less alienable than artefacts.

(Haiman1985:134-135)

　Li & Thompson1981 にも同様の指摘が見られ，このような階層現象に対し「中国語では単純に可譲渡／不可譲渡の対立の概念化の仕方が（他の言語とは）異なる」(p.115, 161) からであると指摘している。また，相原 1976 も「inalienable possession を文法カテゴリーとして考えるべき」であり，さらに素性［±alienable］は，各言語間において「それぞれの言語の話し手の精神構造における違いを反映するため，奇異な現象ではない」(p.8) と主張している。先行研究におけるこれらの指摘は，〈図 4〉のように図示することができる。

〈図 4〉　the hierarchy of "alienability" in Mandarin Chinese:
　　　　　kinsmen　＜　body parts　＜　artefacts

　従来の研究では，現代中国語における譲渡可能性の階層は〈図 4〉に示すような様相を呈し，世界の多くの言語が示す階層（〈図 3〉）とは異なることが強調されてきた。

しかし，本研究では第3章3.1.における考察の結果，ProN構造はProdeN構造から"de"を「省略」した，PeodeN構造に付随する表現形式であるとみなすことはできないと指摘し，従って，ProN構造が成立する理由をProとNの不可譲渡性に求めるのは妥当ではないと結論付けた。一方，本章6.2.では，第5章における考察をもとに，領属の譲渡可能性の観点から領属タイプを連続的に位置付け，これを「領属モデル」として提示したが，これは〈図3〉で示したモデルと同じ階層性を示していることが分かる。

このことから，現代中国語の領属構造は決して特異な様相を呈しているわけではなく，世界の多くの言語と似通った階層を有していることは明らかである。

6.4. 第6章のまとめ

本章では，これまでの考察で明らかとなった結論に基づき，領属タイプ別に構文レベルの統語的・意味的特徴を総括し，現代中国語における領属範疇を体系化した。また，構文成立の容認度と領属の譲渡可能性の観点から，領属タイプを連続的に位置付け，その階層を「領属モデル」として提示した（以下は本章6.2.〈図2〉の再掲）。

現代中国語における領属モデル：
身体部位　＜　属性　＜　装着類　＜　人間関係　＜　一般領属物

この「領属モデル」には，プロトタイプ効果が認められる。つまり，人間や動物とその身体部位というような，領属先と先天的に不可分な領属物である〈身体部位〉をプロトタイプとし，この中心的カテゴリーから，〈属性〉，〈装着類〉といった非中心的（周縁的）カテゴリーへと同心円状に階層をなしていることが分かる。また，このような認知パター

ンに見られる階層性，及びそのプロトタイプ効果は，中国語話者の領属に対する一般的な認知能力に依拠するものであり，このような領属関係に対する認知パターンが，言語構造に反映され，統語的振る舞いの相違として現れているのであると指摘した。

　また，従来，現代中国語における譲渡可能性の階層は，世界の大多数の言語のそれとは異なると指摘されてきたが，本研究で提示した「領属モデル」はHaiman1985が示したモデル〈図3〉と似通った階層を有している。従って，現代中国語の領属構造は決して特異な様相を呈しているわけではないということを指摘した。

注

1) 角田1992は誰にでもある身体部位（「普通所有物」）として，この他にも「体重」や「身長」を挙げ，また誰にでもあるとは限らない「非普通所有物」に「風格」を挙げている。本研究では「体重／身長／風格」などは領属先が等しく有する属性の一種であると考え，これらを全体−部分関係ではなく，本体−属性関係の中で扱っている。
2) 沈阳2002:103は，領属関係の定義と分類の多様性について以下のように述べている。

> 有人就提出，像"a.（表称谓）"类的领属NP中，"女儿的爸爸"和"爸爸的女儿"就应该再分开，因为有"女儿"一定有爸爸，而有"爸爸"却不一定有"女儿"，……
> [a.（呼称）類の領属性NPでは，"女儿的爸爸"［娘の父］と"爸爸的女儿"［父の娘］をさらに下位分類するべきだと主張する者もいる。「娘」には必ず父親が存在するのに対し，「父」には必ずしも娘がいるとは限らないからだ…］

> 角田1992:121も親族関係の不可譲渡性の観点から，以下のように沈阳2002と同様の指摘をしている。

> …厳密に言うと，親族は2種類に分けることができる。両親，祖父母など，誰でも生まれながらにして持っている親族と，結婚や養子縁組などで得た親族である。厳密な意味では，前者だけが分離不可能所有物であろう。

3) "张三ᵢ弄坏了φᵢ照相机。"［張三はカメラを壊した］については，もちろん文脈支持があれば領属先をマークしなくても構わない。ここでは，"照相机"だけでは積極的にその領属先を明示し得ないという意味で，不完全な表現［#］とした。
4) 〈装着類〉や〈人間関係〉は，構文によっては文成立に関与していない。また，〈人間関係〉は，構文によって容認度に大きな隔たりがある。
5) この認知能力に由来するプロトタイプ効果は，文法カテゴリーのレベルだけでなく，語彙レベルの多義性，イディオム，構文のネットワークの分布関係にも見られる。この事実は，言語能力に関わる現象が，認知能力に由来するより根源的な機能に支配されていることを示していると山梨2000a:39は指摘している。

終　章
結　語

7.0.　本研究のまとめ

　以上，本研究では，現代中国語における領属表現について，領属範疇とダイレクトに関わる〈NP₁＋的＋NP₂〉表現や，これまで領属範疇では扱われることのなかった諸構文を取り上げ，様々な角度から考察してきた。

　先ず第2章では，名詞二項連接表現〈NP₁＋(的)＋NP₂〉におけるNP₁とNP₂の意味関係とその統語的振る舞いの相違を中心に領属の定義とその分類を行い，これを本研究において分析を進めていく上での基盤とした。第3章では，主にフレーズレベルで現れる領属表現〈NP₁＋的＋NP₂〉を取り上げ，先行研究における"的"の「省略」と不可譲渡性との関連を否定した。また，従来から指摘されてきた〈NP₁＋的＋NP₂〉表現の多義性（ambiguity）も，共起する数量詞との位置関係により領属表現と属性表現に大別できることを示し，賓語位置に現れる領属先（NP₁）の照応形式については，領属関係の予測可能性――即ち不可譲渡性が関与していることを明らかにした。

　第4章では，領属範疇との関わりで積極的に考察されることのなかった構文――名詞述語文，授与構文，"領主属賓句"を取り上げ，これらの構文の深層に領属範疇が関与していることを指摘し，中国語母語話者が属性の類別／描写，モノのヤリ／モライ，領属物の出現／消失をどのように認識しているか，それが構文レベルにおいてどのように反映されているかについて考察した。また，第5章では，領属関係の密接不可分

性と構文成立の容認度との相関関係について指摘し、さらに可譲渡と不可譲渡の間には連続的な階層が存在することを示唆した。

第6章では、これまでの考察で明らかとなった結論を総括し、現代中国語における領属範疇の体系化を試みた。また、領属の譲渡可能性（alienability）の観点から、領属タイプを連続的に位置付け、これを「領属モデル」として提示すると同時に、これが中国語母語話者の領属に対する普遍的な認知能力に依拠するものであることを指摘した。

従来、現代中国語における譲渡可能性の階層は、世界の大多数の言語のそれとは異なると指摘されてきた。しかし、本研究で提示した「領属モデル」はHaiman1985が示したモデルと似通った階層（hierarchy）を有しており、従って、現代中国語の領属構造は決して特異な様相を呈しているわけではないことを併せて明らかにした。

7.1. 今後の課題と展望

現代中国語におけるこれまでの領属研究では、主に"小李的词典"[李さんの辞書]のような〈NP₁＋(的)＋NP₂〉構造のNP₁とNP₂の意味関係のみに依拠し、定義・分類が進められてきたことは、本研究第2章2.2.1.で既に述べた。その結果、先行研究の数だけ領属の定義が存在し、その分類も大きく異なっているのが現状である。

本研究における領属関係の下位分類も、その出発点は〈NP₁＋(的)＋NP₂〉構造におけるNP₁とNP₂の意味関係を基盤としており、その点では数多ある先行研究とあまり変わらない。むしろ、領属関係を10数項目に渡って下位分類している先行研究（沈阳1998/2002、沈阳・何元建・顾阳2001、陆俭明・沈阳2003、陆俭明2003/2004等を参照）と比較すれば、本研究における領属の下位類は4タイプのみであり、粗雑な分類であると捉えられる可能性もある。

しかし、本研究では、下位分類された領属タイプがそれぞれ他の下位タイプと明確に弁別されるだけの統語的特徴を有しており、その統語的

根拠を以て分類の妥当性を図ろうとする点において，他の先行研究とは大きく異なる。「文法範疇は統語に対してある一定の制約を与える」[1]とするならば，領属範疇も現代中国語の文法構造に何らかの影響を与えていると考えられ，その統語的特徴や制約を明らかにすることで，はじめて整合性の取れた定義と類分けが可能になると考える。本研究では，このような前提に基づき，領属関係を全体－部分関係，本体－属性関係，相互依存関係，任意的領属関係の4タイプに分類したが，これは本研究の考察を進める上で有効な分類であり，他の視点からアプローチすれば，また違った分類も可能となる。

本研究第4章，第5章では，構文レベルにおいて領属範疇がどのように認識され，言語化されているかについて，名詞述語文，授与構文，"領主属宾句"，領属性"被"構文，〈N_1＋V得＋N_2＋VP〉構文を取り上げ，構文中に現れる領属関係とその統語構造について考察してきた。しかし，領属範疇を反映している構文はこれだけではない。以下，領属範疇からのアプローチが可能であると考えられる構文を2つ挙げておく。

杉村1976は以下に挙げる例(1)が非文であるのに対し，これと形式的には全く同じである例(2)が問題なく成立する根拠を，「主語と賓語[2]の間に存在する"分離不可能"な関係に求めることができる」(p.93)と指摘している。

(1) ＊他铅笔削得尖尖的。
(2) 　他胡子刮得光光的。　　［彼はヒゲをツルツルに剃っている］

(杉村1976:92)

例(2)における主語"他"［彼］と賓語"胡子"［ヒゲ］は身体とその一部という全体－部分関係にあり，不可譲渡性の最も高い領属関係である。また，杉村1976は，以下に挙げる例(3)，例(4)が成立する根拠として，述語が主語の属性表現であることを挙げている。

(3) 他课文念得很熟。　　［彼はテキストを読むのが上手い］[3]
(4) 他字写得很粗犷。　　［彼は字を書くのが荒っぽい］

(杉村 1976:92, 93 改)

つまり、例(3)の"课文念得很熟"、例(4)の"字写得很粗犷"を具体的な動作表現とは捉えず、主語"他"に対する属性描写であるとみなすのである。ここから、例(2)～例(4)に挙げるような"得"補語文は、主語（領属主）の身体部位や属性の有様を描く構文であると考えられ、賓語には不可譲渡性の高い領属物（もしくは属性的意味を付加された領属物）が用いられると推測できる。

また、以下に挙げる例(5)のような主述述語文〈S_1+S_2+VP〉において、S_1とS_2の間に領属関係が存在することは既に指摘されている[4]が、S_1とS_2が領属関係にあれば任意に成立するわけではなく、例(6)は通常非文であると判断される。

(5) 这个人心眼儿好。　　［この人は心根が良い］　　(朱德熙 1982:106)
(6) *这个人书包好

このことから、領属関係の中でも特に不可譲渡性の高い関係――〈身体部位〉や〈属性〉などが当該構文の成立に関与しているのではないかという仮説を立てることができる。

本研究では、現代中国語の「領属モデル」を提示し、そこにはプロトタイプ効果が認められることを指摘した。また、領属に対する認知パターン及びそのプロトタイプ効果は、中国語母語話者の領属に対する一般的な認知能力に依拠するものであると主張したが、今後、上に挙げた"得"補語文や主述述語文なども分析対象とし、「領属モデル」に合致するかどうかを検証していかなければならない。この点に関する然るべき分析は今後の課題とする。

第1章でも述べたように、領属関係の不可譲渡性とは、言うまでもな

く言語上の概念である。ツングース諸語の一つであるウイルタ語（Uilta）では，シラミをまさに血肉を分けた間柄としてヒトと密接不可分な関係にあるとみなすなど，何を以て不可譲渡とするかは各言語によって異なる。また，同一言語内であっても時代によって異なる可能性もある。本研究で提示した「領属モデル」も，他言語ではそのまま適応することはできず，場合によっては修正が可能であり，また，修正する必要が出てくる可能性もある。

しかしその一方で，譲渡可能性（alienability）の観点から領属関係を捉えるとき，body parts ＜ kinsmen ＜ artefacts の順に可譲渡性が高くなるという現象は普遍的な認知パターンであり，あらゆる言語に適応できるとも指摘されている。個別言語における実証データを通じてその独自性を指摘しながら，同時に人間の領属に対する認知的普遍性についても論及していくことにより，今後，一般言語学の理論的研究へのフィードバックも期待され得ると考える。

注
1) 陸倹明1988の指摘による。陸倹明1988は"一定的语法范畴，对句法都会起一定的制约作用。关于这个问题，我们过去还很少注意。"（p.181）と文法範疇における統語的制約の存在を指摘している。
2) 杉村1976は，例(2)"他胡子刮得光光的。"の"胡子"を賓語とみなしている。
3) "他把课文念得很熟"［彼はテキストを読むのが上手い］と"他(念)课文念得很熟"［彼はテキストを読むのが上手い］を比較した場合，前者は〈他下了番工夫，才念得很熟〉［彼は努力して練習した結果，読むのが上手い］という意味を含意するのに対し，後者は〈他一向念得很熟〉［彼は以前からずっと読むのが上手い］というニュアンスが強く，行為の恒常性，習慣性が含意されると杉村1976は指摘している。
4) 朱德熙1982:106の指摘による。しかし，具体的にどのような領属関係であれば成立するかについては言及していない。

用例出典

[書籍]
《班主任——短篇小说集》刘心武，中国青年出版社，1979年6月.
《北京人在纽约》曹桂林，中国文联出版公司，1995年8月.
《边缘女人》陈尘，中国国际广播出版社，1999年6月.
〈别〉朱自清，《朱自清全集》(第四卷)，1999年3月.
《玻璃心的日子》董懿娜，业强出版社，1998年10月.
〈风波〉鲁迅，《呐喊》，人民文学，1979年12月.
〈广播连续剧《音乐在我手上》下集〉，『中国語ジャーナルvol.66』，アルク，2006年9月号.
〈蝴蝶〉王蒙，《王蒙文存》，人民文学，2003年8月.
《家》巴金，人民文学出版社，1994年11月.
《家庭教育新区》周明星・曾令国编著，科学出版社，2001年10月.
《看上去很美——王朔文集》王朔，云南人民出版社，2004年9月.
〈李家庄的变迁〉赵树理，《赵树理文集》(第一卷)，工人出版社，1980年10月.
《灵魂的搏斗》吴强，四川人民出版社，1979年.
《骆驼祥子》老舍，人民文学出版社，1989年9月.
〈母亲眼中的张艺谋〉李尔藏，《女报》2001年 第7期.
《青春之歌》杨沫，北京十月文艺出版社，1995年9月.
〈秋收〉茅盾，《林家铺子》，人民文学出版社，2000年11月.
《人到中年》谌容，中国文学出版社，1993年12月.
〈山峡中〉艾芜，《艾芜选集——中国文库 文学类》，人民文学出版社，2005年1月.
《围城》钱钟书，人民文学出版社，2000年3月.
《我是你爸爸——王朔文集》王朔，云南人民出版社，2004年1月.
〈夏夜梦〉张天翼，《张天翼代表作——中国现代文学百家》，华夏出版社，1997年1月.
〈醒来吧，弟弟〉刘心武，《短篇小说选1977～1978》，人民文学出版社，1978年.

[インターネット検索]
〈阿难〉虹影，故乡：
　　http://www.guxiang.com/wenxue/xiaoshuo/hongchen/200206/200206220031.htm

〈池莉：关注"非典"的作家〉，大公网 2003 年 5 月 4 日：
http://www.takungpao.com/inc/print_me.asp?url=/news/2003-5-4/ZM-131719.htm&date=2003-5-4

〈池莉：我是一个模范知青〉程永新，人民网 2001 年 4 月 3 日：
http://www.people.com.cn/GB/wenyu/66/134/20010403/432169.html

〈父亲，男人最温柔的名字〉，中广网 2006 年 5 月 18 日：
http://www.cnr.cn/kby/ch/t20060516_504206726.html

〈父亲扔给楼下儿子 8 万元散落〉，搜狐新闻 2006 年 3 月 4 日：
http://news.sohu.com/20060304/n242121889.shtml

《快乐人生》葛林，海外中文书库：http://www.havebook.com/havebook.html

〈老舍最早的一篇小说〉沈锋，故乡：
http://www.guxiang.com/others/others/xinwen/200303/200303250003.htm

〈母亲的贺卡〉李雪锋，深圳特区报 2001 年 12 月 31 日：
http://pdf.sznews.com/gb/content/2001-12/31/content_497347.htm

〈朋友祝福〉，大都市鲜花网 2005 年 3 月 1 日：
http://www.dds168.com/ns_detail.php?id=362&nowmenuid=337&cpath=0227:&catid=227

〈萨达姆将接受公审〉，新浪网 2005 年 6 月 21 日：
http://news.sina.com.cn/w/2005-06-21/10206230387s.shtml

〈soso 问问〉，搜搜 2010 年 7 月 11 日：
http://wenwen.soso.com/z/q204201215.htm

〈写作自白〉杨朔，水母网 2004 年 5 月 12 日：
http://www.shm.com.cn/yantai/2004-05/12/content_3362.htm

〈一次没有收获的阅读〉李建军，文汇报 2003 年 3 月 29 日：
http://whb.news365.com.cn/

《一个二奶的独白》绝望的冰咖，搜狐社区：
http://lz.health.sohu.com/lianzai/lzr-11015-109577-1131002342.html

《战争与和平》列夫托尔斯泰，名著对译：
http://www.pku.edu.cn/study/novel/warpeace/cindex.htm

主要参考文献

［日本語］

相原茂 1976.「構造助詞"de"の省略可能性——Inalienable possession」,『漢文學會々報』第三十五號,東京教育大學漢文學會.

相原茂 1985.「"亲嘴"の"嘴"は誰のもの？」,『明治大学教養論集』No.176.

古川裕 1994.「状態形容詞を含む名詞句の特性——"厚厚的一本书"と"一本厚厚的书"——」,『中国語』9月号,内山書店.

古川裕 1997a.「数量詞限定名詞句の認知文法——指示物の〈顕著性〉と名詞句の〈有標性〉——」,『大河内康憲教授退官記念 中国語学論文集』,東方書店.

原由起子 1997.「〈一个什么样的人〉と〈什么样一个人〉」,『大河内康憲教授退官記念 中国語学論文集』,東方書店.

橋本萬太郎 1977.「中国語の叙述修飾語と制限修飾語」,『中国語』3月号,大修館書店.

池上二良 1993.「ウィルタ語代名詞とその格変化」,『札幌大学女子短期大学部創立25周年記念論文集 地域・情報・文化』,響文社.

池上二良 1997.『ウィルタ語辞典』,北海道大学図書刊行会.

影山太郎 1990.「日本語と英語の語彙の対照」,『日本語の語彙と意味（講座 日本語と日本語教育 第7巻)』,明治書院.

勝川裕子 2000.「"被"構文における「領属関係」とその連続的位置付け」,『ことばの科学』第13号,名古屋大学言語文化部言語文化研究会.

勝川裕子 2001a.「"我的妈妈"と"我妈妈"の分析」,『多元文化』創刊号,名古屋大学国際言語文化研究科研究誌.

勝川裕子 2001b.「"得"補語文に受事"N_2"が現れる表現——補語とその叙述対象——」,『ことばの科学』第14号,名古屋大学言語文化部言語文化研究会.

勝川裕子 2002.「"N_1+V 得+N_2+VP"構文における「領属関係」——N_1とN_2の意味関係を中心に 」,『多元文化』第2号,名古屋大学国際言語文化研究科研究誌.

勝川裕子 2003a.「授与構文における"给"と所有領域」,『多元文化』第3号,名古屋大学国際言語文化研究科研究誌.

勝川裕子 2003b.「"領土属宾句"における領属の認知的解釈」,『中国語学』250号.

勝川裕子 2004a.「〈NP₁ 的 NP₂〉と数量詞の現れる位置――"张三的一张照片"と"一张张三的照片"――」,『平井勝利教授退官記念 中国学・日本語学論文集』,白帝社.
勝川裕子 2004b.「現代中国語における「領属関係」の定義とその分類」,『ことばの科学』第 17 号,名古屋大学言語文化研究会.
勝川裕子 2005.「現代中国語における領属物に対する依存性――名詞述語文が成立する背景――」,『言語文化論集』第 26 巻 第 2 号,名古屋大学大学院国際言語文化研究科.
勝川裕子 2006.「主語・賓語間の領属関係と照応形式」,『中国語教育』第 4 号,中国語教育学会.
勝川裕子 2008a.「現代中国語における領属タイプと不可譲渡性」,『言語文化論集』第 29 巻 第 2 号,名古屋大学大学院国際言語文化研究科.
勝川裕子 2008b.「現代中国語における領属モデル」,『多元文化』第 8 号,名古屋大学国際言語文化研究科研究誌.
風間伸次郎 2001.「ツングース諸語における譲渡可能を示す接辞について」,『環北太平洋の言語』第 7 号（津曲敏郎編）,大阪学院大学情報学部.
木村英樹 1990.「中国語の指示詞――「コレ／ソレ／アレ」に対応するもの」――」,『日本語学』3 月号 vol.9,明治書院.
木村英樹 1993.「指示と方位――「他那本书」の構造と意味をめぐって――」,『伊地智善継 辻本春彦両教授退官記念中国語学・文学論集』,東方書店.
木村英樹 1996.『中国語はじめの一歩』,筑摩書房.
木村英樹 2002.「Z の所有領域」,『中国語』3 月号,内山書店.
益岡隆志 1987.『命題の文法』,くろしお出版.
眞野美穂 2004.「所有関係と非規範的構文について」,『日本語の分析と言語類型――柴谷方良教授還暦記念論文集――』,くろしお出版.
三上章 1972.『現代語法序説』,くろしお出版.
三原健一 2004.『アスペクト解釈と統語現象』,松柏社.
森山卓郎 1988.『日本語動詞述語文の研究』,明治書院.
仁田義雄 1997.『日本語文法研究序説』,くろしお出版.
守屋宏則 1980.「中国語の再帰代名詞化の条件」,『東京外国語大学八十周年記念論文集』,東京外国語大学.

中川正之 1973a.「二重目的語文の直接目的語における数量限定語について」,『中国語学』218 号.
中川正之 1973b.「統辞論における名詞連接の諸相」,『中国の言語と文化』第 2 号，大阪中国語・文化懇話会.
中川正之 1976.「日中両国語における譲渡不可能名詞について」,『中国語学』223 号.
中川正之 1987.「描写と限定」,『中国語』8 月号，大修館書店.
中川正之 1992.「類型論から見た中国語と日本語と英語」,『日本語と中国語の対照研究論文集』，くろしお出版.
中川正之 1997.「漢語の語構成」,『日本語と中国語の対照研究論文集』，くろしお出版.
中島悦子 1992.「間接受身文の成立 ── 日本語と中国語 ── 」,『ことば』第 13 号，現代日本語研究会.
中右実 1990.「存在の認知文法」,『文法と意味の間』，くろしお出版.
西山佑司 1991.「「NP_1 の NP_2」の曖昧性について」,『慶應義塾大学言語文化研究所紀要』第 23 号.
西山佑司 1993.「「NP_1 の NP_2」と "NP_2 of NP_1"」,『日本語学』10 月号，明治書院.
尾上圭介・木村英樹・西村義樹 1998.「二重主語とその周辺 ── 日中英対照 ── 」,『月刊言語』vol.27，大修館書店.
大河内康憲 1985.「量詞の個体化機能」,『中国語学』232 号.
奥津敬一郎 1983.「不可分離所有と所有者移動 ── 視点の立場から ── 」,『都大論究』20 号.
小野秀樹 2002.「中国語における "分類" と "描写" ── "名詞述語文" を成立させる要因から」,『未名』第 20 号，中文研究会（神戸大学文学部中文研究室）.
大塚高信編 1970.『新英文法辞典』(改訂増補版)，三省堂.
R. ヤコブソン 1973.『一般言語学』(田村すず子 他訳)，みすず書房.
澤田治美 1993.『視点と主観性 ── 日英語助動詞の分析 ── 』，ひつじ書房.
澤田浩子 2003.「所有物の属性認識」,『月刊言語』vol.32，大修館書店.
沢田啓二 1976.「中国語の代名詞に関するいくつかの問題」,『天理大学学報』101.
関光代 2001.「"V 給" 文の意味特徴に関する考察」,『中国語学』248 号.
柴谷方良 2000.「ヴォイス」,『文の骨格』(仁田義雄・益岡隆志編)，岩波書店.

朱德熙 1995.『文法講義――朱徳熙教授の中国語文法要説――』(杉村博文・木村英樹訳), 白帝社.
S. R. ラムゼイ 1990.『中国の諸言語――歴史と現状――』(高田時雄 他訳), 大修館書店.
スティーブン・ピンカー1995.『言語を生みだす本能』(上) (椋田直子訳), 日本放送出版協会.
杉村博文 1976.「"他课文念得很熟"について」,『中国語学』223 号.
杉村博文 1980.「所有不可能名詞」,『中国語学』227 号.
杉村博文 1990.「中国語と日本語の名詞連接表現比較」,『大阪外国語大学論文集』第 4 号.
杉村博文 1991.「医者の目」,『中国語学習 Q&A101』, 大修館書店.
杉村博文 1994.『中国語文法教室』, 大修館書店.
杉村博文 1997.「名詞性連体修飾語と構造助詞"的"」,『大河内康憲教授退官記念 中国語学論文集』, 東方書店.
杉村博文 1999a.「"我妹妹"と"桌子底下"」,『中国語』5 月号, 内山書店.
杉村博文 1999b.「あなたはだれ？ 名前は？」,『中国語』6 月号, 内山書店.
杉村博文 2000.「"给"の意味と用法」,『中国語』2 月号, 内山書店.
高橋太郎 1975.「文中にあらわれる所属関係の種々相」,『国語学』103 号.
湯廷池 1987.『中国語学研究叢書 2 中国語変形文法研究』(松村文芳訳), 白帝社.
津曲敏郎 1992.「所有構造と譲渡可能性：ツングース語と近隣の言語」,『北の言語：類型と歴史』(宮岡伯人編), 三省堂.
角田太作 1992.『世界の言語と日本語』, くろしお出版 (1999).
山梨正明 2000a.「プロトタイプ効果とカテゴリー化の能力――認知言語学の動向アプローチ――」,『日本語学』4 月臨時増刊号 vol.19, 明治書院.
山梨正明 2000b.『認知言語学原理』, くろしお出版.
柳沢民雄 2000.「ロシア語における有機的所有について」,『言語文化論集』第 21 巻 第 2 号, 名古屋大学言語文化部.

[中国語]
曹逢甫 2005.《汉语的句子与子句结构》(王静译), 北京语言大学出版社.
范继淹 1979.〈"的"字短语代替名词的语义规则〉,《中国
程工 1994.〈生成语法对汉语"自己"一词的研究〉,《国外语言学》第 1 期.

程丽丽 2000．〈"N_1+P_1+ 得 $+N_2+P_2$" 句式中 P_2 的语义指向〉，《语言》第 1 卷，首都师范大学出版社．
陈平 1987．〈释汉语中与名词性成分相关的四组概念〉，《中国语文》第 2 期．
陈琼瓒 1955．〈修饰语和名词之间的"的"字的研究〉，《中国语文》10 月号．
崔希亮 1992．〈人称代词修饰名词时"的"字隐现问题〉，《世界汉语教学》第 3 期．
丁恒顺 1989．〈"N_1+V 得 $+N_2+VP$" 句式〉，《中国语文》第 3 期．
房玉清 1992．《实用汉语语法》，北京语言学院出版社．
范继淹 1979．〈"的"字短语代替名词的语义规则〉，《中国语文通讯》第 3 期．
范晓主编 1998．《汉语的句子类型》，书海出版社．
范晓 1999．〈领属成分在汉语句子中的配置情况考察〉，《汉语现状与历史的研究》，中国社会科学出版社．
古川裕 1997b．〈谈现象句与双宾语句的认知特点〉，《汉语学习》第 1 期．
古川裕 2001．〈外界事物的"显著性"与句中名词的"有标性"——"出现，存在，消失"与"有界，无界"〉，《当代语言学》第 4 期．
郭继懋 1990．〈领主属宾句〉，《中国语文》第 1 期．
郭继懋 2000．《汉语句法论集》，天津人民出版社．
黄国营 1985．〈现代汉语的歧义短语〉，《语言研究》第 8 期．
黄锦章 1997．《汉语格系统研究——从功能主义的角度看》，上海财经大学出版社．
黄锦章 2000．〈论领属关系〉，《语文论丛》6，上海教育出版社．
李芳杰 1992．〈主谓补语句〉，《世界汉语教学》第 3 期，武汉大学出版社．
李临定 1963．〈带"得"字的补语句〉，《李临定自选集》，河南教育出版社．
李临定 1980．〈"被"字句〉，《中国语文》第 6 期．
李临定 1984．〈双宾句类型分析〉，《中国语文丛书 语法研究和探索》（二），商务印书馆．
李绍群 2009．〈现代汉语"名 1＋(的)＋名 2"定中结构内部语义关系的确定〉，《重庆工商大学学报（社会科学版）》第 26 卷 第 2 期．
李宁明 1996．〈领属关系和双宾语分析〉，《语言教学与研究》第 3 期．
刘月华·潘文娱·故韡 1983．《实用现代汉语语法》，外语教学与研究出版社．
刘月华·潘文娱·故韡 2001．《实用现代汉语语法》（增订本），商务印书馆．
陆丙甫 1988．〈定语的外延性，内涵性和称谓性及其顺序〉，《中国语文丛书 语法研究和探索》（四），商务印书馆
陆俭明 1982．〈关于定语易位的问题〉，《中国语文》第 2 期．

陆俭明 1985．〈由指人的名词自相组合造成的偏正结构〉，《中国语言学报》第 2 辑．
陆俭明 1988．〈现代汉语中数量词的作用〉，《中国语文丛书 语法研究和探索》（四），商务印书馆．
陆俭明 2001．〈中国语语法教学中需关注的语义现象〉，『中国語学』248 号．
陆俭明·沈阳 2003．《汉语和汉语研究十五讲》，北京大学出版社．
陆俭明 2003．《现代汉语语法研究教程》，北京大学出版社．
陆俭明 2004．〈确定领属关系之我见〉，《南大语言学》第 1 编，商务印书馆．
吕叔湘 1965．〈语文札记——"被"字句，"把"字句带宾语——〉，《中国语文》第 4 期．
吕叔湘 1980．《现代汉语八百词》，商务印书馆．
马庆株 1998．《汉语语义语法范畴问题》，北京语言文化大学出版社．
马真 1981．《简明实用汉语语法》，北京大学出版社．
森山美纪子 1999．〈主谓补语句的语义结构研究〉，《汉语学习》第 1 期．
杉村博文 1981．〈纽带在哪里？〉，《语言教学与研究》第 3 期．
沈家煊 1995．〈"有界"与"无界"〉，《中国语文》第 5 期．
沈家煊 1999．〈"在"字句和"给"字句〉，《中国语文》第 2 期．
沈阳 1996．〈汉语句法结构中名词短语部分成分移位现象初探〉，《语言教学与研究》第 1 期．
沈阳 1998．〈领属范畴及领属性名词短语的句法作用〉，《句法结构中的语义研究》，北京语言文化大学出版社．
沈阳 2000．〈名词短语后向移位的句法形式和语义作用〉，《中国语文丛书 语法研究和探索》（十），商务印书馆．
沈阳 2002．〈再议领属性名词短语的定义与分类〉，《21 世纪首届现代汉语语法国际研讨会论文集 汉语语法研究的新拓展》（一），浙江教育出版社．
沈阳·何元建·顾阳 2001．《生成语法理论与汉语语法研究》，黑龙江教育出版社．
孙晋文·伍雅清 2003．〈再论"领有名词提升移位"〉，《语言科学》第 2 卷 第 6 期．
唐翠菊 2002．〈数量词在多层定名结构中的位置〉，《语言教学与研究》第 5 期．
汤廷池 1992．〈汉语句法与词法的照应词〉，《清华学报》第 4 期．
谭景春 1996．〈一种表破损义的隐现句〉，《中国语文》第 6 期．
玉珏 2001．《现代汉语名词研究》，华东师范大学出版社．
王力 1944．《中国语法理论》，中国书局．
王姝 2012．〈汉语领属构造的可让渡梯度〉，《语言教学与研究》第 3 期．

文贞惠 1998.〈表属性范畴的"N1(的)N2"结构的语义分析〉,《世界汉语教学》第 1 期.
文贞惠 1999.〈"N1(的)N2"偏正结构中 N1 与 N2 之间语义关系的鉴定〉,《语文研究》第 3 期.
吴早生 2011.《汉语领属结构的信息可及性研究》,中国社会科学出版社.
肖奚强·张亚军 1990.〈"N1＋V 得＋N2＋VP"句式歧义分析〉,《语言教学与研究》第 3 期.
徐杰 2001.《普遍语法原则与汉语语法现象》,北京大学出版社.
袁毓林 1994.〈一价名词的认知研究〉,《中国语文》第 4 期.
袁毓林 1995.〈谓词隐含及其句法后果〉,《中国语文》第 4 期.
袁毓林 1999.〈定语顺序的认知解释及其理论内涵〉,《中国社会科学》第 2 期.
张爱民 1992.〈"有"字的意义与"有"字句式〉,《汉语研究论集》第 1 辑,语文出版社.
张伯江 1994.〈领属结构的语义构成〉,《语言教学与研究》第 2 期.
张伯江·方梅 1996.《汉语功能语法研究》,江西教育出版社.
张伯江 1999.〈现代汉语的双及物结构式〉,《中国语文》第 3 期.
张敏 1998.《认知语言学与汉语名词短语》,中国社会科学出版社.
朱德熙 1956.〈现代汉语形容词研究〉,《语言研究》第 1 期.
朱德熙 1980.〈汉语句法中的歧义现象〉,《中国语文》第 2 期.
朱德熙 1978.〈"的"字结构和判断句〉,《中国语文》第 1,2 期.
朱德熙 1979.〈与动词"给"相关的句法问题〉,《方言》第 2 期.
朱德熙 1982.《语法讲义》,商务印书馆（1997）.

[英语]

Bally, Charles. 1995. *The expression of concepts of the personal domain and indivisibility in Indo-European languages*. translated by Christin Béal & Hilary Chappell, In: Hilary, Chappell. & William, McGregor.1996.

Chao, Yuan Ren. 1968. *A Grammar of Spoken Chinese*. Berkeley and LosAngeles: University of California Press.

Fillmore, C.J. 1968. *The Case for case*. In: Back, E. & Harms, R.T.（eds.）Universals in Linguistic Theory, pp.1-90, Holt, Rinehart and Winston.

Gamkrelidze, Thomas V. & Vjachaslav. V. Ivanov. 1995. *Indo-European and the Indo-*

Europeans—A Reconstruction and Historical Analysis of a Proto-Language and a Proto-Culture. Berlin・New York: Mouton de Gruyter.

Haiman, John. 1985. *Natural Syntax*. Cambridge: Cambridge University Press.

Heine, Bernd. 1997. *Possession: Cognitive Sources, Forces, and Grammaticalization*. Cambridge studies in linguistics 83, Cambridge: Cambridge University Press.

Hilary, Chappell. 1986. The Passive of Bodily Effect in Chinese. *Studies in Language 10-2*.

Hilary, Chappell. & William, McGregor.1996. *The Grammar of Inalienability—A Typological Perspective on Body Part Terms and the Part-Whole Relation*. Mouton de Gruyter.

Ivič, Milka. 1962. The grammatical category of non-omissible determiner. *Lingua XI*.

Jiro, Ikegami 1956. The Substantive Inflection of Orok. 『言語研究』30, 日本言語学会.

Kimball, Geoffrey D. 1991. *Koasati Grammar*. University of Nebraska Press.

Langacker, R.W. 1993. Reference-point Constructions. *Cognitive Linguistics 4*.

Li, Charles N. & Thompson, Sandra A. 1981. *Mandarin Chinese—A functional reference grammar*. Berkeley: University of California Press.

Lyons, John. 1968. *Introduction to theoretical linguistics*. Cambridge: Cambridge University Press.

Lyons, John. 1977. *Semantics*. Cambridge: Cambridge University Press.

Maura, Velazquez-Castillo.1996. *The Grammar of Possession—Inalienability, incorporation and possessor ascension in Guaraní*. Amsterdam: John Benjamin Publishing Company.

Payne, Thomas E. 1997. *Describing Morphosyntax: A Guide for Field Linguistics*. Cambridge: Cambridge University Press.

Seiler, Hansjakob. 1983. *Possession—as an Operational Dimension of Language*. Tubingen: Gunter Narr Verlag.

Taylor, J.R. 1989. *Linguistic Categorization—Prototypes in Linguistic Theory*. Oxford: Clarendon Press.

あとがき

　本書は2007年1月に名古屋大学大学院国際言語文化研究科に提出した博士論文『現代中国語における「領属」の諸相』をもとに大幅な修正を加え，加筆したものである。

　筆者と「領属」(possession)の出会いは，名古屋大学大学院国際言語文化研究科に入学後，類型論をご専門とされる柳沢民雄先生の授業でChappell 1986を講読したことに始まる。自らの所有物を他人に譲渡できるか否かで表現形式が異なる言語があることを知り，世界を切り取る視点とその言語化に関わる問題の面白さに魅了された。そして，中国語ではどうなっているのだろうかと関心の赴くままに「領属」に纏わる（と思われる）テーマを取り上げ，ともすればあらぬ方向へ進んでいく筆者の論を緩い手綱で軌道修正し，博士論文執筆まで導いてくださったのが恩師平井勝利先生である。平井先生には，大学行政で多忙を極める中，筆者の稚拙な論文に毎回びっしりと朱を入れていただくなど厚いご指導を賜った。また，言語研究の意義・醍醐味とともに，学問の厳しさ・奥深さ，研究に対する姿勢というものを正に身をもって教えていただいた。

　本書の執筆に当たり，筆者は学生時代から今日に至るまで，数多くの方々に貴重な助言をいただき，多大なる恩恵を受けてきた。中でも名城大学において毎月有志によって開かれていた中国語研究会は，恩師を中心に村松恵子先生，丸尾誠先生，諸先輩後輩方を交えた自由闊達に議論できる場であり，ここで得られたコメントからは，考察の視野を広げ，次のテーマに繋がるヒントを得ることができた。特に丸尾先生には，博士論文全体に目を通していただき適切なアドバイスを賜るなど，有形無形にお世話になった。丸尾先生のご指導，叱咤激励がなければ，博士論文の完成に漕ぎ着けることは到底叶わなかったであろう。

　筆者にとって中国語研究は外国語研究であるが故に，手に入るはずもない中国語の語感を渇望しながら研究を進めるジレンマからは永遠に逃

れられないが，幸いなことに鋭い語感を持つ大勢の中国人留学生に恵まれた研究環境に身を置いている。毎度毎度のしつこい質問にも厭わず，筆者では「感じ得ない」コトバの背景を伝えようとしてくださる学友・学生諸氏の皆さんに，この場を借りて心から感謝したい。

　本書は独立行政法人日本学術振興会平成 24 年度科学研究費補助金（研究成果公開促進費）の助成を受けて出版する運びとなった。本書の出版に際しては，申請当初からきめ細やかなご支援をいただいた白帝社の佐藤多賀子氏ならびに厳しいスケジュールの中，編集を担当してくださった杉野美和氏に厚くお礼申し上げたい。

　2007 年 1 月に博士論文を提出した後，妊娠，出産を経て，筆者の研究環境は激変した。そして，あと 1 週間もすれば第二子が産まれる。日々の雑事に忙殺され，遅々として研究が進まぬ現状に焦りや不安がないと言えば嘘になるが，常に励まし全力でサポートしてくれる家族や職場の同僚の方々に感謝し，これまでの学恩に少しでも報いることができるよう，今後も研究，教育の場で一歩ずつ研鑽を積んでいきたい。

2012 年　冬至

勝川　裕子

索　引

[日本語]

あ
ア・プリオリ　136, 219

い
意志　158
依存関係　14
依存性　136, 194
依存性名詞　96
移動　143
意味成分　138
因果関係　198
隠喩的意味　35, 133

う
有情性　38
有情物　42, 218

か
外延　35
外界指示性　140
階層　65, 233
概念構造　9
可譲渡所有　15
可譲渡名詞　43
感情的色彩　152
間接受身　178
間接的影響関係　202
間接目的語　163, 164

く
具象性　38

け
傾斜　95, 171, 230
計数機能　140

形態的指標　15, 19
言語的所有　25
現象文　153
限定　33
限定機能　87, 90
限定性定語　78

こ
構造助詞　61

さ
再帰代名詞　92, 178
参照点　10, 221
参照点能力　10

し
時間詞　38
事実志向　102
施受関係　201
視点　102
視点の角度　103
視点の条件　103
事物　137
指別機能　73
指別者　73
社会的属性　221
受施関係　202
主述関係　31, 197
主述述語文　63, 205
授受の成就　164
出現　153
出現・獲得　153
主動文　173
授与　144, 146
授与構文　137
授与者　137
受領者　137

準身体的属性　181
照応　94
照応形式　92
消失　153
状態形容詞　129
譲渡可能性　98
譲渡動詞　137
情報価値　42, 52
情報の新旧度　140
省略　63, 66
所有　11
所有受身　178
所有構文　10
所有されるもの　14, 29
所有者　12
所有者移動　27
所有者敬語　23
所有者昇格　27
所有者分離　27
所有するもの　14, 29
所有接頭辞　16
所有動詞　135
「所有」のプロトタイプ　11, 13
所有範疇　14, 24
所有物　12
親族関係　49
身体的属性　221
身体部位　42, 218, 230

す

数量詞　78, 140

せ

性質形容詞　129, 132
性状描写　123
精神的属性　181, 221
接尾辞　18
前景化　88
本体-属性関係　14

全体-部分　42, 96, 131
全体-部分関係　14, 42, 218
全体名詞　191
先天的　27, 42, 131

そ

相互依存　96
相互依存関係　14, 49, 223
総称名詞　122
装着類　185, 230
属性　230
属性関係　33
属性規定　120
属性後置型　85, 89
属性前置型　85, 89
属性の類概念　46, 48, 221
属性表現　77
属性描写　37, 47
属性名詞　192
存現文　84
存在位置　152
存在表現　152
存在描写　125

た

ダイクティックな描写　103
対象指定　120
対比項　127
多義性　59
多義的解釈　75, 77
多項定語フレーズ　78
立場志向　102
脱落・消失　153
他動性　140
単数　68

ち

中間受身　178
中心語　78

直接目的語　140, 164
直接的影響関係　201

　　　て

定　80

　　　と

同一体　200, 204
統語型偏正構造　69
統語的指標　15, 19, 32
動作の終点　149
到達　144
特定　68, 80, 139

　　　な

内包　35

　　　に

二重主語構文　21
二重目的語構文　138
任意的領属関係　51, 226
人間関係　49, 134, 231
人称　103
人称代名詞　92, 139
認知パターン　231, 242

　　　ね

粘着型偏正構造　69

　　　の

能動文　178

　　　は

配分機能　105
はた迷惑の受身　178
場所詞　38

　　　ひ

被害義　151, 160, 171

非自主性　157
非同一体　201
非普通所有物　23, 56, 218
描写　33
標識　18, 140
描写性定語　78

　　　ふ

不可譲渡所有　15
不可譲渡名詞　43, 62, 96
普通所有物　23, 56
不定　80, 141
不特定　81, 139
不如意　160
不如意な状態変化　152
部分名詞　43, 191
不分離関係　14
プロトタイプ効果　232
分類　125

　　　へ

偏正構造　47

　　　ほ

本体－属性　47, 96, 133
本体－属性関係　14, 46, 221

　　　み

密接不可分　41, 96, 169

　　　む

無標　73
無情物　42

　　　め

名詞句表現　10
名詞述語文　44, 118, 219
名詞二項連接表現　30, 33, 39

も

持ち主の受身　178

ゆ

有標　140

り

領属　29
領属関係　30, 33
領属先　29
領属性"被"構文　173, 220
領属性偏正構造　30
領属主　29
領属範疇　29, 53, 230
領属表現　77, 152
領属物　29
領属モデル　231
領属領域　137, 143

る

類　122

類別機能　140

れ

連続体　195

[英語]
covert　59, 94, 98
overt　59, 94, 98, 187
ProdeN 構造　62
ProN 構造不可譲渡所有説　73
ProN 構造　61, 62
VO 構造　172

[中国語]
"得"補語文　197
領主属宾句　151, 220
"是"字句　120
"有"構文　218

著　者

勝川　裕子（かつかわ　ゆうこ）

岐阜県生まれ。大阪外国語大学外国語学部地域文化学科（中国語）を卒業後，名古屋大学大学院国際言語文化研究科博士後期課程（満期退学）を経て，現在，名古屋大学大学院国際言語文化研究科准教授。中国語学専攻。博士（文学）。

現代中国語における「領属」の諸相

2013 年 2 月 20 日　印刷
2013 年 2 月 26 日　発行

　　　　　著　者　　勝川裕子
　　　　　発行者　　佐藤康夫
　　　　　発行所　　白　帝　社

　　　　　　　　〒171-0014　東京都豊島区池袋 2-65-1
　　　　　　　　TEL 03-3986-3271　FAX 03-3986-3272
　　　　　　info@hakuteisha.co.jp　http://www.hakuteisha.co.jp/

組版・印刷　倉敷印刷㈱　　製本　カナメブックス

© Katsukawa Yuko 2013 Printed in Japan 6914　ISBN 978-4-86398-121-8
造本には十分注意しておりますが落丁乱丁の際はお取り替えいたします。